引　言

我们进入了一个非一元的世界，我们拥有两种现实，“现实”和“虚拟现实”。

——保罗·维瑞里奥（Paul Virilio）①

每一年新生入学，老师和同学们都有一个互动选择的机会——为期一周的预热课程。学生们通过不同专业预热课程的学习，对不同的专业进行了解。教师们也要充分了解学生们对专业的疑问，并在互动中确认这些同学是否明确自身的专业选择。

对于新媒体艺术来说，学生们最感兴趣往往也充满更多困惑的地方，就是“什么是新媒体？”“什么是新媒体艺术？”“新媒体艺术究竟新在哪里呢？”

不要笑话同学们的疑问，这些问题时刻督促教师们更新自身对专业的理解和知识结构。尽管我们不可能在短短的预热课程中回答所有问题或给出十分肯定的答案，但是我们尝试在预热课程中较为充分地展示新媒体艺术的代表作品、近期成果并进行互动讨论。

下面，就让我们一起走进预热课程，从一个重要的新媒体艺术展览出发，讨论新媒体艺术之“新”。

2008 年 6 月，北京中国美术馆举办了一个以“合成时代”为主题的国际新媒体艺术展。该展览汇集了来自世界不同国家的艺术家们所创作的各类被称为新媒体艺术的作品。从作品的类型以及呈现方式到观众的接受方式看，这个

① 保罗·维瑞里奥（1932— ），法国著名文化学者，同时也是著名的城市建筑家、随笔作家。在其代表作《消失的美学》《解放的速度》中，他为我们分析了在一个视觉统治、电子媒介无处不在的加速世界里，艺术所面临的再现危机。

图 0-1
网络艺术先驱 Etoy 小组的作品《不朽的永生》反映了在虚拟空间实现生命永恒的愿望。

展览对绝大多数的中国观众和艺术爱好者来讲是一次全新的体验（见图 0–1）。

一、从“不准触摸”到“邀请接触”

在传统的博物馆或美术馆中，展品和艺术作品不是放在玻璃展柜中保护就是通过黄色的警示线把观众与作品阻隔开来。展厅中还往往贴着醒目的标签“请勿触摸展品”（见图 0–2）。然而，很多新媒体艺术作品恰恰需要观众的触摸才得以真正完成。因为，相比传统艺术作品，除了需要观众视觉上的参与，新媒体艺术也关注人们其他感官的参与，触觉就是其中的重要方面。在“合成时代”的展览中很多观众都对一个名叫《接触我》（Touch Me）的作品发生了兴趣，在这个作品前排队等候，如同小孩子等候坐摩天轮般好奇与迫切。

在这个类似于扫描仪的磨砂玻璃前，参与者可以以不同的姿态创造出个人图像（见图 0–3）。在这种有趣的互动中，参与者将身体的某个部位或者其

图 0-2
传统美术馆对重要艺术作品往往用玻璃或警示线阻隔开观众以保护作品。

图 0-3
作品《接触我》，是由大卫·库塞马克（David Kousemaker）和提姆·欧登（Tim Olden）组成的交互设计团队 Blendid 设计的，展出于 2008 年中国美术馆“合成时代”展览。参与者从互动过程中体验到乐趣，而他们所创造的额外印记还会被永久保留下来，作为该作品的一个部分。

他物体与磨砂玻璃表面接触，其留下的图像如同某种烙印被留下来，在没有其他互动的情况下展出一段时间，供大家参观。这个展览也不像一般美术馆那样不允许拍照，而是欢迎大家与作品互动、合影，并把这些影像上传到网络，成为作品巡展的一部分。

这个作品中，玻璃从传统阻隔观众的媒介变成了邀请观众留下自我印迹的“触媒”。在新媒体艺术的开放世界中，“不准触摸”“不准拍照”的警示不再生效，而变成了“请观看，也请触摸，欢迎拍照”。

二、加速度的挑战

法国著名文化学者维瑞里奥在其媒体理论研究中提出了一个核心词——速度。他认为我们如今越来越处于一个加速度的文化中，这种加速度是值得引起关注和警醒的。对周遭生活的关注和思考也是新媒体艺术家们的使命。比如在作品《北京加速器》（Beijing Accelerator）中，艺术家通过观众身心的参与引发观众对“加速度”之于我们生活的影响的思考。

要体验这种“加速度”，观众需要坐上装有操纵杆的电动转椅，面前屏幕上显示出北京的全景，随着参与者的方向与速度旋转。艺术家以一种类似游戏的方式让观众体验图像速度与身体和视觉感知的关系，把作品设定为六级区分控制器与影像的速度等级。但在深层次上，作者马聂科斯·尼杰斯（Marnix de Nijs）想传达的是人与城市速度常常很难同步的主题。因为在旋转时，参与者必须同步控制座位的方向和速度：如果与画面无法同步，就会影响人体平衡系统，从而导致激烈的失控感觉，并感觉眩晕和恶心。只有与城市速度达成同步，参与者才可以真正查看图像，不会失去方向感和感到恶心（见图 0-4）。

图 0-4

作品《北京加速器》，作者马聂科斯·尼杰斯，他的作品主要包括有关感知和控制城市影像的交互体验机器。

因此，对于速度的态度，不同时期不同的人会给出不同的答案，是像未来主义艺术家那样颂扬和拥抱机械革命所带来的力量和速度，还是像文化学者质疑和批判日益撕扯社会裂缝的加速度？新媒体艺术家们希望观众通过参与和体验找到自己的答案。

三、新媒体艺术之“新”

不过，观众在获得这种新奇、刺激的体验的同时，或许会产生一种困惑和疑问：“这些是艺术作品吗？”的确，如果以传统的眼光看，这个展览更像是一个科技成果展。比如，这次展览中的作品《WiFi 相机》（WiFi Camera）展示了给无线网络实时拍照的照相机，借此说明人体结构的电磁现象（见图 0–5）。又比如《会说话的头》和《手势》，或是利用三维的人物模型结合机器控制的“身体”呈现出一个类似昆虫的新生命形态，或是借助机械手臂的形态展示艺术家对人工智能的探索。而在作品《生命维持》（Life Support：Vanda）中，我们可以看到创作者借助计算机平台控制万带兰生长的

图 0–5

作品《WiFi 相机》，作者乌斯曼·哈克（Usman Haque）、亚当·松莱–费希尔（Adam Somlai-Fischer）等，在不同地点的展示中扩大了展出规模。

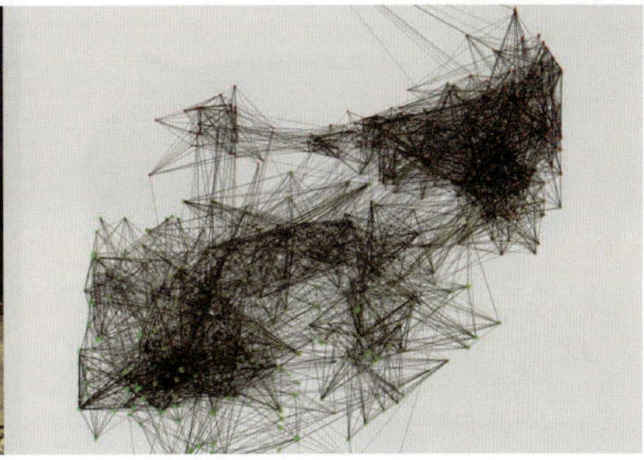

生命计划，展示通过新的数据结构界定新的生命体的实验结果（见图 0–6）。并且，这些作品依据在每个地点展出的效果和反馈而不断发展以进行新的展览。

图 0–6
作品《生命维持》，作者马特兹·海尔茨卡（Mateusz Herczka）持续关注万带兰的生长计划和数字化控制方式，实现了植物生长的数字模型化。

而且，展览中的绝大多数作品似乎不具有传统意义上的“艺术作品”的特征。其实对于新媒体艺术产生种种困惑的主要原因恰恰是这一艺术集群的新特性。新媒体艺术从感观和体验上的不同之处主要在于：

其一，在多数观众的经验中，在美术馆中展示的作品大多贴有“请勿触摸展品”的提示，这意味着展品是一个完整的、不可改变的，甚至是神圣的物品，人们只能静静地凝视它、感受它。但在这次展览上的多数作品不仅允许观众触摸，而且作品由于观众的触摸、操纵而改变了原有的形态。也就是说，当观众面对眼前的作品时，它还是一个不完整的或未完成的、可改变的物品，而只有观众通过自己对物品的参与和操纵，其物品的意义才得以实现。

并且，这些作品往往关注全方位的感官体验进而深入激发观众。比如除了我们前面提到过的作品，《声音绘画》（Sound Drawing）通过声音视觉化的方式（见图 0–7），《360 度全景》（Panoscope 360°）通过沉浸式体验吸引观众的参与（见图 0–8），实现作品自身的意义。从这一角度上说，“观众”转变成为“参与者”乃至“全方位体验者”。

图 0–7
作品《声音绘画》，作者金基哲（Kichul Kim）。通过观众参与实现声音的可视化。

图 0–8

作品《360度全景》，作者鲁克·考彻斯内（Luc Courchesne）。观众置身于作品中，如同在梦中飞翔，穿过一个多维的世界。

其二，在多数观众的眼里，这些作品中，有的类似于他们在科技馆中见到过的科普展品，而有的又像电子游戏厅里或网络上的游戏产品。比如作品《字母组合游戏》（My Name Is an Anagram），艺术家的名字字母演变成重组的回文，使观众沉浸在一个神秘而抽象的电子字母和数字世界中，搜索这些反复出现的字母和数字的含义（见图 0–9）。又如作品《物体 B》（Object B）中，装置呈现一个经过改良的单人三维射击游戏，根据游戏的发展进程，玩家频繁且猛烈地撞击遥控设备，继而会触动装置产生机械运动（见图 0–10）。

因此，人们面对这次展览中的作品不禁会问：为什么这些有的看似生物实验室里的物品，而有的又看似电子感应设施的装置被称为新媒体？它们与人们通常理解的媒体如电视、广播、报纸等大众媒体有什么关系和区别？为什么看似相同的东西在某些场合被称为科技发明，而在某些场合被称为艺术作品？那么，什么是艺术？什么是媒体，什么又是新媒体艺术？

希望本书能邀请你来一起探索这些问题，重要的是如同从“不准触摸”

图 0–9

作品《字母组合游戏》，作者马格达莱纳·佩德林（Magdalena Pederin）长期关注字母作为符号在数字空间中的表达。

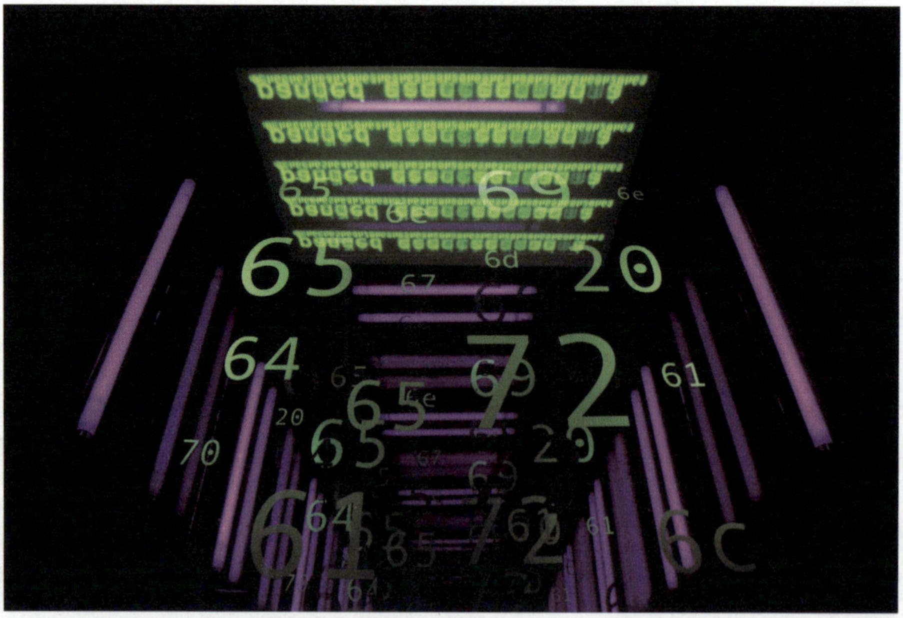

图 0-10

作品《物体 B》，艺术创作团体 Exonemo 创作。

到“邀请接触”，本书并不认为以上的问题都有确定的答案，而是应该以开放的姿态找到你所倾向的想法。

正如作品《信息漩涡》（Vortex）一般（见图 0-11），在这个新媒体和数字化的环境中，人们置身于日益复杂的新技术与艺术结合的世界中，每个阶段都会产生新的想法和认知，它们会带来新的迷惑和挑战。本书将汇集新媒体专业同学们的一些阶段性探索。譬如，在我们的课堂上，鼓励同学们畅想，如果让你来策划新媒体艺术展览，你将以何种主题、汇集哪些具有代表性的作品呢？在这样的学习和策展实践中，质疑和探究的精神将带领我们共同探索新媒体艺术。

图 0-11

作品《信息漩涡》，作者克里斯托夫·希尔德布兰德（Christoph Hildebrand）。作品由 210 个带有各种图标的 LED 嵌板组成以作为全球社会、经济和科学的表征，形成一个 21 米长 3 米高的大屏幕。

第一章

艺 术

对于艺术的唯一定义就是它不断打破固有的形式和习惯。艺术应该突破原有的分类和系统。

———卡内拉·索尔弗兰克（Cornelia Sollfrank）①

第一节　关于艺术

一、艺术的起源

要学习和了解新媒体艺术，我们有必要先来从艺术这个大范畴讲起。那么，什么是艺术呢？这或许要从艺术的起源说起。

从某种意义上说，人类对于艺术起源的探讨和对人类起源的探讨有着同样悠久的历史。让我们来看看西班牙阿尔塔米拉（Altamira）洞穴的岩画，它是史前艺术的杰出代表。原始的造型艺术在材料和形式上大多是模仿自然的，尤其是动物，图 1–1 左图即是非常生动的野牛。这些粗犷纯朴的造型激发着后来的艺术家们的创作灵感，譬如著名画家毕加索就同样以牛为主题进行创作，二者看来似乎有异曲同工之妙。然而，直到今天人们对史前人类绘制这些岩画的目的仍无定论。这些没有留下名字的“艺术家”们绘制岩画或许是出于巫术的目的，也或许是对生命冲动的表达，抑或是游戏。无论怎样，关于艺术起源的争论使我们对艺术的定义变得不确定。

二、艺术的流变

我们每个人可能都有自己关于艺术的标准和定义。然而，从历史的角度

① 卡内拉·索尔弗兰克（1960—　），著名的德国数字艺术家，开创了数字女性主义的理论与实践。

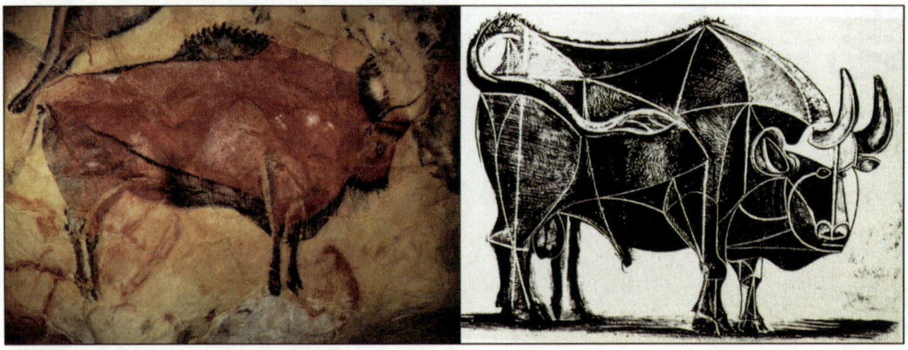

图 1–1

左图为两万五千年前石器时代西班牙北部山区的阿尔塔米拉洞穴壁画中的野牛。史前艺术激发着现代艺术家的创作灵感，右图中毕加索绘制的牛可以视为一个生动的例证。

看，艺术的概念并非一成不变，而是一直在变化的。在西方，最先提出艺术概念的是希腊人。艺术（art）一词源于拉丁文“ars”，意为“技巧”，因此希腊人所指的艺术是各种技艺和生产。艺术发展到今天也衍生出更广的含义，几乎包括所有的创造性学问。

艺术迄今依旧没有公认的定义。因为艺术的概念是一个历史范畴，总体来说，研究者把艺术按照历史阶段进行了如下的划分：

（1）古希腊罗马时期的“艺术”，包括所有具有一定技艺性的手工、工艺劳动。

（2）中世纪时期的“艺术”，即称为“七艺”的自由艺术。

（3）文艺复兴以来的“艺术”，即称为“五艺”美的艺术。

（4）现代、后现代的“艺术”，即开放的艺术（见图 1–2）。

艺术观念的变化体现了不同时代的特征。关于艺术的争议激发了观念和实践的变革，评论家们不断试图从自己的角度进行评述。譬如英国著名的艺术评论家贡布里希（E. H. Gombrich）曾在《艺术的故事》开篇提出他的看法，“实际上没有艺术这种东西，只有艺术家而已”。如果我们断章取义地看

图 1–2

以新的艺术观念看待和探索材料，由此传统的红色颜料粉末成为了新的艺术媒介。现代艺术大师安尼施·卡普尔（Anish Kapoor）在古根海姆美术馆中创造了新的艺术奇观。

这句话，或许会觉得贡布里希爵士的论点太过偏激。然而，贡布里希在这里却指出了要认识和理解艺术作品背后的艺术家，要看到艺术家所处的复杂的社会历史环境，这也是我们能够真正走进艺术和理解艺术的认识方法。

因此，美国学者莫里斯·韦茨（Morris Weitz，1916—1981）在《理论在美学中的地位》（The Role of Theory in Aesthetics）中指出不可以以封闭的概念定义具有开放性的艺术。艺术这一概念的使用标准不断变化，引起了对艺术概念的讨论，这构成了整个美学史研究的重点。不能给艺术下一个本质性的定义，意味着我们要问的并不是“艺术是什么”，而是“‘艺术’是属于哪一种类的概念”。“艺术”应该是个开放的概念。

因为，如果我们回顾艺术发展的历史，从史前人类在洞穴里的绘画，到希腊杰出的雕塑和建筑，又或是米开朗基罗的西斯廷天顶画所代表的文艺复兴盛景，乃至追逐光色的印象派绘画，艺术的样貌总是在不断变化。而且，每个时代的艺术作品都成为后人艺术创作的源泉和继承或批判的对象。

例如，在古希腊时代，人们以“数”作为衡量和谐的标准，希腊人对人体的比例概念，他们杰出的建筑和雕塑都呈现了这种艺术观念（见图 1–3）。这种“数”的概念在今天有了新的拓展，西班牙艺术家马可·德尔加多（Marco A. Delgado）就在数字世界中重新创建了帕特农神庙，经过精确的数字建模、赋予材质和灯光渲染，我们以新的视角注视着千年神庙，领略到今天的数字艺术家对古希腊艺术的敬意（见图 1–4）。

直到文艺复兴时期，艺术概念被注入了与希腊人完全不同的新的含义。艺术家提出要与匠人进行区分，艺术由原来的以模仿为主旨的“技艺”变为对美的艺术的追求。譬如米开朗基罗在晚年完成的西斯廷天顶画就以巨大的尺度向我们展现了那一时期艺术家对宏伟、神圣和美的极致追求（见图 1–5）。

图 1–3

帕特农神庙的设计代表了全希腊建筑艺术的最高水平。它从公元前 447 年开始兴建，1687 年毁于战争，今仅存残迹。

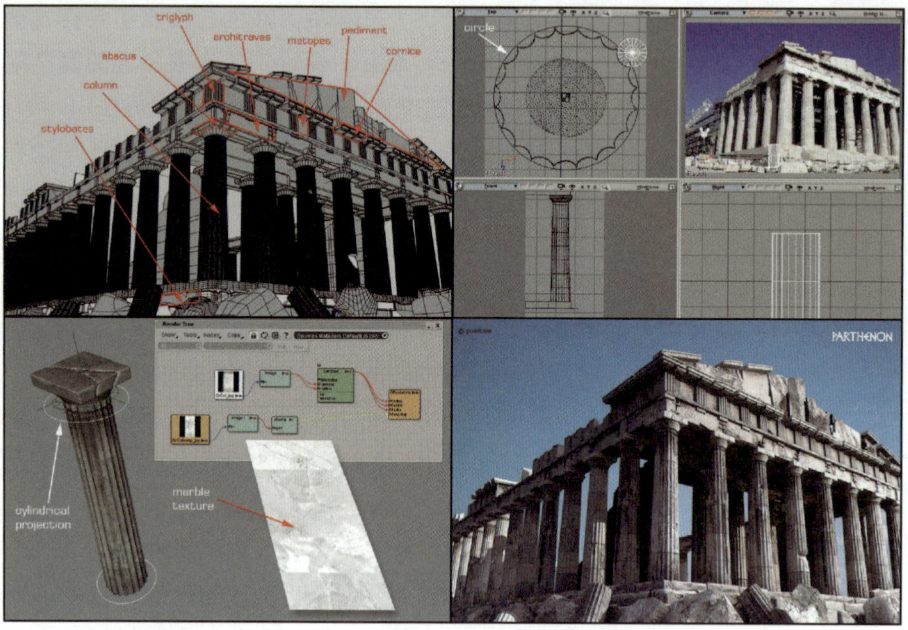

图 1-4

西班牙艺术家马可·德尔加多在计算机中重新创建帕特农神庙。

还有达·芬奇的经典名作《蒙娜丽莎》《最后的晚餐》等都成为经典艺术作品，标志了文艺复兴艺术成就的高峰。

经典的艺术也是推动新媒体艺术发展的资源，如女艺术家莉莉安·施瓦兹（Lillian Schwartz）创作的《蒙娜丽莎 / 达·芬奇》（Monna/Leo）。施瓦兹不仅

图 1-5

1538 年米开朗基罗开始绘制《最后的审判》，经过 6 年的时间，这幅绘在祭坛后面山墙之上的巨幅作品终于完成。西斯廷教堂正因为米开朗基罗的画而闻名于世。

图 1-6
施瓦兹的作品《蒙娜丽莎 / 达·芬奇》以及在此创作基础上推出的书籍，1987 年。

创作了计算机抽象绘画，她其后的代表作品即是将蒙娜丽莎及其创作者达·芬奇的肖像合二为一的数字肖像。1987 年，施瓦兹创作了《蒙娜丽莎 / 达·芬奇》，借助新的数字工具，施瓦兹将蒙娜丽莎面庞的左半边和达·芬奇自画像的右半边结合。因为她在数字拼贴的尝试中发现，达·芬奇自画像和蒙娜丽莎的画像中鼻子的轮廓贴合得非常完美，同时下眼睑、眼眉、下巴的轮廓线也惊人一致。施瓦兹还把达·芬奇自画像中的铅笔色调运用到蒙娜丽莎肖像上，以突出二者内在气质的相似性，而这些工作都是为了说明蒙娜丽莎其实正是达·芬奇自身的写照（见图 1–6）。

人们或许会有疑问：这种拼合经典画作是否一定要借助电脑来完成。而施瓦兹却认为计算机的参与一方面缩短了创作的时间，而更为重要的是，计算机的复制功能能够更准确地证明达·芬奇自画像和蒙娜丽莎肖像的惊人的相似性，施瓦兹正是把计算机作为新的艺术方法来重新审视艺术经典的。

此外，为了展现她对计算机改变和合成影像的观念，施瓦兹还使用计算机早期的三维技术展示了位于意大利米兰的圣玛丽亚感恩修道院（Santa Maria delle Grazie）的建筑经纬线和其教堂内达·芬奇的巨作《最后的晚餐》（Last Supper）中的透视线呈现出的一致性，这解释了达·芬奇完成这幅作品后希望信众们坐着观看它的原因，如此一来该画作就能发挥对教堂空间的延伸作用。施瓦兹以计算机艺术的视角为审视经典名作开拓了新的思路（见图 1–7）。

图 1–7
施瓦兹借助数字手段对达·芬奇《最后的晚餐》进行新的诠释。

课堂讨论 从“维纳斯”看绘画艺术的流变

在人们的印象中，维纳斯是爱与美的化身。然而，在历史的不同时期，人们对于维纳斯的塑造和呈现却是不同的。以“维纳斯”为线索，我们通过课堂讨论进一步交流对艺术的理解。

旧石器时代的“维纳斯”看起来似乎不符合我们对于美丽女性的审美标准。可以说，这时女性裸体塑像更多具有生殖崇拜的特征，并参与祭祀仪式（见图 1-8）。

《维纳斯的诞生》是桑德罗·波提切利（Sandro Botticelli）的代表作，当时是为佛罗伦萨统治者梅第奇家族的一个远房兄弟绘制的。此画表现了女神维纳斯从爱琴海中浮水而出，风神、花神迎送于左右的情景。在中世纪严格的思想控制下，希腊、罗马神话中美丽的爱与美之神维纳斯，被看作“异教的女妖”而遭到焚毁。到了文艺复兴时期，为了冲破思想的禁锢而向往古典文化的意大利市民们，却觉得这个从海里升起来的女神很像是一个新时代的信使——她把美带到了人间。

《维纳斯的诞生》通过波提切利的艺术表达体现了这样一种新的“时代感”：用玫瑰、柔媚的身躯和飘逸的衣衫等塑造美和爱的化身（见图 1-9）。19 世纪英国著名美学家罗斯金说过，波提切利的老师菲利浦·利皮最善于画百合，“可是要画玫瑰那还得让他的学生来”。在这幅画上，波提切利所画的玫瑰在轻风的吹送中衬托出维纳斯的青春活力，这可以看作向宗教禁欲主义的挑战。

此后，不同时期的艺术家呈现了他们各自的维纳斯，也同时展示了他们所处时代的艺术风格。

比如迭戈·委拉斯开兹（Diego Velázquez）的创作《镜中的维纳斯》是他所画的唯一女裸体油画。画家充分利用凝练的线条和轻松的笔调，去描绘女性背部复杂的肌肤结构，细柔的肉体在这里被表现得富有生气，洋溢着女性青春的美感。这幅画无论从表现手法上看，还是从色彩上看，都要高于威尼斯画派那种散发出享乐主义情调的格调，充满着

图 1-8

奥地利《威伦道夫的维纳斯》（Venus of Willendorf）带有极其明显的生殖崇拜的特征：夸张的造型、大胆的省略和性器官的突出。

图 1-9

《维纳斯的诞生》，由波提切利绘制，1482 年至 1486 年。

端庄、高雅的气质。

鲁本斯（Peter Paul Rubens）也塑造了具有鲜明个人风格的维纳斯，他笔下的女神都有着健壮丰满、充满生命力的形体，有着秀丽俊美的面孔，整个形象充溢着激情与艺术魅力，体现了画家对女性美的理想（见图 1–10）。

进入现代社会，由于摄影等新的媒介的出现，画家们重新寻求绘画的立足点，更为重视内心的、主观的色彩和造型表现。譬如马蒂斯（Henri Matisse）、毕加索（Pablo Picasso）等人开拓的“野兽派”“立体主义”的绘画相较于之前的绘画，更注重发掘主观视角而将内心色彩和造型感受外化的成果（见图 1–11）。

在这些作品中，艺术家更成为充沛的生命个体，借助色彩的大胆涂抹、激情的笔触乃至材质的混合使用呈现了绘画新面貌。而从 20 世纪 60 年代开始，抽象主义和抽象表现主义则开启了艺术新的维度，同样表达维纳斯的诞生，艺术家让 – 皮埃尔 · 赫伯特（Jean-Pierre Hébert）使用了与波提切利截然不同的手法，蓝色的肌理或许是女神飘逸的衣裙褶皱，或许只是其身后的一片海水。从冲破中世纪的思想禁锢到现代极简主义的表达，其背后蕴藏的是艺术观念几百年间剧烈的震荡与变革（见图 1–12）。

图 1–10

鲁本斯的《照镜子的维纳斯》（局部）更注重写实的造型和质感，1615 年。

图 1–11

毕加索的《照镜子的女孩》则关注主观色彩和个人视角，1932 年。

图 1–12

《维纳斯的诞生》，艺术家让 – 皮埃尔 · 赫伯特所作，1989 年。

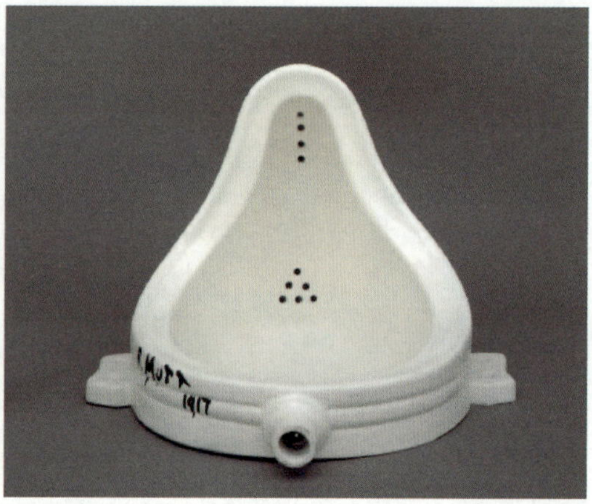

图 1–13（左）
图 1–14（右）
两幅同名为《泉》的作品，前者为法国古典主义画派的代表艺术家安格尔的绘画作品，作品经近 30 年于 1856 年才完稿，是西欧美术史上描写女性人体的优秀作品之一。后者为法国现代艺术家杜尚的现成品，创作于 1917 年。“现成艺术品”直接促成了观念艺术在今日的风行，该作品被英国艺术界评为 20 世纪最具影响力的艺术作品之一。

尤其是进入 20 世纪以后，艺术的激烈变革始于对艺术概念的质疑。从杜尚（Duchamp Marcel）以小便池这一现成品展示于美术馆之际，传统的艺术分类观念已经开始瓦解。该作品被命名为《泉》（见图 1–14），直接指向古典艺术的代表作安格尔（Ingres）的《泉》（见图 1–13）。由此，杜尚将“什么是艺术？”这个问题指向了新的深度，艺术将不再是单纯追求美的表达，而逐渐呈现为开放的艺术世界。这启发了后续的艺术家们，促使艺术创作的观念和方式都发生了极大改变。艺术家们不满足于传统的材料和展示方式，架上绘画和雕塑长期占据的统治地位开始受到质疑。

在这一时期，发展起来的心理学也为艺术提供了新的解释。尼采（Nietzsche）和弗洛伊德（Freud）以心理学方式来证明“艺术”与“个性化”本是孪生兄妹。因此艺术不再拥有某种既定形式，艺术的注意力和重心不再局限于传统的架上绘画和雕塑，艺术家们可以自由地运用各种媒质进行表达和创作。新的艺术行为和方式传递艺术家的自身风格，难怪美国哲学家兼艺术批评家亚瑟·丹托（Arthur Danto）这样说道：“艺术，已经被认为无须一种特定方式来完成。”

三、现代艺术

进入 20 世纪，立体主义（Cubism）、未来主义（Futurism）、达达主义（Dadaism）、超现实主义（Surrealism）等各种艺术流派争鸣，表达了与传统艺术相对立的观念和追求。比如，立体主义的艺术家追求碎裂、解析、重新

图 1-15

乔治·布拉克以小提琴和吉他为主题的绘画作品。

组合的形式，形成分离的画面。立体主义艺术家以许多的角度来描写对象物，将其置于同一个画面之中，以此来表达对象物最为完整的形象。立体主义的画面没有传统西方绘画的透视法造成的三度空间错觉，而是背景与画面的主题交互穿插，创造出一个新的空间维度（见图 1-15）。

由此可以看出，传统艺术主要是按照神圣和自然的形式构成自己的形式，而现代艺术则按照肢解形式和符号编码重新进行表达组合，构成一个属于现代的艺术和符号表达的世界。传统文化以人的身体存在为尺度，现代文化以技术和商业为尺度，人本身也为这种尺度所衡量和估价（见图 1-16）。

在现代艺术中，肢解和编码成为主题，艺术作品如同在实验室中被操控、被组合、被复制。就是在这样的时代背景和艺术环境中，“媒体艺术”“新媒体艺术”浮出水面并得以蓬勃发展。装置艺术、录像艺术等新的艺术形态取代传统绘画和雕塑成为美术馆、博物馆的新宠。在这一过程中，可以看到艺术家们对新材料和新技术的兴趣与日俱增，也尝试以新的方式对传统媒体改头换面。艺术由原来架上绘画的形式延伸为更为广泛的艺术形式（见图 1-17）。

在技术革命和信息浪潮中艺术与技术的交融尤其剧烈，激光艺术、声音艺术、录像艺术乃至计算机艺术在短短的几十年间轮番登场。艺术的多样化和个性化愈加使得人们无法给艺术公认的定义，对艺术的争论和探索将不会停止，而这种思想上的激荡将不断推进人们对艺术的认识和理解，使每个时

图 1-16

未来主义雕塑。未来主义于 1909 年由意大利马利奈蒂首倡。近代的科技和工业交通改变了人的物质生活方式，科技的发展改变了人的时空观念，人类的精神生活必须随之改变。

图 1-17

白南准的一系列录像艺术装置作品，主要使用电视和录像作为艺术语言，表达了音乐、机器人组构的新的空间意象。

代都有其相应的艺术作品和艺术家产生。

或许正是在这个时候，贡布里希基于人本主义的艺术视点有助于我们更好地理解艺术的真谛，在纷繁的艺术现象和流派中抛却对艺术的膜拜和束缚，转而对艺术进行动态和立体的考察：不仅将目光着眼于艺术作品本身，还有艺术作品的创作者（即艺术家个人或创作群体）、创作者所处的时代以及人们对艺术作品的评价和观点，这种学习过程和研究态度将把我们对艺术的理解引向新的层面。

第二节　艺术与技术

艺术挑战了技术，技术则激发了艺术。

——约翰·雷斯特（John Lasseter）①

图 1–18

计算机绘画，作者让－皮埃尔·赫伯特，2006 年。

一、艺术与技术之争

艺术与技术是人类社会创造性和持续发展的基础动力。在紧密连接科学与技术方面，新媒体艺术表现得尤为突出（见图 1–18）。我们在引言中介绍的关于新媒体艺术的迷惑之一就是，有时候这些新媒体艺术作品与高科技成果的区别并不明显。这一方面说明，艺术与科技在追求超越性和创新性上有

① 约翰·雷斯特（1957—　）是美国著名动画家、电影导演、皮克斯动画工作室和迪士尼动画工作室的首席创意官以及迪士尼幻想工程的首席创意顾问。很多人把他看作“当代的华特·迪士尼”。

共通之处，另一方面也呈现了艺术与技术之间一直以来存在的争论，即是技术决定艺术，还是艺术决定技术?

举一个非常有代表性的例子就是绘画与摄影之争。在摄影技术被发明之初，由于摄影抓住瞬间的强大影像复制能力，人们开始质疑绘画的写实能力和准确性。一些人因此断言摄影将取代绘画。但是，也有评论家提出摄影无法传递艺术感染力，摄影只是一种新技术，不是艺术。甚至，当时的一些摄影家为了能够让摄影成为被认可的艺术，刻意去模仿经典绘画的构图和主题。

比如维多利亚时代的著名摄影作品《两种人生》(Two Ways of Life)，这幅由奥斯卡·雷兰德(Oscar Gustave Rejlander)创作的摄影作品于1857年出现在“曼彻斯特艺术珍品展览会”上。这幅照片动用了16个以上的专业模特，30张底片，拼放叠印，耗时数周(见图1-19)。这幅作品以经典的绘画作品《雅典学院》(见图1-20)为蓝本进行布局。为对应《雅典学院》的哲学道路选择，《两种人生》展示了人在十字路口的抉择，以黑白摄影呈现出文艺复兴时期的绘画风格。

而历史的发展证明，在摄影出现之后绘画由于更重视艺术家的主观视角和表达，从而呈现出新的风貌。绘画没有被摄影这种新技术取代。同时，摄影也在摄影师和艺术家的努力下，寻找到了自身的艺术表达方式。如今，摄影早已如同绘画一样被视作重要的艺术形式，摄影艺术作品也在全世界各大博物馆和美术馆中被收藏和展示，影响更多的人。

同样的争论也发生在电影身上。电影从模仿戏剧表演起步发展到发现了以剪辑为中心的视听语言。有声电影也是如此，在初期有声电影受到了强烈评判，因为电影的视觉形象一度为声音所控制，重蹈戏剧的老路，出现美学上的倒退；但总体来说，声音进入电影带来了电影美学形式上的变化，带来

图1-19

雷兰德创作的《两种人生》，1857年。

图 1-20
拉斐尔创作的湿壁画《雅典学院》，1510年至1511年。

了电影时空结构上的突破，特别是电影声画关系上的一系列新的艺术探索。

因此，正如约翰·雷斯特的感悟那样，艺术和技术是互动的关系，不是单向度的谁决定谁的关系。但同时也应该看到技术是一把双刃剑，在带给艺术家更多可能性的同时也带来了降低创造性的风险。因此，是艺术决定技术，还是技术决定艺术的讨论也并非没有道理。因为对于技术的依赖或滥用确实可能损伤艺术。这就需要艺术家们在面对新的技术和媒体时，在把它们作为新的工具和灵感来源的同时，能够清醒地保持对自我和社会的认知。

二、传统艺术创作的工具和技法

在人类的劳动实践中，工具的发明和使用起着决定性的作用。工具的使用伴随着人类对技艺和技巧的熟练掌握。因此，我们很容易理解为什么古希腊人将艺术和技艺等同看待。艺术创作推动了人们对工具的创造和使用，而对工具的使用也拓展了人类艺术创作的技艺和范畴。

即使在远古时期，某个人想要在洞穴上绘制一头牛，他就要使用绘制所需的材料。他或许需要选择绘制的地点、打磨绘制用的石块或是选择绘制用的石块的颜色，甚至还将几种不同颜色的矿物涂料搭配在一起，再结合雕刻和塑造进行敲打、凿刻、磨制、涂绘等来完成他的“艺术创作”。

这种原理可以推至雕塑创作、绘画创作乃至其他艺术创作，比如西方的油画技法就传承了蛋彩画技法，用蛋黄或蛋清调和颜料绘制在敷有石膏表面的画板上。蛋彩画技法成为文艺复兴时代西方画家重要的绘画技巧。在这一过程中，蛋彩的调配是一项复杂的技艺，主要的用料有蛋剂（蛋黄或蛋清）、亚麻仁油、清水、薄荷油、达玛树脂、凡立水、酒精、醋汁等。配方不同，使用方法及效果也不同。

因此，艺术创作与艺术家对工具和材料的使用和创造是分不开的，很多艺术家同时也是新的绘制工具和技法的发明人。从艺术创作行为发生之日起，艺术创作者就在使用某些物质以某种方式实现他们的表达意图，他们在表达的过程中必然要研究和使用相应的技术。和艺术一样，技术的本质也是为了满足人类的需要，早期人类创造及使用技术是为了解决其基本需求，而现在的技术则是为了满足人们更广泛的需求和欲望。比如同样是画笔，在新的技术条件下，它可以实现虚拟作画，结合计算机系统和 LED 设备，绘画变成更具乐趣的一种游戏（见图 1–21）。

同时，每个时代的技术发展也影响着人们的观念，影响着艺术家进行表达的方式和主旨。比如，在文艺复兴时期，医学技术和透视法的成熟开启了人们重新认识自己和世界之门，达·芬奇就是医学、科学、艺术样样精通之人。达·芬奇的素描作品《维特鲁威人》（Vitruvian Man）主要由一个圆圈、一个正方形和一个裸体男人的两个姿态构成。整个人体，无论是第一个姿势还是第二个姿势都在圆圈和正方形内，显得十分对称，这种对称与和谐其实是一种科学精神的显现。达·芬奇天才式的科学构想和辉煌的艺术创作恰恰是这一时期艺术和技术高度融合的典型例证（见图 1–22）。

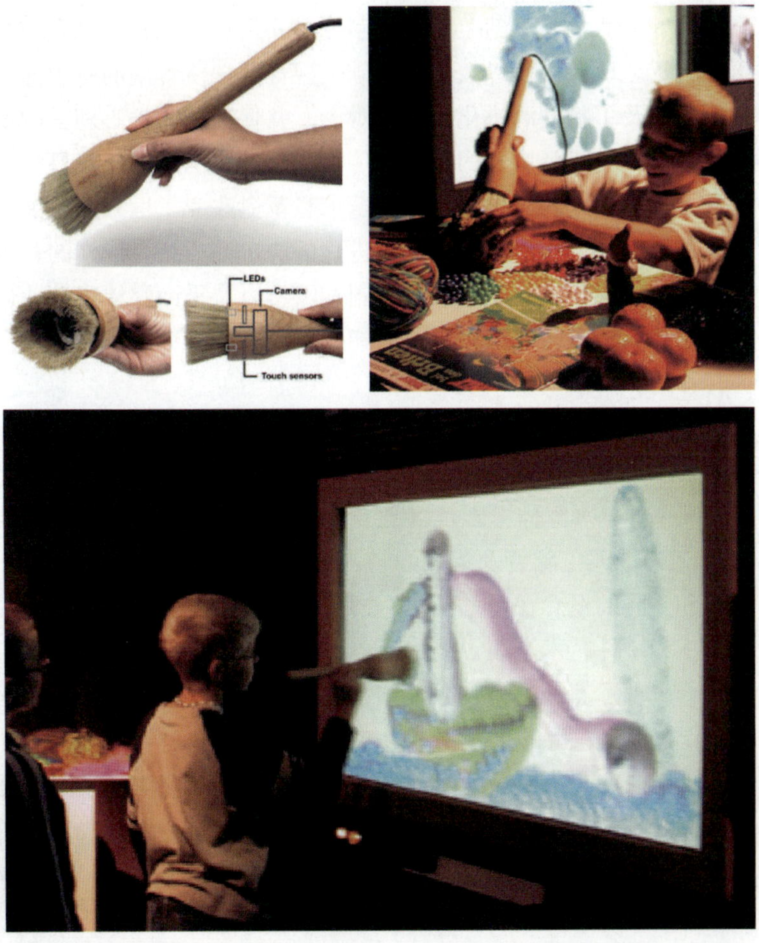

图 1–21

数字技术把传统的画笔转变为数字画笔，吸引人们以游戏的方式进行绘画。

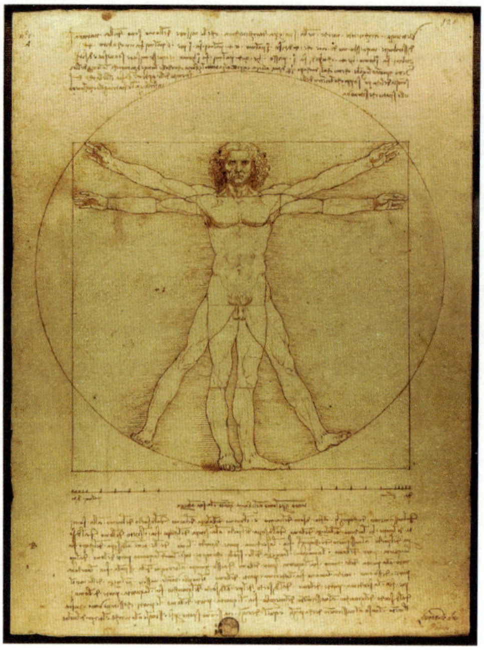

图 1–22
《维特鲁威人》，由达·芬奇在 1487 年创作，体现了当时的科学精神。

三、科学精神和现代技术

18 世纪西方进入理性时代，科学技术和工业制造的结合使社会出现巨大历史转折。现代科学以数学为基础，现代医学使解剖的概念深入人心，现代生物学普及了物种的进化和分类观念，并促进了人类心理学的发展，同时财富的计算促进了经济学的发展，可以说新的技术是在现代科学和工业革命的背景下孕育而生的。技术革命乃至信息革命改变了世界的发展格局，科学技术的发展使人们相信技术是社会进化的决定性力量。同样的，也正是在这种背景下，传统艺术的主导形式绘画和雕塑以及平面媒体逐渐让位于摄影、电影、电视、录像、计算机艺术等新的媒体和艺术形式，这也是不以个人意志为转移的。

一些艺术样式借助技术的推动力迅速地发展起来，1908 年出现动画电影，1927 年出现有声电影，1930 年出现电视，1954 年出现彩色电视，1963 年出现宽荧幕和立体电影。以欧美为代表的 20 世纪 60 年代的有线电视浪潮，80 年代的个人电脑普及将人们带入数字化时代。这些技术应用于艺术领域，时间和空间的概念在新的技术和艺术手段下被重新诠释，如电影、录像、剧院表演和事件艺术、装置艺术、电子摄影、虚拟现实等。同时，这些领域交叉融合出现了新的学科，在这些领域和学科的发展中，技术科学直接参与艺术创作并产生重要的指导作用。

人们往往把摄影、电影与录像一起称为时基媒体，它们都是工业革命之后的产物。摄影带来的这场技术和艺术的革命使其成为 20 世纪的主旋律。从静态摄影到动态摄影乃至电影、录像，人们开始尝试控制时间本身，快进、慢动作等都是在摄影之前未曾出现的新名词。

摄影开启了“时间艺术”新的大门。1888 年，柯达相机被发明；1913 年德国的巴纳克设计制作了使用底片上打有小孔的、35 毫米胶卷的小型莱卡照相机；1930 年制成彩色胶卷；1947 年，德国开始生产康泰克斯 S 型屋脊五棱镜单镜头反光照相机，使取景器的像左右不再颠倒，并将俯视改为平视调焦和取景，使摄影更为方便。

1960 年以后，照相机开始采用电子技术，出现了多种自动曝光形式和电子程序快门；1975 年以后，照相机的操作开始实现自动化。由于照相机本身的技术革新使其操作越来越方便，艺术家往往借助照相机拍摄素材，在摄影素材的基础上进行再创作，照相机成为新的艺术创作工具。同时摄影本身也不再被看作简单的记录显示，一些摄影师和理论工作者挖掘摄影本身的艺术语言，摄影艺术逐渐成为新的艺术门类受到关注和重视。而进入数字时代之后，数码相机兼具光学、机械、电子技术的优势，使影像信息的转换、存储和传输更为便捷，数码相机已成为艺术家手中不可缺少的创作工具（见图 1–23）。

电影的出现更是成为划时代的标志，使艺术的发展为之改观。电影的发明始于美国爱迪生实验室的研究。1895 年，法国卢米埃尔兄弟对付费的观众放映了第一部真正意义上的电影。此后，电影通过自身强大的技术优势，广泛借鉴和吸收了摄影艺术的特点。16 毫米胶片和 8 毫米胶片使电影艺术向个人化的潮流发展，它得以向好莱坞模式电影挑战。更加方便、廉价、易于控制的技术和设备使电影成为艺术家脱离主流商业模式表达个人观点的新手段。

录像被艺术家作为一种抵制商业电视侵蚀的传达个人艺术观点的武器。当艺术向日常生活渗透，从高高在上变得触手可及的时候，电视在这一变革中扮演了重要的角色。技术的发展使黑白电视向彩色电视过渡。1953 年，三分之二的美国家庭拥有电视；1960 年，百分之九十的美国家庭拥有电视。电视影像成为一种话语权力主导人们的日常生活。而电视在日益普及的同时也不可避免地带来了工业生产和商业宣传的负面效应。一批艺术家以录像作为艺术手段抨击和批判这种现象以此传递个人的声音，营造独立意志的空间。以白南准等为代表的艺术家们使用甚至自己装配便携摄像机记录影像（见图 1–24），结合电视在空间中创造出不同形态的录像艺术和录像装置作品。

图 1–23（左）
现代数字单反相机。

图 1–24（右）
索尼便携摄像机成为录像艺术家们进行艺术创作的新工具。

图 1–25
1951 年推出的通用自动计算机是最早的大规模生产的计算机。

四、数字媒体技术

计算机是现代高新技术培育的工具，它首先是一种信息处理和转换手段。它具有运算、逻辑推理、证明的科学手段和操纵、控制、仿制、设计的技术功能。计算机的技术发展有一个从军用转向民用的过程，而计算机技术的每一步发展都被敏感的艺术家们结合到艺术创作之中。

在第二次世界大战结束后，为军事而设计的系统被应用到其他领域。1951 年，通用自动计算机（UNIVAC）问世，数字计算开始与艺术领域相结合（见图 1–25）。20 世纪 60 年代，鼠标和阿帕（Advanced Research Project Agency，ARPA）局域网的发明和建立不仅是技术的发展，而且使艺术家们使用计算机的便捷性向前迈进了一大步。同时，计算机艺术展览和教育机构的研究也推进了计算机技术与艺术的结合。

20 世纪 70 年代，计算机技术出现了从商业领域到艺术领域的发展动向。1970 年，Genigraphics 作为第一个高分辨率彩色图片系统在商业领域使用，但却被很多艺术家借以创作数字图像。而 1977 年苹果二代电脑（Apple Ⅱ）的推出，图形操作界面取代了 Dos 系统，更人性化的技术方式使艺术家们更易于进行计算机艺术创作（见图 1–26）。

图 1–26
1976 年，史蒂夫·沃兹尼亚克（右）和史蒂夫·乔布斯等创立了苹果电脑公司。1977 年，苹果二代电脑在面市一个月内售出 10 000 台。

延伸阅读 艺术家们的科学精神

正如贡布里希提出的没有所谓的艺术，只有艺术家，更好地理解艺术与技术关系的方法之一就是探究艺术家们。我们会发现，如达·芬奇一般，很多艺术家兼具科学家、工程师的身份。并且，他们是一群具有冒险精神、勇于创新的人。因此，他们往往在世人还对新技术望而却步的时候，进行实验开拓，使边缘的艺术逐渐被接纳、认可。

以计算机这一数字技术为例，我们会发现数字艺术家们有这样一些特征：

（1）他们中有一些人是科学家、计算机程序师，可以自己设计改装计算机或编程创作作品，也有一些人通过与程序师或计算机技术人员合作实现作品创作。

（2）他们具有冒险精神，希望使用新的工具和技术来发掘传统媒介不具备的可能性。

很多早期的数字艺术家本身就是科学家和工程师。比如被称为计算机动画之父的约翰·惠特尼（John Whitney）就改装军用设备，最早在电影领域引入计算机动画。1958年，惠特尼受聘帮助索尔巴斯来实现一个看似不可能完成的任务，索尔巴斯要为希区柯克的电影《迷魂记》设计一种极富机械主义风格的动态影像。这种动态影像要基于19世纪法国数学家朱勒·李萨如提出的参数方程图形。能用动态方式呈现这种精确图形程式的变化在当时几乎是难以想象的（见图1–27）。

为了解决这一问题，惠特尼使用了大型的废弃军用计算机M5 Gun Director（简称M5）。M5在第二次世界大战中是用于击中空袭的移动目标的。这一大型机器在战场上需要五个人来操作，每个人负责输入相应的敌机的坐标位置。惠特尼敏锐地发现M5能够不断旋转的特性，这正是可以完美呈现同步摆动的方式。惠特尼由此把M5改造为一个可以进行彩色绘制的摆动机，不仅完成了令人惊艳的参数方程风格的动态影像，而且完美地配合了影片。M5重达850磅（约386千克），由11 000个部件构成，有着大型计算机的规模和性质。惠特尼的设计改造使这部作品成为了先锋计算机图像实验，也呈现了军用机器如何转换为艺术媒介的过程。

还有一些艺术家成为了连接科学家、工程师和艺术家的桥梁。譬如我们前面介绍过的施瓦兹。作为“非职业科学家”，施瓦兹经常作为AT&T研究者和科学家们的“知心顾问”对他们的想法给出反馈。作为一名艺术家，她在34年中创作了大量基于技术的艺术作品。施瓦兹倡导跨领域合作：“我期待来自艺术家和程序师合作的艺术。这并不一定需要程序师的艺术创作，而是从他们那里汲取智慧，从他们的灵活程序操作中获得

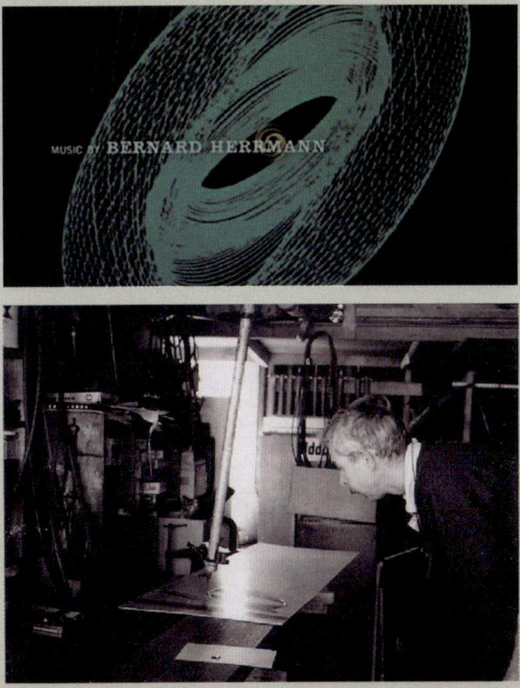

图1–27

惠特尼改装军用设备M5创作了最早的计算机动画，并将之引入电影行业。

启发。这使得艺术家和程序师的合作能够在实践层面发展出有意义的、相互理解的对工具方法的有效开发。"

女艺术家凯瑟琳·纳什（Katherine Nash）也指出艺术家可以与程序师合作，或者自己编程创作软件艺术和生成艺术作品。她设计的软件ART1就创造出一系列抽象的数字艺术作品（见图1–28）。

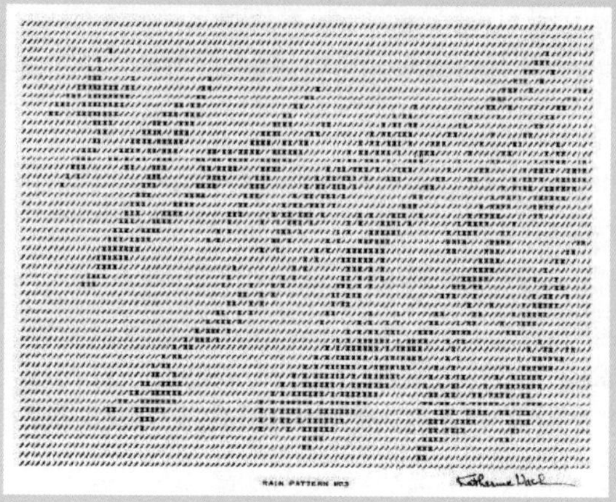

图1–28

纳什用自己设计的软件ART1创作的《雨的样式3号》(Rain Pattern, No.3)，1969年。

数字艺术家们也是天然的冒险者，关注他们作品的创造性和较之传统艺术的超越性。尤其是在数字艺术发展初期，数字艺术被看作边缘的艺术。但是20世纪60年代至80年代一批批实验者勇于突破，才使得博物馆和美术馆开始重视这种新的艺术集群。这一改变是可喜的，但更应该铭记那些先锋的数字艺术家，他们也有着科学家那样开拓未知领域的实验精神。

20世纪80年代是个人电脑快速普及的时代，个人电脑渗入各个领域，在数字图形、图像、MIDI音乐乃至三维动画技术方面获得极大发展。1981年，IBM第一台个人电脑问世，其发布的绘图软件Paintbrush成为艺术家们图像创作的新工具。1982年，Adobe系统发布，旨在解决图形图像的制作；1983年，CD技术成形，音乐和图形图像等信息有了新的数字存储介质；1986年，皮克斯动画工作室建立，这个在当时为了研究计算机影像和三维动画的公司创作了日后最有影响力的三维动画影片，例如《玩具总动员》《超人特工队》《Wall-E》等。

图形、文本、动态影像、摄影、合成音乐等都可以进入计算机的数字世界。呈现为数字语言的影像拥有无可比拟的可修改性。总而言之，机械的强大功能和技术的革新力量为数字媒体提供了无限发展的空间。媒体艺术家乔治·费菲尔德（George Fifield）曾这样说："计算机提供了无限的记忆空间和不受现实约束的创造能力，这使艺术家们有了从前不可想象的创作自由。"

数字摄影、网络艺术和虚拟现实等领域的发展也都是以计算机技术的发展作为基础的，同时艺术领域中的新的观念和形式的表达需要也激发了相关技术硬件和软件的发展。因此，"新媒体艺术"就是在艺术和技术相互融合发展的背景下产生的。可以说，在早期，"新媒体艺术"以激光、电视、便携摄像机等技术媒介和工具为基础，在20世纪五六十年代形成了激光艺术、录像艺术等发展高潮；而在数字技术快速发展之后，尤其是80年代个人计算机的出现、90年代网络技术的逐渐成熟，带动了计算机艺术、互动艺术乃至网络艺术的蓬勃发展。

第三节 艺术门类的划分

> 当代艺术不再有门类的划分。艺术家有充分的自由去创造和命名他们想要的艺术。
>
> ——杰姆斯·弗雷（James Frey）[①]

图 1–29

《原生蛋》(The Primordial Egg)，是艺术门类之间融合的成果。新媒体艺术家谢尔班·埃普雷尔(Sherban Epure)借助计算机生成影像，用来致敬著名雕塑家康斯坦丁·布朗库西(Constantin Brancusi)。这件 1996 年的作品也是为了庆祝第一台计算机 ENIAC 诞生 50 周年。

在不同的历史时期，各门艺术既各自发展又有着相互融合的需求（见图 1–29）。随着艺术与技术的发展，新的艺术门类涌现，电影成为工业革命以来最受瞩目的新艺术门类，并成为综合艺术的代表。近年来，新媒体艺术的出现因其更多样的形态对传统艺术分类提出了挑战。在现当代艺术的语境下，艺术各门类不断打破固有边界，甚至如同弗雷所说的那样，艺术将不再有门类之分，或者说提供艺术家充分自由挑战艺术分类的历史。

一、艺术门类的划分历史

古希腊学者亚里士多德认为，艺术的本质在于模仿，因模仿使用的媒介不同，模仿的对象不同，以及模仿的方式不同而由此区分了诗、画、雕塑和戏剧等艺术的门类。西方文化在文艺复兴时期把艺术划分为六类，即文学、绘画、雕塑、建筑、音乐和戏剧。这也成为一般艺术分类的基础。[②]

在“模仿说”之后，18 世纪德国启蒙思想家莱辛提出过诗与画的界限问

① 杰姆斯·弗雷（1969— ），美国作家和媒体制作人。

② 王旭晓. 艺术概论. 北京：东方出版社，2015.

题，区分了造型艺术和语言艺术，提出了空间艺术与时间艺术等对艺术进行分类的概念。

此后，康德在他著名的《判断力批判》中把艺术类比为人类在语言里所使用的三种表达方式，从而提出了艺术的三个基本类型：文字——语言艺术，包括诗与雄辩术等；表情——造型艺术，包括绘画、雕塑、建筑等；音调——感觉游戏的艺术，包括音乐和色彩艺术。

康德之后，黑格尔在《美学》中根据理念和物质统一的观点，把艺术分为了三种类型：以建筑为代表的象征型，以雕塑为代表的古典型，以绘画、音乐和诗为代表的浪漫型。

近代艺术理论家又提出不少艺术的分类方法，譬如卡瑞尔提出了三种类型：空间艺术、时间艺术和时空联合艺术。冯·哈特曼也提出了三大类：视觉艺术、听觉艺术和想象艺术。

二、艺术门类划分的四种方法

多种艺术分类方法实际上体现出不同的认识和理解艺术的角度。甚至很多时候，艺术的分类是艺术家和评论家推动新艺术被认可的方式。比如，意大利诗人和电影先驱乔托·卡努杜在《第七艺术宣言》中提出了电影为“第七艺术”，电视为“第八艺术”。认识艺术的分类不仅有助于我们对不同时期的艺术发展进行把握，也帮助我们梳理艺术史和艺术批评的方法论。综合以上分类，我们可以通过表 1–1 看到关于艺术分类的四大类型。

表 1–1　艺术分类的四大类型

1	从艺术的存在进行分类	空间艺术	建筑、绘画、雕塑
		时间艺术	音乐、舞蹈、文学
		时空综合艺术	戏剧、电影、电视
2	从艺术的运动方式进行分类	静态艺术	建筑、绘画、雕塑
		动态艺术	音乐、舞蹈、戏剧、电影、电视
		动静结合艺术	文学
3	按主体对对象的感觉方式进行分类	视觉艺术	建筑、绘画、雕塑
		听觉艺术	音乐
		视听综合艺术	戏剧、电影、电视
		想象艺术	文学
4	按艺术的内容特征进行分类	再现艺术	绘画、雕塑、小说、电影、电视
		表现艺术	音乐、建筑、诗歌、舞蹈

从总体上来看，第一种分类和第三种分类在艺术史上影响较大。尤其是在摄影、电影、电视等时基媒体出现之后，人们更倾向于从时间、空间的角度上把握艺术的分类。此外，在古希腊时期，绘画、雕塑等视觉艺术占据统

治地位。视觉在五感上也具有更高的地位。

表 1–1 呈现出电影的介入使艺术的分类有了新的变化。不过，这个列表中没有出现新媒体艺术，其原因在于新媒体艺术对以上的艺术分类提出了更大的挑战。电影、电视、录像、电脑乃至手机等移动平台的出现，都使艺术有了新的展示空间。录像艺术、计算机艺术、网络艺术以及互动艺术等成为新的艺术门类，而这些艺术门类被一个总的称谓所概括，即新媒体艺术。新媒体艺术因此成为从 20 世纪中后期发展至今最具综合性的艺术形态。

三、新媒体艺术的分类

在现代主义语境下，艺术呈现出两个鲜明的新特征：一方面，艺术家们对新材料和新技术的兴趣与日俱增，尤其是尝试用新的材料或结合传统媒介进行新媒体语言的表达；另一方面，艺术的观念变革已不局限于单一的艺术领域之内，艺术家的活动通过跨界的形式更为丰富地传递出来。在此种语境中，新媒体艺术作为一个集群浮现出来。尽管学界对新媒体艺术的定义仍处于开放性的讨论中，我们在本书中将新媒体艺术（New Media Art）界定为相对于传统绘画、雕塑而言，采用新的材料、技术和观念创作的多种新形态的艺术作品。

从媒体语言的角度看新媒体艺术，这里的新媒体不只限于新材料和新技术在艺术中的呈现与表达，同时关注以新的观念和方式对传统材料、媒体的实验，并且认为正是这样的艺术实验带来了新媒体艺术的勃勃生机。

随着技术与艺术的融合与发展，音频艺术、计算机艺术、数字艺术、激光艺术、生成艺术、交互艺术、网络艺术、行为艺术、机器艺术、软体艺术、视频艺术、游戏艺术等都被纳入新媒体艺术的世界。在此我们先简要地把新媒体艺术划分为装置艺术、录像艺术和互动艺术三个类别，方便大家从空间、时间以及互动性体验方面把握新媒体艺术与传统艺术门类的关系（见表 1–2）。

表 1–2　　新媒体艺术的三大类型

门类	特点	材料及形态	举例
装置艺术	针对特定空间所呈现的艺术作品，它改变了艺术作品和空间的原有关系	传统材料在装置艺术中的新实验（纸、颜料、陶土、石头、丝绸、竹子、钢丝、塑料等）	《迷宫》（见图 1–30）
			《竹子的舞蹈》（见图 1–31）
			《塑料的王国》
		新材料技术在装置艺术中使用（激光、电视、计算机、投影等）	《光线雕塑空间》
			《威尼斯日光和零散物》（见图 1–33）
			《拓展的视角》（见图 1–34）
		生活现场的装置艺术	《置入画廊的台球桌》
			《反讽消费主义的餐桌》（见图 1–35）

续前表

门类	特点	材料及形态	举例
录像艺术	艺术家关注大众媒体与人的关系，在特定的情景中以新的方式使用摄像机及电视	单屏录像	《电视生产人》（见图 2–26）
		多屏录像	《街头语句》
		录像装置	《电视森林》（见图 5–8）、《电子高速公路》（见图 5–23）
互动艺术	互动艺术是一种把观众纳入其中的艺术。通过吸引观众全方位地接触作品以达到让观众感受作品的目的	动力装置	《旋转盘》（见图 7–2）
		偶发艺术	《在六个地点的十八个偶发事件》（见图 7–3）
		数字互动艺术	《生物进化》（见图 7–7）
			《蒲公英》（见图 7–9）
			《声音现场》（见图 7–10）

从艺术跨门类的角度看新媒体艺术，可以将层出不穷的新媒体艺术样式简要归纳为装置艺术、录像艺术和互动艺术三个类别，由此可以看到艺术对于空间、时间和互动性的新追求使艺术的门类越来越多元。同时我们的确会感受到艺术类型的边界越来越模糊，甚至难以归类。新媒体艺术的分类也面临自身的挑战，在现当代艺术世界的观念的重构中，新媒体艺术也是社会诸多新变化的直接反映，并呈现为重塑艺术门类的态势。

在装置艺术中，纸、画布不再只是承载颜料的介质，它们本身的质感和特性被开发，以独立的姿态呈现。卢齐欧·封塔纳（Lucio Fontana）通过戳破画布营造新的视觉经验，鼓励物质与空间、寻常材料与空洞之间对话。被誉为“镜子大师”的意大利艺术家米开朗基罗·皮斯特莱托（Michelangelo Pistoletto）善于营造游走于真实与虚幻之间的意境，他于 1999 年创作的装置艺术《迷宫》使用单纯的纸板为材料，将与人身高一般的纸板卷曲排布，让人们穿行在纸塑造的蜿蜒曲折的空间中，这不仅与日常体验形成强烈的反差，更给予一种如同迷失般的感受（见图 1–30）。

在装置艺术丰富的材料之中，光与影的实验引人注目。对光和影的探寻

分组讨论

装置艺术的媒介实验

我们会在后面的章节进一步分析装置艺术、录像艺术和互动艺术。在这一章里我们主要通过分组讨论来了解装置艺术，并讨论这些作品与传统艺术作品的区别。

图 1-30（左）
米开朗基罗·皮斯特莱托的《迷宫》，1999 年。

图 1-31（右）
勅使河原宏的《竹子的舞蹈》，1997 年展出于广岛现代美术馆。

继架上绘画之后在装置艺术中有了更大的实验空间，这种实验也被建筑、电影、电视和戏剧借鉴，照明和影像塑造的观念和形式被极大地拓展了，作为一般室内照明的灯管在装置艺术中变成了空间中的构成元素和符号。法国艺术家弗朗索瓦·莫瑞雷（Francois Morellet）用灯管作为元素，在空间中搭建出极简主义风格的“立体画”（见图 1-32）；新西兰艺术家比尔·卡伯特（Bill Culbert）则将日常塑料用品与灯光交织，在展示丰富的色彩和质感的同时，给予我们看待日常生活的新视角（见图 1-33）。艺术家还通过多种材料实现光与影的对话，并用光和影作为符号来探讨诸多命题，譬如生与死这个严肃议题。英国艺术家科妮莉亚·帕克（Cornelia Parker）的作品《拓展的视角》就是这样一个作品，她用人们熟悉的卡通片中的元素来展现她对生与死的思考（见图 1-34）。

装置艺术的多种实验不仅释放了对空间和材料的想象力，而且反映出在

图 1-32
法国艺术家莫瑞雷的作品《淹没》（L'Ava-lanche），1996 年。

图 1–33（左）
新西兰艺术家比尔·卡伯特的《威尼斯日光和零散物》（Daylight Flotsam Venice），展出于 2013 年。

图 1–34（右）
科妮莉亚·帕克的《拓展的视角》，展出于 1991 年。

图 1–35（下）
史波利的系列作品《反讽消费主义的餐桌》，从 20 世纪 50 年代至今。

材料与技术的实验背后对工业化和城市状态的审思。与现成品进入艺术空间一样，一些艺术家们提出“生活现场即是艺术”的口号，并借助装置艺术的形式把一些生活中的场景、事件放置在美术馆、博物馆中呈现，如美国艺术家谢丽·莱文（Sherrie Levine）《置入画廊的台球桌》，出生于罗马尼亚的瑞士籍艺术家丹尼尔·史波利（Daniel Spoerri）《反讽消费主义的餐桌》（见图 1–35）（他把水平桌子变为垂直展示作品的墙面，把杂乱的餐具固定其上，让我们重新审视我们熟悉的日常餐桌和工作台），比利时艺术家桂劳姆·拜尔（Guillaume Bijl）再现洗衣房、橱窗和超市一角等。

值得注意的是，在把“日常状态”放入装置空间中时，艺术家们已经是在重新创造一种情景。他们往往或提供了对日常状态新的审视视角，或通过某种改写传递异质性的感受，或引向更为深层的社会话题讨论。虽然艺术的概念和形式不断变化，但是艺术的魅力往往在于它创造性地拓展已知世界，并透射艺术家对于社会的深切关怀。

思考题

1. “艺术是什么”或“什么是艺术”虽然是一个很难回答的问题，但不同时期的艺术家和评论家都尝试给出自己的答案。你赞同贡布里希的“没有所谓的艺术，只有艺术家”这样的观点吗？或是你更赞同韦兹的观点，在今天，“艺术是什么”这个问题需要转化为一种开放的视角，请给出你的答案。
2. 意大利诗人和电影先驱乔托·卡努杜在《第七艺术宣言》中提出了电影为“第七艺术”，电视为“第八艺术”。在新的艺术环境下，如何进行艺术的分类，请给出你的答案。
3. 20 世纪 80 年代是个人电脑快速普及的时代，从此个人电脑渗入各个领域，在数字图形、图像、MIDI 音乐乃至三维动画技术方面获得极大发展。你如何理解个人电脑与艺术的结合？
4. 一些艺术家们提出“生活现场即是艺术”的口号，并借助装置艺术的形式把一些生活中的场景、事件放置在美术馆、博物馆中呈现，你如何理解这样的艺术现象，请结合史波利的作品分析。

第二章

媒体与媒体艺术

万有引力和磁、光、热一样，是一种难以想象的或不可感知的流体。这个流体叫媒介（medium）。

——牛顿

我们现在很难想象，媒介（medium）一词最早是由牛顿提出的。他认为整个宇宙都沐浴在一种无处不在的智能之中。这种智能需要通过一种非凡却不可见的要素或流体进行远距离交流。因此，最初命名时媒介（medium）意为比大众传媒这一含义更为神秘和宽广的动力——具有精神意义的能实现远距离传送的力量。从更广泛的意义上理解，媒介（medium）在动态的发展中不应该局限为一种物质或技术实体，它的复数形式——媒体（media），也有着更为丰富的可能性，并在艺术实践中不断拓展和颠覆原有的功能和形态。

媒体在不同的语境中有不同的含义，作为大众传媒的媒体和艺术材料的媒体既有交集，也有质的区别。在下面的两幅作品中（见图 2–1 和图 2–2），

图 2–1

作为大众传媒的书籍，主要承载信息传播的功能。

图 2-2

书籍在这个作品中被作为艺术的材料，成为了一种雕塑和装置的综合体。

一幅是书籍作为知识传播的媒体，尤其是百科全书承载了启蒙运动时期的理想——以书籍网罗信息传播给普天下的大众。而在另一幅作品中，书籍被艺术家视为一种材料，成为了包含文字、色彩、立体维度的雕塑，由此改变了书籍的大众传媒属性而成为艺术材料。梳理这样的大众媒体与艺术材料对话非常有趣，这也是我们这一章的重点，我们会考察媒体作为传播工具和艺术材料的动态关系（见图 2-3），以及它们如何动态地界定媒体、新媒体，乃至新媒体艺术的历史。

图 2-3

1999 年，在千禧年即将到来之际，德国艺术家冈特兰堡以纸质媒体为材料做成一个可以随意滚动的球体，作为一种公共艺术形式和表演，展开了关于“新城市”的预言。

第一节 媒体作为大众传播的工具

当我们今天理解媒体作为大众传播的工具的时候，我们首先要梳理大众传媒的界定和分类。一般意义上来说，大众传媒是多样媒体技术的汇集，用以将信息沟通传递至广大的受众。因此，大众传媒随着社会的发展和技术变革不断流变，不仅产生了更多新的媒体形态和传播方式，而且因此出现了新的分类形态。

总体来说，如今的大众传媒是依据以计算机为代表的数字技术作为分水岭被重新划分的。因为，在计算机普及之前，人们通常理解上的大众传媒主要包括几个大类：印刷媒体（书籍、报纸、杂志、漫画、宣传册等）；播放媒体也称视听媒体（电影、电视、广播等）；户外媒体（橱窗、楼宇广告牌、车载广告、地铁公交站广告等）。另外，面向公众的发言、演出等也被纳入大众传媒之中。可以说，在 20 世纪中叶之前，大众传媒主要是六大类，即书籍、报纸、杂志、广播、电影、电视（见表 2–1）。

表 2–1 在以计算机为代表的数字技术普及之前大众传媒的六个主要类别

1	书籍	从 15 世纪晚期开始
2	报纸	从 1605 年开始
3	杂志	从 15 世纪晚期开始
4	广播	从 1910 年开始
5	电影	从 1900 年开始
6	电视	从 1950 年开始

20 世纪晚期尤其是新世纪之后，数字技术的发展和新趋势，以及自媒体的出现，对于传统的大众传媒界定提出了挑战，什么样的媒体被界定为大众传媒呢？人们在争论，手机、计算机游戏等也能被称为大众传媒吗？在这种讨论中，从 21 世纪开始，数字媒介和传统传媒被重新整合归类，大众传媒又被重新划分为七类，手机一跃成为“第七媒体”，甚至是最受欢迎的媒体。表 2–2 也让我们看到了传媒技术和形态的演进。

表 2–2 以计算机为代表的数字技术融合了传统大众传媒之后，大众传媒被重新归纳为七个类别

1	印刷媒体：包括书籍、册中、报纸、杂志等	从 15 世纪晚期开始
2	录音媒体：包括电话、唱片、磁带、CD/DVD 等	从 19 世纪晚期开始
3	电影媒体	从 1900 年开始
4	广播媒体	从 1910 年开始
5	电视媒体	从 1950 年开始
6	网络媒体	从 1990 年开始
7	手机移动端媒体	从 2000 年开始

可以看到，重新归类之后，传统的书籍、报纸、杂志被统归为印刷媒体。这也在一定意义上呈现了原来占据半壁江山的纸质媒体的萎缩。而第三媒体电影、第四媒体广播和第五媒体电视，被统称为播放媒体。总体来说，第六媒体网络和第七媒体以手机为代表的移动媒体，被归为数字媒体。比如，网络媒体包括了博客、微博、贴吧、网站等，很多新的形式在网站上呈现。媒体的新格局也是很多现代人生活改变的写照。以前，人们会在早上选择读报纸了解一天要闻，而现在手机上的新闻头条和电脑上的新闻平台吸引了更多受众。以中国为例，在十年前，一家人会准时围坐电视机前收看《新闻联播》，或是一起观看讨论黄金时间播出的电视连续剧。但是，现在家庭中往往有很多块“屏幕”，家庭成员往往选择对着自己的手机和电脑进行社交媒体活动。

但是，新的移动传媒的出现并不意味着传统媒体的消失。每种传媒形式有其特定的内容、艺术创作者、技术人员和商业模式。其实由于数字技术的出现，媒体间的边界模糊，出现了跨媒体的传播方式。比如，印刷媒体也通过二维码的形式让公众从传统的纸质媒体链接至新媒体。而电视和电影等设备和节目内容也更新为数字技术呈现。因此，在学习媒体作为大众传媒的工具时，我们仍然需要了解传统的纸质媒体、影视媒体的基本形态特征，才能够适应未来跨媒体和整合媒体学习、创作的挑战。

一、印刷媒体

尽管我们都很熟悉书籍，但是书籍得以让一般大众阅读却经历了材料、技术的革新。一本书变成一种传播媒体需要经过出版印刷的过程，而出版印刷的发展本身也革新了社会结构。以书籍为代表，我们可以看到纸质媒体在印刷和数字时代的演进（见图 2–4 和图 2–5）。

图 2–4（左）
15 世纪古登堡印制的工作图景。

图 2–5（右）
16 世纪印刷厂中的工作图景。

在中国发明了活字印刷术约400年后，德国的谷登堡在活字材料的改进、脂肪性油墨的应用，以及印刷机的制造方面，都取得了巨大的成功，从而奠定了现代印刷术的基础。这一诞生于15世纪中期的古登堡印刷术进一步改变了知识的传播方式，使更多人可以通过阅读获取知识，但此后的印刷规模仍然有限，并停留在手工阶段。

直到1840年以后，德国生产了第一台快速印刷机，才开始了印刷技术的机械化过程。印刷的机械化恰与摄影的发展产生合力。一开始，摄影进入出版是以粘贴照片的形式。在摄影进入出版印刷之前，印刷出版物中的图像更多以手绘的插图方式，再通过类似版画的技法实现规模印刷。由于卡罗摄影术的底片能大量复制照片，印刷行业开始将照片贴到书页上实现新的“图文并茂”。1844年6月29日，塔伯特所著的系列专刊《自然的铅笔》(*The Pencil of Nature*)发行了第一册，包含五件卡罗照片原作（见图2–6）。此后，摄影使印刷出版的内容大大丰富，印刷的书页普遍增加，以摄影配合文字的出版物成为人们日常生活中非常重要的一部分。

1860年，美国的理查德·霍（Richard M. Hoe）发明了轮转印刷机，开启了报纸印刷的机械化（见图2–7）。此后德国又生产了双色快速印刷机，到1900年制造了六轮转机。直到20世纪中期，各工业发达国家都相继完成了印刷出版业的机械化。

从20世纪50年代开始，电子技术被引入摄影世界。日本企业开始运用计算机设计镜头，完善高质量的35毫米单镜头反光照相机。60年代至70年代，美国计算机工业和航空工业发展起来的微电子线路概念被应用于摄影镜头的量光和自动曝光的高级系统。

也是从20世纪50年代开始，印刷技术和出版行业不断地采用电子技术、激光技术、信息科学以及高分子化学等新兴科学技术领域所取得的成果，进入了现代化的发展阶段。70年代，感光树脂凸版、PS版的普及，使出版印刷迈入了向多色、高速方向发展的道路。80年代，电子分色扫描机和整页拼

图2–6

《自然的铅笔》从1844年至1846年出版六本，是第一批配有摄影插图的商业出版物。

图 2–7
理查德·霍的六轮印刷机。

版系统的应用，使彩色图像的复制实现了数据化、规范化。这使得在出版印刷中还原精美的摄影作品成为可能。

进入 20 世纪 90 年代，摄影与出版都迎来了新的革命，生产消费影像的时代真的到来了（见图 2–8）。数码相机终于在 1996 年投入大众消费市场。2001 年的数据显示，数码相机的销量已经超过了传统 35 毫米相机。同时期，传统出版系统被新推出的彩色桌面出版系统逐步取代，表明以计算机为代表的数字技术全面进入出版印刷领域。

报纸往往是与新闻的传播结合在一起的。报纸和书籍同为印刷媒体，但报纸的特性在于新闻的时效性。虽然报纸的价格较低，但是报纸的价格并不能真正抵消新闻采编和印刷发行的费用。报纸能维持低价往往依赖广告商的支持。

因此，报纸与书籍不同，在传播新闻的同时也宣传了大量的广告信息。报纸有日报、早报、晚报、周报等按发行周期划分的类型，也有日常新闻报纸和专门领域报道等按内容划分的类型。最早的报纸在 1605 年出版，并且此后成为与广播、电视匹敌的大众传媒。如今纸媒受到网络新媒体的极大冲击，很多重要的大报被并购甚至宣布停办（见图 2–9）。因为，网络新媒体新

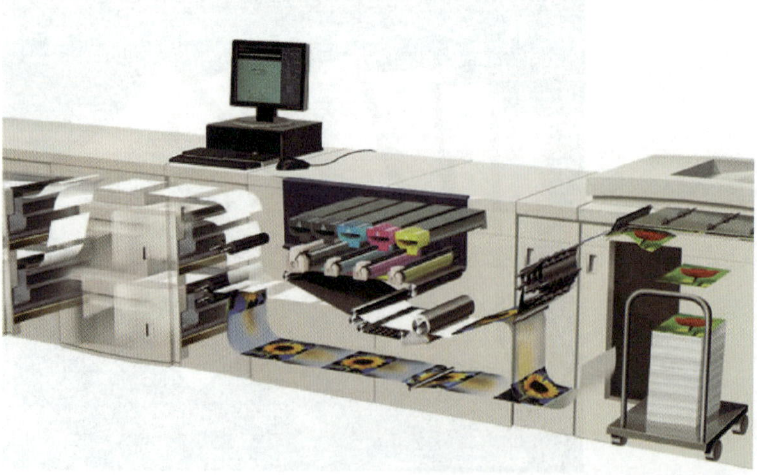

图 2–8
进入 20 世纪 90 年代，数字化印刷全面改变了出版行业，也改变了大众传媒的格局。

图 2-9

在数字技术普及之后，屏幕阅读冲击了传统报纸行业，也带了更多的可能。

闻信息传播的低廉和及时性让纸媒的付费形式看起来不合时宜。因此，大多数报纸失去了广告商的青睐，失去了最主要的经济来源。

从某种意义上看，报纸的新闻传播和广告宣传功能已经被网络新媒体整合，尽管手动翻阅报纸的机会减少了，但是报纸这种形态却能被网络新媒体吸收，并且有了很多自定义式的订阅方式，人们未来或许能拥有专属于自己的报纸。

杂志按发行周期划分通常以月刊、双月刊或季刊为主，也有周刊和双周刊。杂志也有广告支持，但通常比报纸的广告信息要少很多，很多杂志以精美的封面、特种印刷、装帧和主题文章吸引读者，因此杂志的定价通常比报纸高，更依赖阅读者的购买。除了一些非常流行的杂志，比如《新闻周刊》（*The Week*）、《前线杂志》（*Frontline*）等能够在报刊亭直接买到，很多专业的杂志需要读者提前预订。从 20 世纪 90 年代开始，一些设计师以杂志为舞台甚至是战场发出他们的主张，这些主张不仅关乎杂志设计本身，而且表达了他们的艺术和社会主张。因此，杂志发挥着引领艺术潮流、呼吁社会变革的作用。

课堂讨论

个性杂志的社会关怀

从 20 世纪 60 年代开始，杂志不仅体现了纸质传媒的竞争力，也在很长一段时间内成为设计师的发声舞台。很多设计师和媒体编辑通力合作，创立了一些很有个性的杂志，并通过杂志的整体策划呈现了他们希望用视觉设计改变世界的愿望。比如加拿大杂志《广告克星》（*Adbusters*），就不仅是一本杂志，也是世界反广告联盟的发声平台。这本杂志借助对消费主义的思考对 20 世纪以电视媒体为代表的广告消费提出质疑，也关心女性话题、关注贫富差距等一系列社会问题（见图 2-10）。

图 2-10
加拿大的个性化杂志《广告克星》对广告消费主义提出质疑。

二、视听媒体

虽然广播、电影、电视在不同时期登上历史舞台，但在发展过程中它们逐渐融合为视听传播（broadcast）。这些传媒逐渐以集团化方式运作，并且吸纳了大部分重要的纸质传媒。视听传播媒体不断建构新的交流模式，以家庭为单位，人们从围着火炉读书，到 20 世纪 20 年代围在一起收听广播，再到坐在沙发上一起看电视，再到分别看着自己的电脑和手机。传播方式的改变影响到家庭的娱乐和交流方式。

声音和音乐的录制与再现使视觉媒体与听觉媒体逐步结合。一系列声音设备以机械的或电子化的方式捕捉声音，逐渐进入人们的日常生活，麦克风、音响、录音机等让人们可以听到自己的声音，也可以在家中欣赏美妙的音乐。和影像呈现一样，声音呈现也经历了很多不同的阶段：从 78 制式唱片机（78 Record）、磁线录音机（Magnetic Wire Recorder）、卡带录音机（Tape Recorder）、黑胶唱片机（Vinyl LP Recorder），到 60 年代发明的双磁带录音机（Compact Cassette），再到后来推出的便携录音机（Walkman）引领个人聆听方式的革命。1983 年开始，数字录音（Digital Recording）和光盘（Compact Disc）的出现形成更为强劲的风潮，从而改变了声音的录制和播放。今天绝大部分的声音以数字的方式记录、存储和播放。

音乐的载体也从黑胶唱片、卡带、CD 发展为与视觉形式结合更紧密的 MV。摇滚乐的发展激发了 20 世纪 80 年代音乐现场直播和 MV 的风潮，MV（Music Television）让音乐成为充满热情和创意的代名词。

电影成为记录和呈现动态影像的载体，也成为重要的大众传媒。从摄影到电影，记录在底板上的静态影像通过胶片这一形式流动起来。电影的运动其实是借助了人眼的视觉暂留和记忆能力，影像在一帧帧的胶片上其实还是凝固的画面，只是通过快速的播放呈现为动态。电影既是激动人心的艺术形式，也是吸引无数目光的大众传媒。电影作为综合的媒体和艺术，也对戏剧、文学、绘画、摄影、音乐等领域的发展产生了重要影响。反过来，这些艺术领域也滋养了电影。由于电影是大众文化的主要载体，很多重要的文学剧作、戏剧演员直到在大银幕上出现才为大众所知。并且，电影已经成为重要的国际化跨媒体环节，流行的小说、戏剧或游戏往往被改变为电影，赢得更多国际受众。

以美国为例，普通的广播电视节目有着严格的调频和波段规划及内容审查。有线电视的受众较少，需要在用户的个人家中安装有线转换器（Cable Converter Box），并需要付费观看。

一方面，一个传媒机构可以拥有几个调频广播或电视频道，比如 BBC 旗下有好几个电台、电视台。另一方面，几个传媒机构也可能分享一个频道，在一天的不同时段使用这一频道，比如受儿童欢迎的卡通频道（Cartoon Network）和一些专业的纪录片频道、体育频道等。

以往人们非常依赖广播电视报来了解电视或广播节目播出的时间和内容，但在数字时代，人们不再依赖于传统的节目播放形式。人们不仅可以点播还可以回看，或者直接通过网络选择节目观看，不再受到传统节目安排的时间限制。以往那种万人空巷回家看电视直播的情况很难再复现了。在数字广播、数字电视和数字电影的发展中，视听传媒的策划、制作和传播形态在逐渐改变。

三、网络媒体

网络媒体是大众传媒中互动性很强的媒体。通过网络能搭建新的社会关系，把人们以新的方式连接在一起。在网络中，各种信息以数字的方式流转，通过数据交换协议（Packet Switching）传递。基于 IP（Internet Protocol）的互联网实现了个人、机构、政府、企业之间的电子邮件、在线聊天、文件传输等信息传输和服务。世界似乎真的实现了麦克卢汉在 20 世纪 60 年代所提出的“地球村”预言。

在网络普及之后，尤其是互联网进入普通大众的生活，网络通过数字产品成为更为主流的大众传媒。在 2004 年，由于苹果 iPod 产品的出现，一种新的现象产生，在博客、闪客等名词之后，播客诞生了，它也成为一种新的传播现象。作为一种自助式的播出方式，播客吸引了大量用户。据路透社统计，播客订阅者以 20% 速度增长。一些公共电视台如 BBC 等也纷纷在自己的网站上推出播客节目。亚当·科利（Adam Curry）被称为“播客教父”，他推出的 www.podshow.com 成为很有吸引力的播客平台。

在20世纪末，随着互联网的普及，个人实现了向全世界发布和接受信息的可能。但是网络上信息的丰富乃至爆炸，带来了很多挑战，如信息的真伪甄别问题，信息的权威性降低问题以及信息发布出来就被淹没在更多的信息里。同时，网络信息的搜索、分类和编辑催生了更多的网络传媒机构。它们与传统传媒结合或对其进行升级改造，开启了跨媒体的传播时代。

四、手机移动端媒体

手机1979年就在日本出现了，但是直到1998年芬兰才生产出第一个可以下载铃声的手机，由此手机成为新的大众传媒登上历史舞台。很快，手机就成了媒体信息的新平台，并带动了移动媒体的发展。如今在手机上的媒体信息消费已经超越了计算机网络平台。手机上的视频和音频的各种消费达到了80亿美元，手机上的游戏消费达到了50亿美元，还有各种新闻和其他娱乐内容、广告。在日本，手机阅读非常普及，在畅销排行榜前十名的纸质书中，有五本首先是在网络上发行的在线书籍。

如同网络媒体，手机也是互动媒体，并且有着更广泛的受众。随着手机用户的日益增多，手机承载了越来越多的大众传媒功能，它将成为比电视和电脑网络更为强大的媒体。正因如此，手机被称为第七媒体和“第四屏幕”（继电视、电影和电脑之后）。

课堂讨论　关于第七媒体的争论

手机为什么能够视为第七媒体呢？很多人提出了这样的疑问，手机本质上就是电话，为什么电话没有成为大众传媒，而手机却成为新时代的大众传媒呢？这里涉及传播形态和特征的问题。关于大众传媒的特征，剑桥大学的社会学家约翰·汤普森（John Thompson）认为以下五个特征可以用来界定大众传媒：

（1）无论是传统的印刷媒体还是数字时代的网络媒体，都包含制作及发行的技术和组织方法。

（2）以符号化的商品形式呈现，无论是报纸的广告版还是广播电台、电视台的插播广告，都是依赖售卖的媒体行为。

（3）传媒的内容总是介于制作者和接受者之间。

（4）与制作者相比，传媒需要被传递至更为遥远的时空中的接受者。

（5）这是一种“从一至多”的传播方式，传播内容被大批量生产，也希望传播至更多受众。

由此可以看到，传统的电话传播是一种双向的传播，大众传媒往往是“从一到多”，即面向更多受众的。手机则不仅有电话的通话功能，而且更加智能——以移动网络作为基础，成为大众传媒的集成平台。由于人们对手机的日益依赖，新闻、影视、广告内容的发布都瞄准了手机平台。很多信息传播方式（譬如微博）在2010年之前还是电脑用户数量大于手机用户数量，但在短短的几年间，手机用户数量已经反超，使手机成为占据绝对优势的传播媒体。

【知识点】 跨媒体

跨媒体（cross-media）是指同一信息在不同的媒体渠道传播。由于数字技术和网络、移动平台的发展，信息在印刷媒体、视听媒体及手机移动端媒体的发布需要迅速且同步。但是“创造一次，发布多次”（create once，publish many）的理想其实在操作层面仍有很多挑战，由于媒体使用平台、设备的差异，同一信息在不同传媒渠道中传播需要调试和转换。

课后讨论 视频游戏也是一种新的大众传媒吗？

视频游戏从诞生之日起就与计算机程序紧密相关。从黑白的球类对垒游戏到以游戏机形式风靡的超级玛丽，再到如今可供在线观看的电子竞技，游戏的类型不断变化，吸引了越来越多的玩家。从键盘、鼠标控制游戏到游戏手柄、方向盘等装备，乃至被认为是未来游戏发展潮流的虚拟现实眼镜及手套等，游戏以不同方式拓展与用户的交互，提供沉浸式的游戏体验。

一些人认为，视频游戏已被视作一种大众传媒。比如，很多在线游戏是同时多个玩家进行角色扮演、通过合作进行的。在电子竞技中，甚至在几万名观众的剧场中现场展示电子竞技，同时有上千万在线用户观看。然而，视频游戏可否作为大众传媒的争论在于，游戏的个体体验性差异很大。游戏的信息在不同的接受者那里并没有形成“从一至多”的实质传播。

那么，视频游戏应当被视为一种新的大众传媒，你支持这种看法吗？为什么？

第二节　媒体作为艺术创作的材料

在本章的开篇已经介绍过把书籍作为大众传媒和把书籍作为艺术材料创作的区别。不仅如此，电影、电视、网络乃至游戏都可能通过艺术家的创作性转变身份。在这个过程中，艺术家们一方面有着如同小孩子般的“童趣”，他们不像一般人那样看待既有的大众传媒的功能和形态，而总是尝试着新鲜的体验方式。譬如小孩子不会理所应当地拿一本书来阅读，而是试着撕扯，甚至放到嘴里尝尝书的“味道”。还有本节将要介绍的“直接动画”是把电影胶片视为一种绘画材料，而不是用于直接创作动态影像。另一方面，艺术家们是故意将这些大众传媒作为艺术材料，从而促使人们重新思考大众传媒背后的权力控制。比如，录像艺术家把电视机作为艺术材料来质疑和批判电视传媒的信息消费。再如，网络艺术家不是简单地把网络视为信息传播的工具，而是实验网络的图文搅拌功能，创作数字达达主义艺术作品。当然，很多时候，媒体的大众传播身份和艺术材料属性可能交织在一起，这也促使人们用跨学科和跨领域的方式学习、创作和理解不断更新的媒体艺术。

一、印刷媒体作为艺术材料

仍然以书籍为例，从传统的纸质大众传媒到艺术材料，书籍的媒体艺术形态多样，从小型的书籍雕塑到大中型书籍装置乃至书籍建筑，甚或是将书籍作为与公共空间结合的艺术事件。

有很多艺术家把书籍作为特殊的雕塑材料，不同于黏土、青铜、木材等材料，书籍有自身的结构、色彩、肌理，还有上面的文字或图像信息，都可能帮助艺术家创作不同的雕塑艺术作品。这种艺术作品充分证明了“没有旧媒体，只有旧观念”。所以，当我们谈及新媒体艺术的时候，不一定只有那些看似高科技的声、光、电作品可以纳入新媒体艺术的范畴。以创新性的方式实验各种媒体材料的作品都激发了新媒体艺术的讨论和重新界定。下面的这个书籍雕塑《之间》（Between）是由艺术家马斯・莫纳汉（Math Monahan）创作的（见图 2–11）。作品借用了书本身的结构，书页的交叉没有使用任何黏合剂，如同传统的建筑榫卯结构坚固稳定，以非常简洁的形态呈现了如同教堂建筑般的效果。这个作品被放置在美国密歇根图书馆中，给予人们更多关于书的启示。

除了个体的书籍雕塑，艺术家们也尝试利用书籍结构中的基本元素，塑造巨型的书籍装置。比如，德国艺术家阿努克・克鲁托夫（Anouk Kruithof）非常善于借助图书的色彩搭建“书墙”（见图 2–12）。

再如，艺术家马泰・克瑞恩（Matej Kren）就在意大利博洛尼亚现代美术馆呈现了一座这样的“书屋”。这座圆形的“书屋”装置称作《扫描》（Scanner），艺术家动用了 90 000 本书，累积到 11 米的高度（见图 2–13）。在这个艺术作品中，书籍既有大众传媒的属性，体现了知识的位置和人类的思想，同时也是实体的构成材料，它们的色彩、体积在美术馆中建构了新的

图 2–11

书籍雕塑《之间》由艺术家马斯・莫纳汉创作，借用了书本身的结构和书页的交叉，展出于美国密歇根图书馆。

图 2-12
德国艺术家阿努克·克鲁托夫搭建的《书墙》系列作品，这部作品使用了 35 000 本彩色书。

空间和关于书的新的体验。

当观众仰望这个书屋，或是进入书屋细致观看时，他们会因为错落的书籍和旋涡式的结构产生一种眩晕感。艺术家借此启发观众思考，书籍所承载的信息在带来知识的同时也会产生矛盾和困扰，需要人们带着质疑的精神去分辨信息，寻找方向。

图 2-13
书籍装置《扫描》由艺术家马泰·克瑞恩创作，高达 11 米，动用 90 000 本书，展出于意大利博洛尼亚现代美术馆。

图 2–14
艺术家艾丽西亚·马丁把书籍与窗口连接，创造了独特的户外书籍装置景观。

艺术家艾丽西亚·马丁（Alicia Martin）则别开生面地把书籍装置延伸至建筑之外，成为一种奇幻的媒体艺术景观（见图 2–14）。她在西班牙马德里把很多书籍与建筑的窗口连接，呈现了如同倾倒书籍的效果。这既是一种书籍的雕塑作品，也是一种户外的装置艺术。这样，书籍作为艺术材料的实验就被移出了美术馆，可以让更多人看到。同时，这个作品也有力地提醒人们，很多时候，书籍作为文化传播的载体，遭到丢弃和摧毁。

还有一些艺术家不仅把书籍搬到户外，还吸引了普通市民的参与。《文学与交通》（Literature Vs. Traffic）这个作品是由一个西班牙艺术团体 Luzinterruptus 共同创作的，他们擅长使用光来进行媒体创作。此次在加拿大多伦多最繁华的街道上，他们用 10 000 本书结合灯光创造了一个以“书流”替代城市车流的“不夜城”（见图 2–15）。这些书是由慈善机构救世军（Salvation Army）捐献的，同时还有这个团体的 50 名志愿者花费了 12 天把这些书铺满了繁华的黑格曼（Hagerman）大街。

这样一个户外媒体作品，或者说是一个公共艺术事件成为 2016 年 Nuit Blanche 艺术节的亮点。在城市的喧嚣街头，这个艺术事件让人们感受到平静和温暖，因为这些书在夜晚会发出光芒，照亮着前行的道路。尽管这个作品只能持续 10 个小时，但却充分体现了新媒体艺术的力量，它将留存在参与者的记忆中。

图 2-15
艺术家团体 Luzinterruptus 共同创作的《文学与交通》，结合灯光，用捐献的书呈现出别样的城市“书流”景观。

二、户外媒体作为艺术材料

户外媒体（Outdoor Media）也是传统大众传媒的重要形式。人们对在城市广场、公路、公共汽车、地铁乃至楼宇上的广告招牌都不陌生。户外广告在城市中有流动和固定的形式，有些户外广告被宣传者背在身上，希望得以传播到更多的人，也有些户外广告就被贴在邮筒上，成为传统城市中一道风景（见图 2-16）。

在 20 世纪 80 年代之后，户外媒体有了很大的变化。一方面，设计师借助户外媒体张扬新的艺术主张。如同个性化杂志所宣称的那样，一部分设

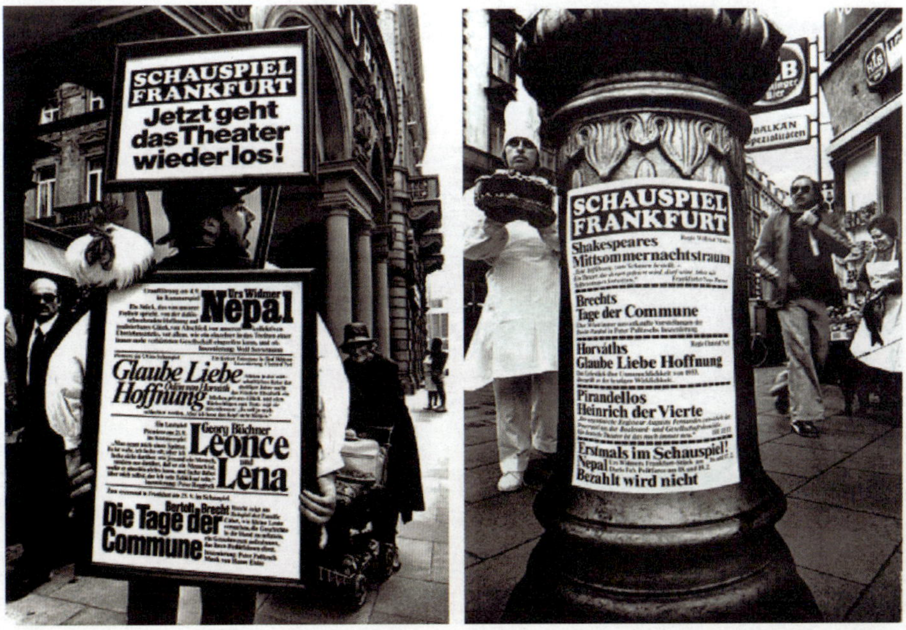

图 2-16
冈特·兰堡被称为“德国视觉诗人”，并与日本的福田繁雄、美国的西摩·切瓦斯特并称为当代“世界三大平面设计师”。他的户外广告作品所展示的信息多来源于生活，以最简洁的视觉形象表达最深刻的内涵。

图 2-17

瑞士设计师康奈尔·维德林以解构主义的方式创作的福斯特啤酒广告，令人耳目一新。

计师希望引领广告主的品位，推出了一些非常具有个性的广告，比如瑞士设计师康奈尔·维德林（Cornel Windlin）创作的啤酒广告（见图 2–17）。另一方面，传统的户外媒体以广告为主，并且烟酒广告居多。在 1994 年，戴安娜·哈克巴斯（Diana Hackbarth）基于芝加哥户外广告的社会调查发现，烟酒户外广告投放向低收入的非白人社区倾斜，这可能拉大贫富差距和引发种族冲突。由此，从 1998 年开始烟酒户外广告被广泛禁止，人们对户外广告引发的社会问题的关注带来了户外广告的革命。

同时，艺术家也对人们熟悉的户外广告本身进行挪用和改造，呈现他们的艺术观点，这种创作被称为“波普”。也有艺术家把政治符号和商业符号叠加，创立了自己的风格。比如著名的俄罗斯艺术家亚历山大·克索拉伯夫（Alexander Kosolapov），他把苏联时期的宣传海报中的形象与酒的广告结合在一起，形成了奇妙的反讽效果（见图 2–18）。他也直接改写万宝路香烟

图 2-18

俄罗斯艺术家亚历山大·克索拉伯夫创作的波普艺术作品，以广告的形态进行媒体艺术创作。

【案例分析】 瑞士设计师康奈尔·维德林的革新设计

瑞士设计师康奈尔·维德林体现了20世纪设计师和艺术家身份的融合。他不仅是一位媒体人，比如作为著名《脸》(*The Face*)杂志的美术编辑，并且拥有自己的工作室(见图2-19)。1993年，他回到瑞士成立自己的工作室为知名的博物馆进行艺术策划，比如伦敦的泰特博物馆(Tate Museums)、苏黎世的苏黎世美术馆(Kunsthaus Zürich)、巴塞尔的巴塞尔艺术博物馆(Kunstmuseum Base)、苏黎世的苏黎世舒奥斯佩尔豪斯剧院(Schauspielhaus Zürich)等，也和国际知名品牌Witra、Parco Depatment Stores、Mitsubishi、NTT Fosters Beer等合作，甚至还和如彼得·盖布瑞尔(Peter Gabriel)这样的歌星合作过。并且，他还和斯蒂芬·穆勒(Stephan Müller)一起，组建了Lineto数码工作室，致力于在设计艺术领域搭建一个国际性平台。他的贡献尤其在于以新的方式看待文字与图像的组合，无论是他的福斯特啤酒广告还是“我们热爱字体设计”的运动(http://welovetypography.com/)，都以数字时代的达达主义形式呈现印刷媒体的力量。

图2-19

康奈尔·维德林的革新设计体现了数字时代设计师和艺术家身份的融合。

广告的广告语，在沿用这个品牌经典的色彩设计的同时将自己的名字替换下Marlboro(万宝路)，进行重新设计(见图2-20)。当香烟广告在户外广告禁令中绝迹的时候，艺术家的创作却提供了一种对于香烟广告的记忆。

图2-20

俄罗斯艺术家亚历山大·克索拉伯夫改写万宝路香烟广告，把自己的名字作为商标进行重新创作。

三、视听媒体作为艺术材料

除了印刷媒体，电影、电视等大众传媒也在艺术家的创作中被去除了原有的功能，胶片或电视机本身重新成为一种创作材料。这使得直接动画（或直接电影）、录像艺术等作品天然地具有了对大众传媒的审慎及批判的态度。

马歇尔·麦克卢汉（Marshall McLuhan）曾经说过“我们所处的时代是跨越障碍的时代、抹去新旧种类差别的时代”，麦克卢汉也同时预言了艺术家面对新的技术时具有的能力。1964 年，他在《理解媒介》中强调了他对艺术和艺术家的观点：“严肃的艺术家是仅有的能够在遭遇新技术时不会受到伤害的人，因为这样的人是认识感觉变化方面的专家。”

应该注意到，很多媒体艺术实验可以追溯到 20 世纪初期。譬如“直接动画”的源头之一就是未来主义时期的艺术观念和实验。早在 1910 年左右，就有意大利画家阿尔纳多·金纳（Arnaldo Ginna）和德国心理学家汉斯·劳伦兹·斯托伯格（Hans Lorenz Stoltenberg）尝试过在胶片上直接绘制的方式，然而他们的作品没有被完整地保留下来。但是，我们却可以在 1913 年法国艺术家雷庞德·瑟瓦兹（Léopold Survage）总结的“色彩的节奏”的理论中，看到当时这一理论完全有条件应用在胶片实验中。瑟瓦兹是这样陈述电影可以作为“色彩的节奏”的纯然表达的：

> 色彩的节奏绝对不是用视觉的方式诠释一件音乐作品。它是一种自主的艺术形式，尽管基于音乐，但我认为这种动态艺术是色彩化的视觉形式，如同声音之于音乐的地位。

所以，胶片在这种理论中便从实拍影像的媒介转变为纯然的表达节奏、运动的媒介。因此，在这一理论推出后不久，第一部关于“色彩的节奏”的作品公映了。1921 年 4 月 1 日，*Opus 1* 在法兰克福的 U. T. Im Schwan 影院上映（见图 2-21）。这部作品以深黑色为背景，凸显了蓝色、粉色、橘色等鲜亮色彩的节奏舞蹈。第二天，伯纳德·迪奥博德（Bernard Diebold）就在《法兰克福报》上发表了对这部作品的文化评述。吉奥德·塔隆（Gérard Talon）更是将此创举评价为“以音乐的灵性赋予电影新生”。此后，迪奥博德对这样的媒体艺术实验进行了长期的关注和研究。此后，苏格兰裔加拿大籍艺术家诺曼·麦克拉伦（Norman McLaren）和新西兰艺术家雷恩·莱（Len Lye）不约而同开启了“直接动画”的潮流，重新思考电影的材料、形

图 2-21
第一部“色彩的节奏”理论的实践成果 *Opus 1* 于 1921 年在法兰克福公映。

课后讨论 直接动画（直接电影）与未来主义的关系

尽管在已有的采访和文献中，很难看到最具影响力的“直接动画”创始人诺曼·麦克拉伦和雷恩·莱谈到他们与20世纪初期的未来主义实验的直接关系。但是，直接动画作为一种新的材料方式的开启，与未来主义和机械结构主义重新思考新材料的功能、敞开拥抱材料的态度有非常重要的关系。

艺术史家曾给予未来主义这样的评论：“比起一种风格，未来主义更像是一种意识形态。未来主义不仅在艺术领域，它还寻求摧毁过去的尤其是意大利的传统——为了打造一个全新的社会、一种新艺术和新诗学。”未来主义者们相信新的发明，如机械手枪、汽车等能够突破人们之前对速度和力量的想象。如此一来，伴随其同时而来的噪音、破坏性也变成了另一种美感和值得歌颂的力量。如果说在20世纪初意大利未来主义雕塑中的动态实验是未来主义高调吹起的号角，那么在20世纪30年代，由雷恩和麦克拉伦不约而同开启的直接动画或许可以看作未来主义在动画领域延续的隐蔽性“实验”。

基于“新的动态感觉”，未来主义的艺术家们转向对三维空间未来性的探索，借用新的材料来促进对新形式的研究。比如，意大利的翁贝托·波丘尼（Umberto Boccioni）用一位具有奔跑感的“众神的使者”传递机械时代的速度感。他的青铜雕塑《空间中连续运动的独特形式》（Unique Forms of Continuity in Space）以及石膏雕塑《肌肉在运动中的扩张》（Spiral Expansion of Muscles in Action）将快速运动中人体的曲线美转化成流水线的重叠和扭曲（见图2–22）。

这种追求动态的时代特征也体现于二维空间，胶片被看成一种新的营造速度和激情的材料。早期意大利画家的胶片实验就已经摒除了胶片一定要拍摄现实影像的观念，胶片本身就可以提供一种运动方式和速度感。当人们沉浸于胶片转动时投射于大银幕的影像故事时，一些人却发现了胶片自身运动的“诗意美感”。

由此，回顾第一章中我们讨论的艺术发

图 2–22

波丘尼在《肌肉在运动中的扩张》（左图）等作品中对运动和节奏的表达与直接动画在胶片上的运动呈现（右图）形成对话。

展和分类，你是否可以发现更多关于媒体作为艺术材料的实验?

很多媒体艺术的创新往往是在有限的条件中获得激发的。直接动画得以成型其实源自材料和设备受限。1924 年，雷恩离开新西兰前往伦敦学习，如同苏联导演爱森斯坦拍摄电影时受到胶片的限制反而开拓出蒙太奇，雷恩也因为买不起摄影机反而发掘了“直接电影”的可能性。巧合的是，麦克拉伦对直接动画的探索也几乎基于同样的原因。麦克拉伦的直接动画实验可以追溯到他在格拉斯哥艺术学院学习的时候。那时他就在电影胶片上直接划擦和绘画，而这样做的主要原因其实是他没有使用摄影机的途径（见图 2–23）。

设备和材料上的受限往往迫使艺术家去寻找最适当的创作方法，他们不得不转化原有设备和材料的使用方式，使原有的材料功能得以转化。直接动画就通过绘制胶片的方式让艺术家直接把握住每一格画面，将舞动的胶片作为新的媒体艺术形式。

图 2–23

麦克拉伦和雷恩几乎不约而同发现了“直接动画”的形式，并且他们的实验最初都源自材料和设备的缺乏。

【案例分析】麦克拉伦的直接动画理论与实践

麦克拉伦认为，“剧本是一套形式上的指示和法则”。麦克拉伦将那种以传统的文字剧本为依据创作的动画称为“论文”。相比那种动画，麦克拉伦希望开辟一种新的方式，把动画看作一种新的视觉语言的呈现，来表达他情有独钟的“线”的运动。因为在他看来，相对于文本，“线”能够直接对动作进行内在指示，能够描述并衡量时间，还能够扩大动作的外延——指示含蓄或潜在的动作。

因此在麦克拉伦的实验中，动画的文字剧本变成了一种通过线呈现的“动画信息编辑器”，来作为流程、时间和技术层面的视觉记录。这样，在没有摄影机的情况下，麦克拉伦拍摄了《闪烁忽现》(1955)。在新的信息编辑器的帮助下，直接动画的视觉关系被确定下来。并且，这些图像是用铅笔刀、针和剃刀直接作用在覆盖着乳光剂的黑色电影胶片上的。

大部分评论家认可麦克拉伦兼具动画家和动画理论家的才能，在某种程度上，正是由于理论上的突破带动了麦克拉伦的动画实验以及增强了他在加拿大电影局的领导作用。麦克拉伦提出的动画的新理论，其实是把视觉暂留原理赋予动画新的表现的可能性提了出来。麦克拉伦发现，一部电影用普通速度放映时，每张单独胶片上的图像被肉眼接收的时间是1/48秒。但是，由于人的记忆功能，图像的视觉存留时间要比这长得多。它可以在人脑中保持几秒钟，直到新的图像替代原有的图像。

这种在头脑中保留影像的几秒钟就变成了直接动画的一种魔法和暗语——在胶片单元中强调在单元格之间添加动作（见图2-24）。正如麦克拉伦所说："有时为进一步强调，我会在两张相连的胶片上刻画，或制作一个胶片群（包括三张或三张以上的胶片）。有时，我通过这种方法来巩固某个动作或运动。有时，胶片群上只是一些不连贯的图像，却能带给观众一种整体观感。我还在很多地方使用了传统方式制作的体现连贯动作的整段胶片，这样一来，人们可以从单一胶片图像或胶片图像群组组成的间歇动画中得到需要的休整。"

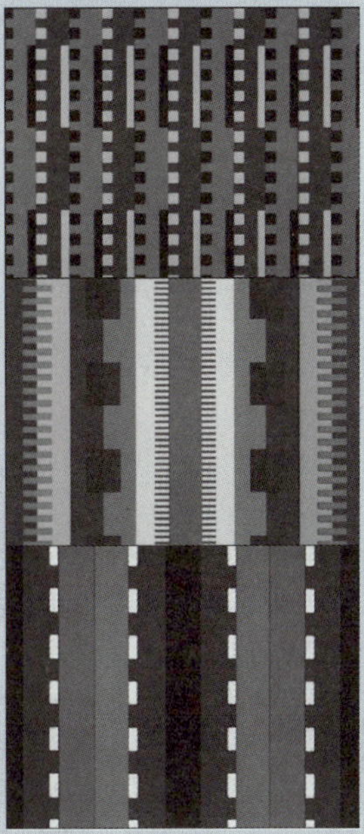

图2-24

麦克拉伦直接通过胶片重组实验创作直接动画，他的实验从观念、形式乃至创作的流程上都改写了原有的电影媒体。

【案例分析】雷恩的直接动画阶段性创作

雷恩的直接动画探索有几个阶段，每个阶段都提供了一种改写电影的新的可能性。而这几个阶段的划分并非依据创作地点，而是他着重解决的问题。也就是说，如何首先分离动画和实拍的元素，再尝试将它们以直接动画的方式结构起来，进而有机会完全剥除实拍影像，回到直接动画的最原始状态。这就是下面所划分的三个阶段（见图2-25）。

一、抠像和色彩的关系探索

虽然必须结合实拍影像，但是雷恩或自发或自觉地重新思考和实践了动画中色彩、影像的特性。因此，在影像上，雷恩尝试了抠像技法，这就使得一切实拍影像上的内容都可以成为重新结构成动画的元素。或者说，这时的实拍人物就变成了一种剪影，以《彩虹舞蹈》(*Rainbow Dance*, 1936) 为代表，其中的实拍影像作为"皮影"形态在爵士音乐中变化姿态。这种动作的变化也激发了色彩的变化。这其实是一种新的视觉运动关系的探索，因为影片的实拍素材都是黑白的，但是通过雷恩的三原色转换方法，把这些影像重新分层和抠像就能转变为新的色彩组合。因此，在20世纪30年代，雷恩通过他的作品预言了未来动画方式对电影影像的改写能力。

二、材质、肌理和透明感的探索

当实拍影像得以借助色彩分层和抠像转化为动画元素之后，雷恩需要凸显出直接动画自身的语言特性，由此在与实拍影像的组合中呈现异质性。

从1937年的《行业刺青》到1939年的《朗伯斯漫步》，再到1953年的《色彩在哭泣》，通过材质、肌理和透明感的处理，动画和影像得以分层和结合。然而在当时英国的行业内却将动画视作只是电影行业的一种点缀。当这种动画的刻画切于实拍影像之“肌肤”时，却是会带来刺痛感的。这种刺痛感已经不再停留在改写电影的层面，而是以直接动画的方式“刺青”电影。胶片的破坏性将在下一节中详细分析。

图 2–25

雷恩的直接动画创作经历了几个不同阶段，从抠像合成，到肌理实验再到纯抽象的回归，表达了直接动画改写电影的不同方式。

三、直接动画成为个体的怀旧媒介

大部分评论家认可雷恩晚期的作品呈现出一种“回归性”，这种回归性既有对他最初的直接动画作品的呼应，也有因为以黑白影像的创作呈现的胶片的原初质感。当然，这些作品也被指出更倾向于以平面方式进行三维空间的探索，包括《自由之声》(*Free Radicals*)、《空间粒子》(*Particles in Space*)，还有他的遗作 *Tal Farlow*。

雷恩晚期的作品其实离他的第一部直接动画作品《色彩盒子》所开创的风格愈来愈远，反而与他并不为人所知的第一部无声动画作品《生之环》——这部九分钟的黑白版画风格手绘动画作品非常亲近。荷兰心理学家杜威·德拉埃斯马（Douwe Draaisma）在《我们为什么想起，又为什么遗忘》以及《怀旧制造厂：记忆、时间、变老》等著作中都专门探讨了人类的晚年记忆。他阐述了怀旧性记忆的回归效应，即人们在老年时更靠近和容易想起童年，并通过回忆感受喜悦之情。如果把雷恩的创作历程看作一个生命周期，这种直接动画的创作也呈现出这样怀旧的趋向。这种怀旧不仅是形式上的，也是主题和精神内核上的，甚至包括灵感上的。

式与功能，以一种实验和开放的态度探索了新的媒体艺术。

面对电视媒体在 20 世纪 60 年代的崛起，艺术家们却用他们的作品树立起新的障碍感，即借助艺术空间来呈现关于一种媒介的差异感，这就是把电视作为艺术材料并对其批判以区别于把电视视作大众传媒。20 世纪 60 年代，电视成为占绝对统治地位的大众传媒，它对日常生活的控制力日益明显。1953 年，有 2/3 的美国家庭拥有电视；而到了 1960 年，已有 90% 的美国家庭拥有电视。电视新闻和家庭影院几乎成为每个家庭接受信息和娱乐的主要方式。据当时统计，每个美国人平均每天用在看电视的时间达 7 个小时，而电视广告业成为新的强有力的促进消费的模式。

面对这样的现状，一批艺术家们“以电视反电视”的姿态展开新的动态影像实验。“以电视反电视”不仅是指用电视机作为载体批判电视媒体，同时构成批判的一些影像及其运动方式也来自人们熟悉的电视形式，这集中体现

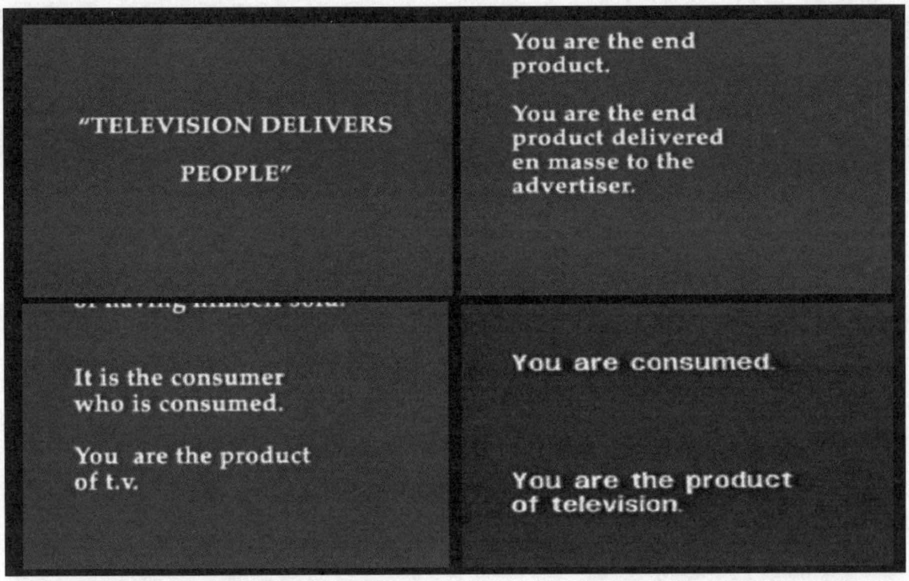

图 2-26
理查德·塞拉的《电视生产人》借用了滚动字幕的方式来批判电视媒体对人的消费。

了早期以电视为批判媒介的直接性。而这些通常作为录像艺术解读的作品，如果从独立动画的角度重新观看则提供了动画在电视时代新的创作和批判能力。针对当时电视借助强大的话语权力，通过肥皂剧、新闻和商业广告向受众灌输影像，一些艺术家用最简单的字幕运动进行批判，包括批判电视对家庭主妇的迎合、电视广告和电视对受众的控制性等。其中最具代表性的作品之一有理查德·塞拉（Richard Serra）的《电视生产人》（Television Delivers People，1973)。塞拉关注到电视将家庭主妇作为主要受众人群，用肥皂剧、电视广告、电视购物等节目形式迎合该受众群体。塞拉在接近 7 分钟的影像中，以蓝底白字的向上滚动字幕的方式推出了他的一系列针对电视消费的观点，如"电视的产品不是电视节目而是人""你在消费电视的同时被电视消费"等（见图 2-26）。

《电视生产人》提供了最简单和符号化的动画对象，它不是人物或物体，而是英文文字。这个作品也采用了最简单的运动方式，即从下向上的字幕滚动。但简单的运动对象和运动方式是基于日常的电视方式提出的，这也就给了这部作品撬动和反转日常经验的契机和张力。

塞拉面对从日常电视的观看和消费中体认到的危机，用这般沉闷的运动对电视媒体消费人的事实进行揭露与批判，同时也传达了生命在字幕一帧帧向上的无声滚动中无情消逝的事实。

一般观众在观看肥皂剧和新闻时，很少意识到自己正在这种观看的过程中被消费。我们所观看的滚动字幕在作为一种电视节目的结尾符号的同时，也是一天结束的符号，甚至是生命正在耗费殆尽的比喻。而这种滚动的无声就是观众身处其中仍不自知，我们常常忘记了自己在观看，在观看的同时耗费时间和生命。

塞拉用看似最简单的字幕运动引导观众回归到对看的思考，并由此提出

【案例分析】 电视变成录像装置艺术

录像艺术家白南准在1988年，用1 003个电视显示器组成《包裹世界》，我们不难理解它为什么还有另外一个名字《越多越好》（见图2-27）。而且，这个“多”是垂直向度上的多，电视组成的通天巨塔在产生令人仰望的崇高感的同时，也面临着崩溃和倒塌的危险。并且这种崩塌都是在人们猝不及防之时。所以，与其说这个作品是白南准送给韩国汉城奥运会的一份礼物，不如说这是艺术家送给整个世界的一个警告，这个警告只有你在抬头观看一种需要仰视的垂直的画面运动时才能够深刻体会到。

没有“旧媒体”，只有“旧观念”，尽管很多人已宣告了所谓的传统媒体的“死亡”。譬如2002年，阿诺德·克林（Arnold Kling）对于报纸的未来进行了预言。他认为报纸行业会在20年内消亡，即使可能仍然有报纸印刷发行，也只会以慈善性质免费发放。但是重要的社交媒体推特（Twitter）的创立者利奥·拉伯特（Leo Laporte）却认为不管社会如何变化，人们都需要故事的讲述，并愿意探索事件背后的真相，找到自己的答案。正如牛顿在17世纪就已经指出交流要义在于在全宇宙间的沟通和传输，媒体自身在不断演进和变化。因此尽管关于大众传媒的未来有各种讨论，通过本章的学习，我们仍可以看到媒体艺术的“新”和“旧”是一个动态关系，并且艺术家往往可以通过改造“旧媒体”，传递新观念，讲述新故事。

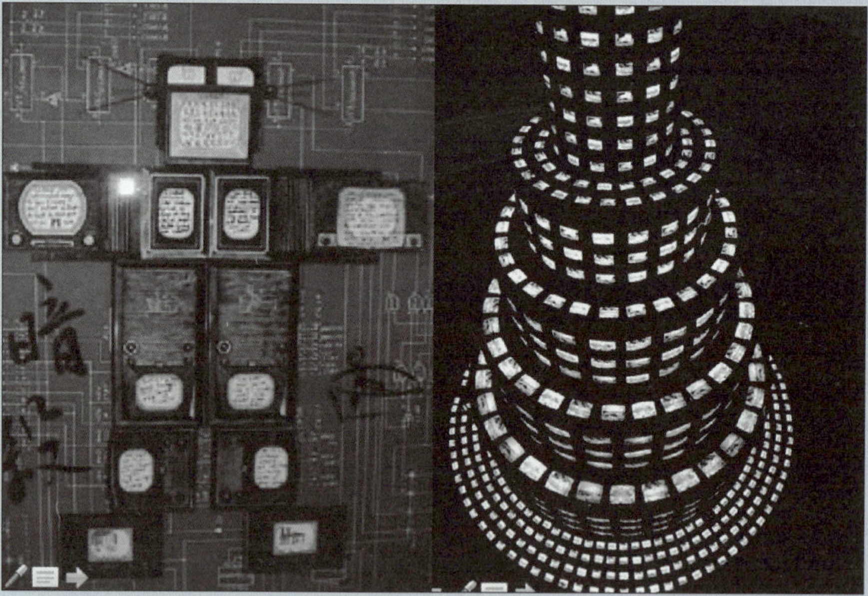

图2-27

白南准用“暗杀”（左图）比喻媒体的替代关系，也用“越多越好”（右图）来讽刺电视包裹的世界。

了人与电视关系的思考，“你在看电视的同时电视也在看你，不是人生产电视而是电视生产人”。

思考题

1. 媒体、媒介的关系如何？你如何看待最早牛顿对“媒介”（medium）的界定？
2. 你如何理解以计算机为代表的数字技术对传统大众传媒的改变，你是否认同大众传媒被重新归纳为七个类别？
3. 你认为游戏是新的大众传媒类型吗？为什么？
4. 媒体的形式和功能在媒体艺术那里发生了怎样的改变？请举例说明。
5. 阿诺德·克林对于报纸的未来进行了预言，他认为报纸行业会在20年内消亡，你如何看待这一预言？

第三章

新媒体艺术的维度

如果说新媒体艺术是一门新兴的艺术，那么它不是孤立的艺术现象，而是蓬勃的艺术集群。新媒体艺术登上舞台的20世纪60年代，正是现代主义向后现代主义转型的风云之际。多元性、不确定性作为后现代主义的特征在新媒体艺术那里以多维度呈现，并突出地表现为打破艺术领域间的壁垒，建立新的艺术与观众的关系——互动性。

第一节　新媒体艺术的维度特征

新媒体艺术的维度特征呈现了新的艺术形态对于社会变革的敏感和勇气。这集中体现在新媒体艺术很难局限在单一艺术形式中考察，激光艺术、录像艺术、计算机艺术、互动艺术、网络艺术，乃至融合行为艺术、环境和生命艺术等多维度的形式不仅仅是新技术和新形式的实验，更是对多元社会问题的触碰和反应。通过艺术的批判性，新媒体艺术或呈现为刺破城市夜空的激光利剑（第四章中有范例），或撕破电视的权力伪装（第五章中有范例），或通过数字像素颠覆艺术经典，或以开放“阅读”批判传统展览，甚至借用黑客的方式来重新思考“什么是病毒”。总之，新媒体艺术如同多维空间的一粒种子，在短短几十年间以不同维度开拓艺术的可能性，不断挑战艺术的边界，也在跨领域的过程中探索新的建构。

新媒体艺术的维度特征或许首先表现在其定义的多元性上。“新媒体艺术”“媒体艺术”“数字艺术”“计算机艺术”“多媒体艺术”“互动艺术”等往往混在一起。不仅在学术研究、艺术展览中名称很难统一，在大学教育的学科和课程命名中也常常混用。举例来说，中国从20世纪90年代末开始了类似的从课程到学科的引进、建立，名称往往经过了“多媒体”“多媒体艺术”“数字媒体”“新媒体艺术”这样的变化过程。同时，“新媒体”或“新媒体艺术”成为一种“催化剂”，与一些已有的专业或学科名称相结合，譬如“动画新媒体艺术”“影视和新媒体”等。

对于一种新的艺术现象进入教育学科，这仿佛是一个必经的历程。新媒体艺术的界定不断变化，源自新的社会语境中的艺术、媒体、新媒体不断流变。因此，新媒体的艺术语言也是在不断的艺术实践和理论探索中逐渐总结的，它离不开整体艺术系统和媒体社会网络。所以，对于动态的新媒体艺术能够抓住的关键词似乎首推其多样的维度特征。

新媒体艺术的成型和迅速发展有其客观的技术支持和主观的社会语境的带动，而纵观半个多世纪以来多媒体艺术的发展，可以发现对维度的探索成为各种多媒体及艺术领域融合的重要推动力。反过来，各种媒体艺术直至多媒体艺术的丰富性进一步拓展了对传统维度概念的理解与表达。

在人们的感受范围和艺术表达中时间和空间是统一的维度整体，不同的艺术领域都以对时间和空间的表达突破为前提进行不断的发展，而多媒体艺术在新的数字技术和媒体手段的支撑中更有优势对时间和空间进行新的诠释。

我们一般熟悉的维度的概念，包括由长宽高构成的三次元空间和第四维度的时间，人们对维度的追寻和把握源自对自身存在性的不断探索。自古以来，人们欲求对维度的表现并力求突破现实世界中时空的束缚。正是这种对维度表达和不断突破的欲望促使艺术家从对现实维度的模拟到主观性的再创造。

关于维度，有一个非常著名的“越狱”的故事，形象地说明维度的差异。加来道雄（Michio Kaku）博士在著作《超越时空》中从神秘主义的角度来剖析“维度”的落差和关系。他提出一个问题：“什么样的人拥有神灵般的能力？”回答是：“来自高维世界的人。”他用了诸多有趣的故事来证明这一回答，其中一个经典案例是关于“神奇的营救”的。

故事是这样的，在一个封锁得天衣无缝的监狱内，按理说“囚犯”无论怎样移动都逃脱不了为他设下的“圈禁”。但是，这个“囚犯”就忽然消失了，狱吏们惊讶于这个人神秘的消失却不得其解。

对这个故事的解释是“囚犯”和“监狱”都存在于二维世界的平面王国，神秘的营救者来自三维世界，对二维世界来说难于登天的“越狱”，对三维世界的人来说却是易如反掌。只要三维世界的“营救者”轻轻一拉，二维中的“囚犯”就能“神秘”地消失了。

由此可以看到维度的差异如此悬殊，艺术的不断突破和探索往往是在有限的维度之中，提供新的维度可能和新的体验。举例来说，在文艺复兴时期，传统架上绘画就在二维层面上提供三维空间的幻象，然而这个幻象的确在透视法、解剖发展的条件下更逼近三维空间的体验。

新媒体艺术的维度探索并不是孤立的，对其流变的考察中不难看出，传统艺术领域的经验在与新的媒体结合中得到了新的诠释，而传统艺术形式对维度的探索也为新的媒体艺术表达积淀了经验。

一、数字影像消解传统维度

法国建筑师兼评论家保罗·维希留（Paul Virilio）曾说："我们进入了一个非一元的世界，我们拥有两种真实，'现实'和'视觉真实'。这不是简单的模拟或是替代，它已经超越了立体主义所展现的线性的时间空间，而是用另一种新的艺术语言来呈现一种新的时间空间。"

艺术史家法兰克·帕波（Frank Popper）说："在数字时空中，实与虚、抽象和具象不再对立。"

我们前面提到过"新媒体艺术"与"数字艺术""计算机艺术"的混淆，这种混淆不难理解。因为新媒体艺术的确基于计算机技术的发展，使其多元的探索成为可能。

在数字世界中，数字的字节、像素创造了一种独立于现实的新的"真实"，并自成体系。因此早期计算机的绘画、数字摄影的创作很乐于呈现一种"超现实主义"风格。因为数字影像易于复制、合成的优势给超现实主义提供了极大的表现空间。现实世界中的维度规律，如重力、阻力被数字艺术家质疑，并且这样的质疑体现在了作品中。

美国艺术家杜安娜·波尔卡（Duane Pulka）通过程序控制物体之间形象的转换，允许物体在一种假定的万有引力场内进行运动。这种虚拟引力区别于现实世界中的万有引力，阻力和重力可以被强调和消除。

在维度的探索方面，时间和空间的表达往往是密不可分的。但是有一些作品着重强调空间维度上的思考。例如，一些作品表现了同一形象通过数字技术以不同的姿态或空间中不同的角度进行合成。这是立体主义打破传统维度的观念在数字世界中的延伸。让－皮埃尔·伊瓦拉尔（Jean-Pierre Yvaral）的《合成蒙娜丽莎》（Synthesized Monna Lisa）和美国艺术家施瓦兹的《蒙娜丽莎/达·芬奇》都以数字影像重构蒙娜丽莎，前者突出数字像素的构成作用，而后者借助透明涂层技术揭示了蒙娜丽莎与达·芬奇自画像惊人的相似性。同时，这二者也都用更为新的空间方式处理蒙娜丽莎这一经典的立体形象。在二维平面中建构三维世界的尝试，在数字艺术这里有机会变成一种像素建构的孔洞空间或更具跳跃性的影像对话。

数字艺术家的维度实验不仅挑战传统经典绘画形象，也颠覆大银幕的明星形象，通过对明星形象的数字混合和变形，产生一种奇异的效果——既熟悉又陌生。这往往也是很多新媒体艺术的特性，尽管使用了新的技术和形式，但其探讨的话题和揭示的对象往往又很熟悉，因此带给人们新的视角，也带给其他领域意想不到的灵感。譬如，美国的南希·波森（Nancy Burson）是最早利用电脑对人像进行变形处理的艺术家。图 3-1 左图这个有些模糊的黑白正面像是五位著名的银幕女明星的"合体"，包括贝蒂·戴维斯（Bette Davis，1908—1989）、奥黛丽·赫本（Audrey Hepburn，1929—1993）、格蕾丝·凯利（Grace Kelly，1929—1982）、玛丽莲·梦露（Marilyn Monroe，1926—1962）和

图 3–1

美国的南希·波森是最早利用电脑对人像进行变形处理的艺术家。左图这个有些模糊的面孔是五位著名的银幕女明星的“合体”。

索菲亚·罗兰（Sophia Loren，1934—　）（见图 3–1 右图）。南希·波森实际上挑战了银幕的美丽形象，并提出了这些美丽的女子还有可能是罪犯，因为这种面无表情的黑白正面像很容易让人联想到通缉犯的照片。巧合的是，南希·波森对于这种数字变形（morphing）的贡献真的启发了刑侦系统，警察局也借鉴了这种方法模拟出犯罪嫌疑人或需要寻找的失踪人士形象。

跨时空的数字影像并置成为新媒体艺术家挑战传统维度的新方式。这种尝试往往和摄影或自拍相结合。艺术家不仅把镜头对准不同的地域和景象，也把自己纳入镜头，并通过自身的复制创造一种新的比喻或反讽。

譬如，加拿大艺术家杰夫·沃尔（Jeff Wall）的《突如其来一阵风》，通过合成技术冻结了人在现实中的姿态并将其置入源自日本浮世绘的风景中，呈现了数字时空的独特概念。玛丽·克拉纳汉（Mary Clanahan）则将城市作为新的景观，用数字影像进行城市拼贴，呈现一种混乱维度和新的印象主义，这的确也是全球化过程中很多城市给人的印象（见图 3–2）。

冰岛女艺术家瑞贝卡·库尔丽芙（Rebekka Guðleif）用数字摄影展现了

图 3–2

玛丽·克拉纳汉混合城市的形象，呈现了一种数字化的印象主义。

图 3-3
冰岛女艺术家瑞贝卡·库尔丽芙用数字摄影“克隆”自己，在特定的情景中安排“自己们”的关系，她们时而相互凝视，时而互斟互酌，或一起捡拾/掩埋自己的童年记忆。

“克隆”自己的可能性，她把不同时期的自己拍摄下来，在特定的情景中安排她们（不同时期的自己）的关系，她们时而相互凝视、时而互斟互酌，或一起捡拾/掩埋自己的童年记忆（见图 3–3）。同时，她把她的“克隆”心得通过网络向网友们分享，鼓励有此相同愿望的人创造出自己的分身，审视自我并和自我对话。

结合数字技术在录像装置中的运用，艺术家们尝试了更多影像分割实体空间的方法。在时间维度表达上，也有了更大的弹性，发展出画中画、多层叠画等创造的时间维度，重叠交叉的影像和展示手段丰富了传统录像艺术的维度语言。艺术家们在录像装置中使用了多重显示器，立体的录像空间和多屏幕播映产生新的视听维度感受。这是一种不同于数字摄影的立体拼贴，它建立了一种相互观照的新的语言。录像艺术拓展了显示器、屏幕的原有维度，影像在屏幕之间跳跃、穿行、营造新的时空位置关系。

加里·希尔（Gray Hill）使用多架摄像机和监视器，在数字设备控制的同一空间中记录播放多个相同或不同的影像，改写现实中时间空间发生事件的唯一性。在《表演的影像》（The Performative Image，1999）中，他用不同角度和不同人物凝视手的方式并置三个空间，也鼓励观众在如同迷宫的影像空间中体验这种维度（见图 3–4）。

图 3-4
加里·希尔的《表演的影像》鼓励观众亲身体验如同迷宫的影像空间。

二、远程传输超越传统维度

人类需要沟通和交流，艺术成为一种跨越国界、语言和文化的绝佳交流方式。不同时期的艺术家都在敏锐地探知新的媒体、技术，从广播、传真、电视的远程传输中寻找艺术的介入方式。而近年来发展迅速的网络技术成为最为有力的传输手段，跨越时空，不仅联络了世界各地的观众，也把世界各地的艺术家联系起来，新媒体艺术更加凸显出集群的创作活力和生机。

早在传真艺术时期，艺术家们就开始借助传真机进行艺术创作的“接龙游戏”。20 世纪 60 年代开始，传真艺术把世界各地的艺术家们联系在一起。有时候，艺术家们针对同一个主题，譬如“反对核武器”来进行各自的创作，并把他们的创作通过传真机传给下一个艺术家，或许某位日本的艺术家的绘制线条会激发某个身在美国纽约的艺术家的创作，艺术家们用传真机共同“谱曲”。他们往往只能在最后一站传真完毕后才能共同欣赏到他们的“合奏”（见图 3–5）。

不同地点的人们可以共同参与完成一件作品，网络的发展给予了远距离

图 3–5

传真机可以把艺术家们联系起来进行同一主题的创作，他们往往只有在传真结束进行作品展览时才能看到其“合奏”的作品。

传输和共同创作的新的可能性。在网络上艺术家的作品都可以在任何时间、任何地点被观看甚至修改。这种跨越时空维度的自由性大大拓展了艺术创作的观念和手段。

罗伊·阿斯克特（Roy Ascott）利用计算机的记忆空间超越了面对面的束缚。他运用远程传输媒体和互动参与计划《文本的愉悦》（La Plissure du Texte，LPDT）发出号召，希望通过在全世界招募艺术家小组即“分散的作者”来共同进行文本创作。每个小组通过一个电子网络参与，而每天产生的一个新的文本片段被不断输入计算机的终端，事件的时间和地点都是不固定的，它体现了艺术家们希望突破固定的维度将创作呈现为一种更自由的过程本身（见图 3–6）。这个项目的升级版 LPDT3 旨在用计算机搭建一个“巴别塔”，这个在《圣经》中象征人们建立沟通的形象，成为新媒体艺术时期对跨越时空传输的召唤（见图 3–7）。

在第八章中我们还会看到，随着网络的进一步发展，绘画、录像、图像等在网络中得以即时性展现，创作的端口是开放的，它不再局限于传统的时空维度。

早在 20 世纪 90 年代初期，在网络浏览器还没有普及之前，先锋的网络艺术家已经发现了网络的力量，也意识到它将带给艺术新的展示和合作机会。艺术家赫斯·邦廷（Heath Bunting）发出了“做些不一样的事情”的号召，艺术家们个人先行创作了个性化的网站，并汇集先锋艺术家们的作品，开启了数字达达主义的时代。最有代表性的是荷兰艺术家琼·亨斯科克（Joan Heemskerk）和比利时艺术家德克·佩斯曼（Dirk Paesman），他们合作创建了有趣的网站 wwwwwwwww.jodi.org。这个在 1995 年建立的艺术网站用一种全新的方式诠释数字信息的传输和维度的建构（见图 3–8）。这个网站的首页是一些看起来没有意义的数字、符号和字母。但是，这个网站可以通过另一个奇异的“窗口”得以解读。如果用鼠标右键单击这个页面的“查看源代码”（View Page Source）这一功能，一个隐藏的图像通过编码得以呈现，这个如同核弹头的图像会让人们想到早期的“反战”主题传真艺术。网络艺术家先锋把真正的主题隐藏在页面背后，用代码呈现出来。这个隐藏的核弹头图像或许是一种提示，让人们永远对新的技术保持清醒。可以看到，新媒体艺术与早期的实验殊途同归，联合艺术家的力量、发出改变世界的声音。

艺术作品一旦被置于网络，就如同植物栽培在新的泥土之中，开启了新的生命。以美国艺术家约翰·西蒙（John Simen）为代表，他的作品《每一个方块》（Every Icon）应用计算机为表达语言对时间维度进行探索。他的作品是由 32 × 32 共 1 024 个小方格组成的方格图形，这些小方格之间作黑白的交替变化，仅顶行就有 4.3 亿种变化方式，可以在连续工作的计算机上变化 1.36 年，而第二行的变化能够进行 58 亿年！这是一场与时间较量的游戏，将时间的无限性在数字空间进行视觉化的展示。

图 3-6

罗伊·阿斯克特的《文本的愉悦》号召世界各地的艺术家共同创作。

图 3-7

罗伊·阿斯克特的新项目 LPDT3 更侧重文本的建构，如同数字“巴别塔”在新媒体艺术时代召唤共同创作。

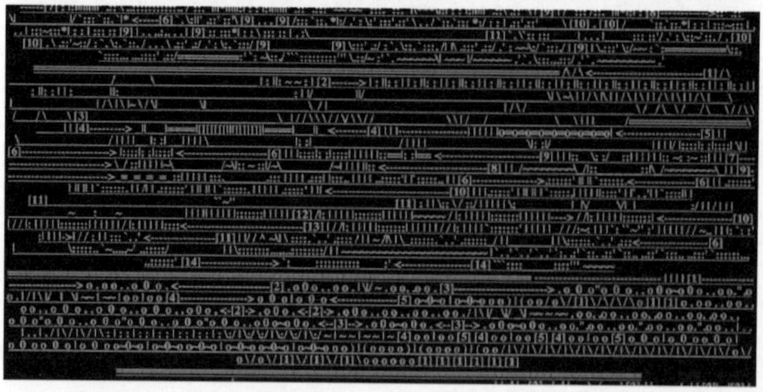

图 3-8

艺术网站 wwwwww www.jodi.org 的首页开启网络艺术合作的先河。

三、三维影像实现虚拟维度

三维影像的技术发展为数字虚拟维度的真正建立奠定了基础。汤姆·迪·维特（Tom De Witt）通过计算机的处理程序事先构建三维绘图坐标和表现三维物体，而后参与的观众便通过操纵控制图像的衍生（见图3–9）。对于维特而言，计算机艺术重要的特征是它的“非物质性”（non-materiality），即抽象规则系统或数据库。数字艺术家的艺术作品终于可以出现在虚拟的三维空间中，并且可以在时间维度上进行控制。

威廉·莱瑟姆（William Latham）应用计算机技术创造了可控的三维模型，其作品《形式的进化》（The Evolution of Forms）显示了一种虚拟的三维空间中形式的不断转化：从一团鸡蛋形的云旋转到海星样貌再到变换为手掌（见图3–10）。这些转换的关键图像随着新的数字控制的进化论而被创造，这结合了随机的变化和艺术家的主观选择。由于三维结构肌理、射线和多光源的使用使这种变化让人信服。按照莱瑟姆的说法，他们发展了一种可称作“变异体”（Mutator）的新的艺术进化程序，这个程序使艺术家具有了获得或摧毁某种形态的决定权。艺术家试图通过这种有机的程序控制原本应该由自然决定的维度，从而在形态上塑造数百万种新的“雕塑”。

图3–9
汤姆·迪·维特是最早在录像艺术中使用三维影像的先锋。

图 3–10
威廉·莱瑟姆的数字作品《形式的进化》挑战自然的进化维度，生成影像和雕塑。

四、新媒体艺术创造现场维度

新媒体艺术是从对光的觉醒中开始的。激光艺术、录像艺术重新思考光与空间、光与影像的关系，也与声音和其他媒质结合运用。新媒体艺术提供了每一种材料发挥新的物性的机会，也实验着材料变为媒体的可能，并反过来挑战已有大众媒体的权力话语。因此，媒体自身维度特性的激发就是新媒体艺术发展的基础，从而对媒体的创新和融合将为观众营造更为多变的现场维度。

激光技术发展起来的激光艺术和全息艺术扩展了实体的空间维度概念，它开启了可视而非物化的影像世界。同时，激光艺术在室内外空间中的应用使艺术家得以对实体空间和虚拟空间进行结合实验。另外激光艺术和全息艺术也强调观众的互动参与，为扩展意识维度起到了前瞻性的实验作用。爱因斯坦的相对论基于光子理论在质的意义上打破了传统的时空观念。这些无疑成为艺术创作的新动力。

乔治·迪恩斯（Georges Dyens）研究一种可以将其作品自由飘浮在空中的方式，创造一种没有垂直和水平维度的空间景观。这使观众能体会到不同于地球万有引力创造的对定向维度的感受。在迪恩斯的作品《大爆炸 2》（Big Bang 2）中，调动了多种媒体，包括多光源、多屏影像、全息摄影、电子音乐和实体雕塑等。这些媒质被赋予朦胧和辉耀的对比特性，实现了一种触目性和诗意化的反差（见图 3–11）。这些“全息雕塑”悬置在多种媒体装置创造的时间和空间中，展开由动态 / 静态、均匀 / 失衡预示着的生命和死亡。迪恩斯关注不确定的运动空间，在空间中通过外在的光制造视觉效果并赋予形体运动。他的可触的雕塑和不可触的全息摄影的混合探索了对虚实维度结合的表现。

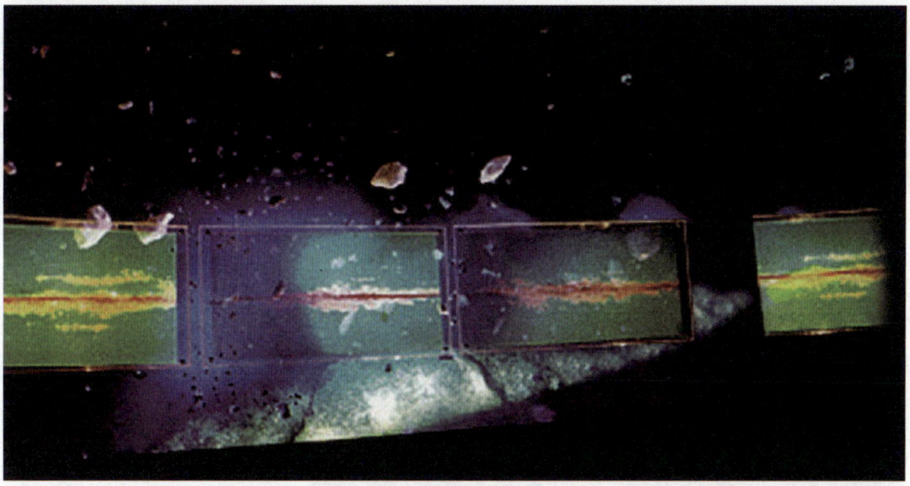

图 3-11
乔治·迪恩斯的《大爆炸 2》借助激光和多屏影像创造了新的现场维度。

新媒体艺术的多维度也源自跨领域的合作。艺术家哈瑞特·卡斯蒂-赛沃尔（Harriet Casdin-Silver）和工程师史蒂芬·贝通（Stephen Benton）合作，构造了一个结合声音、光效应和观众参与的不锈钢环境。观众进入卡斯蒂-赛沃尔的装置，披着他们自己设计的“迈拉”（Mylar）——一种坚韧聚酯类高分子物衣服，发现新的色彩和影像。随着分叉的光束和透镜的结合，全息影像在激光中进行维度的重构。

白南准于 2000 年在古根海姆美术馆举办的个人展览“白南准的世界”中的作品《同步变调》是结合古根海姆美术馆的实体圆形中厅创造的，包括电子影像、镭射音响和光线等构成了一个新的媒体艺术现场。该作品由一百台电视机、水、投影屏等物体进行实体空间的分割，而镭射音响和光线则是对实体空间的一种延伸。在“雅各的天梯”中，镭射光（即激光）投射在七层高的水柱上，同时以镜子反射镭射光营造出镜像。一百台电视机平放在大厅中央，显示屏全朝天窗，内坡道上垂吊的七个大型投射屏幕同时播放三种不同录像，因此沿着坡道往上或往下走时，可由不同角度看到、听到这个艺术装置，绚丽的镭射光之变化及大量的动态影像呈现了新媒体艺术创造的新维度（见图 3-12）。

第二节 互动性——新媒体艺术的核心特征

互动也被称作“第五维度”，而互动性则成为新媒体艺术集群最为核心的特征，正因如此新媒体艺术也被称为互动艺术。互动艺术改变了传统的“禁止触摸”的艺术世界，而邀请观众成为参与者共同完成作品。

新的艺术观念和技术的支持使艺术表达可以更为关注综合效果和观众参与现场的感受。艺术作品，在观众介入之前总处于期待之中，在特定位置与路径上，身体的到来是充满意义的。

新媒体艺术在很大程度上拓展了身体知觉的参与，不仅包括视觉，也涉

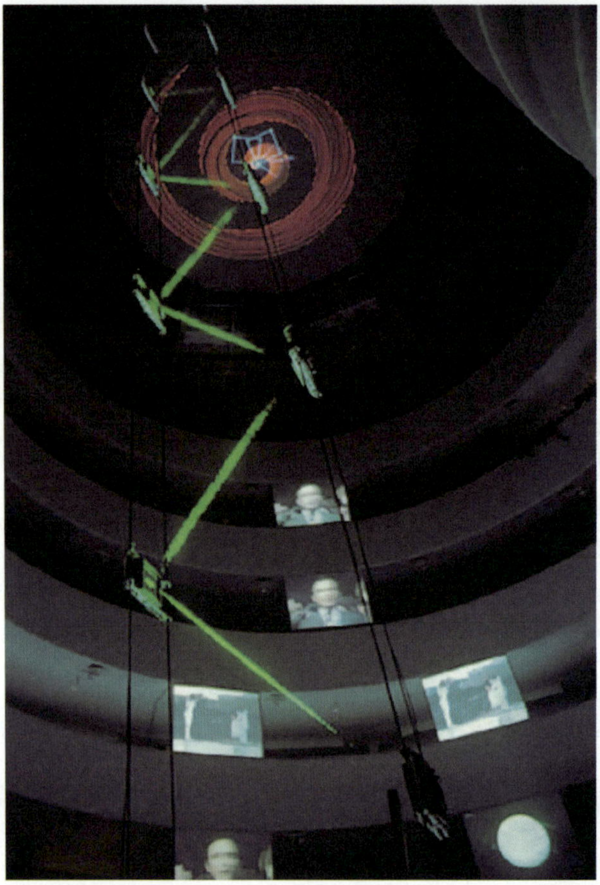

图 3-12
录像艺术之父白南准在古根海姆美术馆的展览中用激光与多屏录像建构"雅各的天梯"。

及听觉、触觉、味觉。在很多艺术作品中，观众的身体参与被预设为一种有效的参数，将影响或呼应艺术现场的情景。观众往往惊喜地发现，自己成为了与艺术家的合作者，他们的参与成为作品的一部分。举例来说，在我们漫游卢浮宫，想欣赏并拍摄达·芬奇的名作《蒙娜丽莎》的时候，我们往往会等待没有其他观众挡住画作时拍摄。而如果拍摄引言中介绍的《触摸我》这样的新媒体艺术作品，就非要把观众的参与纳入其中，才算抓取了这个作品的精彩之处。

互动性是围绕着观众建立起来的艺术世界，期待唤醒观众作为参与者的内在体验，这不仅是简单虚构出来的幻觉，而是思想维度与时空维度的对话。观众现场的视觉、听觉、触觉体验往往溢出作者的原初设想产生更为复杂和丰富的联想。激发观众的全方位感觉令艺术作品的效果在互动中实现。这种互动性证明了新媒体艺术对维度开发的无限潜能。

一、互动艺术的游戏性

在互动艺术的创建过程中，艺术家需要消除观众的"警惕性"，即如何让他们愿意参与作品之中呢？有时候，唤起他们童年的游戏欲望非常有效。因此，一些人因为新媒体艺术的互动性反而质疑其艺术性，因为确实很多作品所营造的，似乎不是艺术空间，而更像是游乐场，同时向孩子和成人开放。

美国艺术家安·汉密尔顿（Ann Hamilton）把纽约上东城的公园大道军械库（Park Avenue Armory）变成了一个秋千游乐场，邀请人们回味童年荡秋千的记忆（见图 3–13）。而其实每个秋千都是一个具有感应传输能力的装置，这些以不同方式被不同参与者震荡的秋千，共同传输信号到从天花板垂下的布帘上。因此，人们玩秋千的愉快程度不仅反映在他们的肢体语言上，也直观地呈现在白色布帘的荡漾程度上。

互动性不仅在于召唤观众参加，也可以理解为向他们提供非常有趣的“离开”方式。德国艺术家卡森·霍勒（Carston Höller）2015 年在英国的海沃德美术馆（Hayward Gallery）的展览就为观众设计了四层楼高的盘旋巨型滑梯，观众可以选择这样的方式离场（见图 3–14）。而早在 1998 年，他就在英国泰德美术馆开启了这种形式的展览，“滑梯”不仅成为邀请观众参与互动的“玩具”，也成为这位德国艺术家特有的艺术语言，人们在感受新奇的空间和滑落的快感的同时，也可能会思考生活的“出口”在哪里。我们快速

图 3–13
新媒体艺术家安·汉密尔顿 2013 年创作的《秋千乐园》，参与者的震荡参数会传输至白色布帘上。

图 3–14
2015 年德国艺术家卡森·霍勒在英国的海沃德美术馆的展览中设计了四层楼高的盘旋巨型滑梯，观众可以选择这样的方式离场。

地“离场”难道只是在艺术展览之中吗？因此，游戏性其实并不妨碍新媒体艺术可以达到的严肃性和对深刻议题的关注。

二、互动艺术的现场性

一些互动艺术作品将自身设定为一种待激发的“风景”，只有观众的到来才会揭开它们神秘的面纱，或者只有通过参与者的移动，艺术景观的张力才得以呈现。

艺术家合作团体往往需要工程师和科学家的加入。这个呈现“无限性”的《魔盒》（Mirror Box）让人们感受到自身被无限复制和延伸。只有观众的参加和惊叹的表情融入其中，这个在俄罗斯克拉斯诺亚尔斯克博物馆的展览才算完成（见图 3–15）。

日本著名艺术家草间弥生（Yayoi Kusama）长期以“点”作为其艺术语言进行拓展。她创作的《点阵迷失》（Infinity Mirrored Room：Filled with the Brilliance of Life）需要参与者走进这个空间，才能感受并呈现出迷幻和迷失感（见图 3–16）。人一旦进入这个空间，就会感受到自己与许许多多的“点”一样，融化在空间中，找不到自己的位置和方向，这不也是互动艺术对新媒体、新技术的幽默调侃和绝佳隐喻吗？

三、互动艺术的公共性

在一些情况下，互动艺术不仅需要观众的参与，并且需要一定规模的观众，这就使很多作品其实成为富有新的意义的“公共空间”。艺术作品使人

图 3–15
有科学家和工程师参与的艺术团体创作的《魔盒》让人们体现无限的空间和自我复制。

图 3–16

日本艺术家草间弥生的《点阵迷失》，参与者成为迷幻风景的一部分。

们聚集在一起，人们获得了参与传统剧场的仪式感，也在新的艺术互动中展开公共交流。

2013 年在新加坡滨海湾，6 000 名观众一起参与见证了互动艺术《云》（Cloud），这个作品由加拿大艺术家韦恩·盖瑞特（Wayne Garrett）和凯特林德·布朗（Caitlind Brown）合作创作（见图 3–17）。观众们需要共同努力才能点亮这片灯云。他们点亮灯云的方式很独特，需要用他们的呼吸激发这些灯，因为呼吸强弱不同，因此灯云点亮的效果也不尽相同。这个作品真的如同云一般不停留在一个地方，作为一种具有公共号召力的事件，从捷克到荷兰，从新加坡到以色列，从美国到澳大利亚轮番上演。《云》体现了新媒体

图 3–17

6 000 名观众在激动和兴奋之中见证了《云》这一作品。

艺术作品的公共感召力。

四、互动艺术的挑战性

新媒体艺术的互动性往往来自挑战传统的观念和体系。譬如重新定义美术馆这一空间，重新思考新的艺术形式的展示和收藏。来自格鲁吉亚的艺术家泰泽·格布尼亚（Tezi Gabunia）以互动艺术的方式挑战了传统的美术馆参观体验，并且使观众把自己置身美术馆变成了作品的主题和形式——《把你的头放进美术馆》（Put Your Head into Gallery），这是颇有些惊骇效果的画面（见图 3–18）。在陈设着经典绘画的美术馆中，一个巨大的人头成为主题墙的“作品”，无论是孩子、青年人还是老人，他们巨大的头和面部表情与那些画作形成鲜明的对比。这个作品其实很像我们提到的“越狱”的故事，因为观众可以体验到巨大的维度差异。这种效果来自艺术家们把美术馆“缩小”了。

泰泽·格布尼亚和合作的艺术家们选取了几个著名的展览场所，比如英国的萨奇画廊（Saatchi Gallery）、法国卢浮宫中画家鲁本斯的展厅、达明·赫斯特在泰德美术馆的展厅，以及香港高古轩画廊（Gagosian Gallery）现代艺术家罗伊·利希滕斯坦（Roy Liechtenstein）的画作展览。艺术家们把这些展览制作成缩小的模型空间，在现场展览中邀请观众观看这些模型画展，于是观众把头伸进模型中的画面就被记录下来。接下来，艺术家们再把这些画廊中包含着不同观众巨大头像的影像上传至网络和社交媒体，引发观

图 3–18

泰泽·格布尼亚创作的互动艺术作品《把你的头放进美术馆》，观众的头成为最为醒目的“作品”，并引发社交媒体讨论。

众的在线观看和分享，没有参与过的观众会对这种效果感兴趣但又迷惑，忍不住很想到现场亲身体验如何“把头放进美术馆”。

同时，新的媒体体验是为了更好地连接观众，让身处不同地方的人们更为直观地相互沟通，以同情心和同理心理解我们是身处同一地球之上的人类。

虚拟现实（virtual reality，VR）的观念和实验早在 20 世纪 70 年代就被提出，然而直到 2016 年才被称作虚拟现实元年。这是因为实验性的技术、观念和设备开始大规模进入资本市场，以更为便宜的价格接触到更为广泛的观众。如同照相机、摄影机、电视、计算机的普及一样，虚拟现实的亲民化使艺术家们让这一载体成为新的交流工具。而一些艺术家们希望，我们可以借助这些高端的技术产品去发现世界上还有很多值得帮助的人。

克里斯·迈克（Chiris Milk）曾经是很多著名音乐录影带作品的创作者，和他合作过的著名歌手和乐队包括加拿大摇滚乐队 Arcade Fire、说唱歌手坎耶·维斯特（Kanye West），以及爱尔兰老牌乐队 U2 等。克里斯·迈克希望更多观众融入他的音乐录影带及现场作品，他发现虚拟现实可以帮助他实现这一艺术梦想。为了纪念摇滚歌手大卫·鲍伊（David Bowie），克里斯·迈克借助虚拟现实技术和艺术形式，利用 360 度的摄像机和全立体声，让逝去的歌手和 160 名音乐家再次同台，呈现了《再见到》（Hello Again）360 度的视听现场（见图 3–19）。

虚拟现实能够创造新的维度，同时也挑战了所有传统的媒体体验。克里斯·迈克曾发出革命性的宣言，指出“虚拟现实是最后一个媒体”，虚拟现实所带来的革命才刚刚开始。这个新生媒体所面临的正如同法国卢米埃尔兄弟放映《火车进站》时的情况一样，尽管观众对大银幕上的火车影像已经目瞪口呆，但那时的他们不会想到电影可以做到的远不止这些（见图 3–20）。

图 3–19

克里斯·迈克借助虚拟现实技术呈现 360 度视听现场，逝去的摇滚巨星再次呈现在舞台上，与不同风格的音乐人合唱。

图 3-20

艺术家相信，现在的虚拟现实如同卢米埃尔兄弟的电影《火车进站》，是这一新媒体的开端，新媒体的“列车”将开辟新的时代。

随着身体装备和视觉、听觉感官设备的延伸，所有的静态观看都将为置身于真实感受的现场环境所替代。艺术家不仅希望人们在虚拟现实中看到壮丽景象时享受从未体验的震撼，而且认为应该把这样的形式带到最需要关注的地方。克里斯·迈克和著名艺术家 JR 合作，拍摄那些还处在贫穷、饥荒和战乱的地方的人们（见图 3-21）。他们把这些影像以虚拟现实的方式呈现，让观众们亲身看到、听到这些需要帮助的人们的疾苦，近距离的注视、聆听和体验远在千里的呼救，以此触动普通民众和推动可以做出决策的机构来尽快改变现状。观众不仅可以在网络上下载这些影像，现场观众更戴上了印有难民们双眼的 VR 眼镜，让视线和体验得以交互，也让人们更深刻意识到我们共同生活在地球上需要相互支撑（见图 3-22）。

尽管我们很难向克里斯·迈克那样判定虚拟现实是最后一个媒体，但可以确信的是，新的媒体、技术和艺术总在拓展人类的极限，并挑战偏见与冷漠，拉近人们的心灵距离。

图 3-21

不仅呈现美妙的景观，克里斯·迈克和著名艺术家 JR 合作，拍摄那些还处在贫穷、饥荒和战乱地方的人们。

图 3-22

现场观众戴上印有难民们双眼的 VR 眼镜，让视线和体验得以交换。

思考题

1. 你如何理解新媒体艺术在维度层面的探索？
2. 如果说时间是第四维度，互动可以视作第五维度吗？
3. 你如何理解克里斯·迈克所说的“虚拟现实是最后一个媒体”？你认同这种说法吗？
4. 你如何预测新媒体艺术的未来发展？
5. 如果你可以策划一个关于新媒体艺术的展览，你会设定什么展览题目，选择哪些作品，试着为你策划的展览设计海报，与同学一起讨论新媒体艺术的未来！

第四章

激光艺术和全息影像

每一种新媒体，都是我们这个时代新的语言，它们通过各种手段进行尝试并不断被总结。

——马歇尔·麦克卢汉

在 20 世纪快要结束新的世纪即将到来之际，古根海姆美术馆上演了一场特殊的迎接千禧年的个人展览。这个坐落在纽约的美术馆由著名的美国建筑师弗兰克·劳埃德·莱特（Frank Lloyd Wright）设计，它奇特的圆形设计本身就是一件艺术品。它不同于一般的美术馆，舍弃了一格一格的楼梯代之以螺旋形的坡道，而观众站在螺旋形坡道上欣赏作品的同时，往上可看到圆顶天窗，往下可看到圆形中庭和水池，这是一种完全与众不同的观赏体验（见图 4–1）。在众人瞩目的跨世纪的时刻，这个独特的美术馆会以怎样的展览带领我们进入艺术的新纪元呢？

这是一场名为“白南准的世界”的展览，作品《同步变调》由两部分组

图 4–1

纽约古根海姆美术馆富有特色的室内螺旋形坡道和圆形天顶。

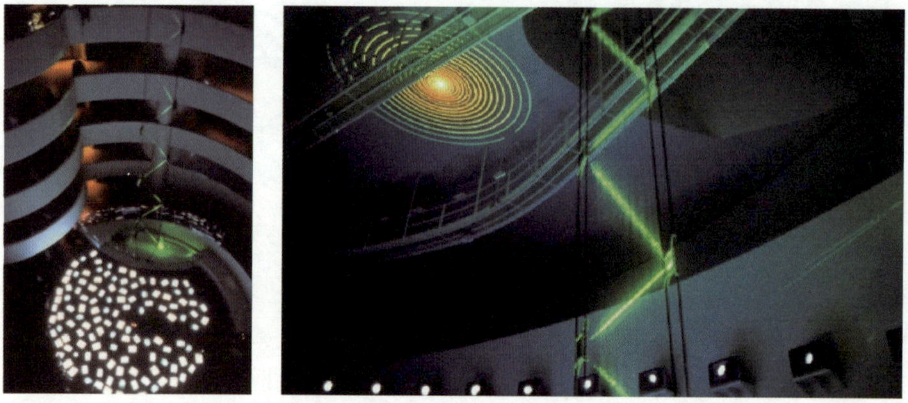

图 4-2
展览“白南准的世界”中激光艺术与录像艺术交相辉映。

合而成（见图 4–2）：一为“甜美与庄严”，在圆顶天窗上，镭射光投射出不同形状和颜色，巧妙地呼应了天窗上不同的几何形状；二为“雅各的天梯”，将激光投射于七层高的水柱上，并同时以镜子反射激光制造出的梯形犹如从天而降。而大厅中平放着一百台电视机，屏幕全朝天窗，坡道上垂吊的七个大型投射屏幕同时播放三种不同的录像，因此沿着坡道往上或往下走时，可由不同的角度，看到、听到《同步变调》这个宏大的艺术装置。绚丽的激光变化以及大量且重复的动态影像其实是在向观众印证：在过去的 20 世纪里，经过观念、材料和媒体科技发展的深刻变革，艺术所呈现出的新态势已经不能为原有的艺术标准所简单定义。而向我们展现这一艺术新奇景观的人即是艺术家白南准，他被誉为录像艺术（Video Art）之父。古根海姆美术馆在跨世纪之际推出他的新媒体艺术个展“白南准的世界”，不仅是对白南准艺术成就的肯定，更是向我们揭示了在新媒体艺术发展过程中激光艺术和录像艺术所起到的奠基作用，在接下来的两章中我们将分别探讨现代艺术与技术背景下的光与影——激光艺术与录像艺术。

【知识点】

古根海姆博物馆

古根海姆博物馆是索罗门·古根海姆（Solomon R.Guggenheim）基金会旗下所有博物馆的总称，它是世界上最著名的私人现代艺术博物馆之一，也是全球性的一家以连锁方式经营的艺术场馆。古根海姆基金会成立于 1937 年，其中，最著名的古根海姆博物馆为美国纽约古根海姆博物馆（也称古根海姆美术馆）和西班牙毕尔巴鄂古根海姆博物馆。与传统定义上的博物馆不同，古根海姆博物馆作为异军突起的非典型性私人美术馆，作为非营利的永久性机构，为艺术的可能性提供了更多的机会，成为新媒体艺术理想的展示空间。古根海姆博物馆由美国加利福尼亚州建筑师弗兰克·劳埃德·莱特设计，在 1997 年正式落成启用。它以奇美的造型、特异的结构和崭新的材料立刻博得了举世瞩目。

第一节 激光艺术概述

1960 年，一种神奇的光诞生了，它就是激光。激光的特点在于方向性极好，在传播中始终像一条笔直的线，不易发散，光强也可以保证。激光由于其强大功效被富有探索和创造精神的艺术家们使用在自己的艺术作品之中。1965 年，激光第一次被应用于艺术领域之后，逐渐被艺术家们应用于室内外空间的环境艺术和装置作品之中。在这些艺术实践中，激光作为一种“非物化”的媒体一方面触发了艺术家们重新思考借用媒体实现艺术创作的虚实关系，另一方面对激光特性的挖掘也加强了艺术家与相关领域科学家和技术人员的沟通协作。在此后的四十年间，激光艺术已从简单的特性呈现发展到与其他媒体结合的态势。

激光在艺术创作中的应用主要有三个方面：一是在远程环境艺术中的使用，二是与视听装置的结合，三是应用于全息摄影及其装置。在本章我们将就此三个方面进行分析。

在“城市之光”这一节中，我们将以三名艺术家的艺术实践为线索，考察激光与建筑和城市环境的艺术结合。以美国艺术家洛克内·克莱伯斯

【知识点】 **激光**

1960 年，激光诞生了。激光的英文名称是 Laser，它是英语短语“受激发射光放大”（light amplification by stimulated emission of radiation）中每个实词第一个字母组成的缩略词，其实早在它正式诞生之前的 1917 年，埃尔伯特·爱因斯坦（Albert Einstein）就提出了发射激光的假说。

激光的特点在于方向性极好，在传播中始终像一条笔直的线，不易发散，光强也可以保证。一束激光射出 20 千米远，光斑只有杯口那么大，就是发射到 38 万千米外的月球上，光圈的直径也不过 2 千米，在地球上看去，只是一个明亮的红点。利用激光的这一特性，科学家在 1962 年测出了地球与月球的精确距离。激光还具有穿透透明物质的能力，1963 年，一位名叫弗林克的医生利用激光成功地做了视网膜手术，手术时间才几千分之一秒。

然而，激光的强大功效不仅发挥在天文、医学等科技领域，它也被富有探索和创造精神的艺术家们使用在自己的艺术作品之中。和其他艺术材料不同，激光可见而不可触摸，1965 年，激光第一次被应用于艺术领域之后，逐渐被一些艺术家们应用于室内外空间的环境艺术和装置作品之中。激光艺术已从简单的特性呈现发展到与其他媒体结合的态势（见图 4-3）。

图 4-3

激光艺术被广泛应用于建筑与环境艺术之中，成为城市的地标。

（Rockne Krebs）为例，其创作历经了从小型的室内激光实验到远程环境艺术探索，他将激光视为城市的新元素，使他的作品从艺术展中的展品发展到多个美国城市夜晚的独特景观。以色列雕塑家丹尼·卡拉凡（Dani Karavan）从传统艺术媒介转入激光艺术创作，在探索现代社会议题中，使激光艺术不断突破技术层面的发展而提升至美学层面的思考。德国的霍斯特·鲍曼（Horst H. Baumann）作为正在活跃的艺术家，不仅将激光作为城市的时间标志进行实验，还将激光艺术的触角延伸至星际。

在“视听之光”这一节中，主要考察激光与视听装置的结合作品。这些有着音乐家、作曲家和理论家背景的艺术家着眼激光的现场能力，对激光艺术的视听化发展做出了贡献。例如，罗威尔·克罗斯（Lowell Cross）对激光色彩和声音进行可视化探索，保罗·厄尔斯（Paul Earls）应用计算机发掘激光特性，调动多种媒体手段营造带来综合体验的舞台现场，雅尼斯·希那基斯（Iannis Xenakis）则由建筑和数学的理论支撑起音乐和激光音乐现场的创作。

第二节　城市之光：远程环境艺术中的激光

尽管有很多艺术家开始把激光作为一种技术手段应用在自己的作品里，但是他们中的很多人还没有把激光视作一种艺术语言进行思考和探索。这种突破首先开始于探讨激光与城市环境关系的艺术实践。美国艺术家洛克内·克莱伯斯、以色列雕塑家丹尼·卡拉凡和德国设计师霍斯特·鲍曼，他们将激光与建筑和城市环境相结合，使得激光从一种技术材料转变为新的艺术媒介，激光成为“城市之光”。

考察他们的创作历程，我们会发现一个重要的线索，即从室内的激光装置到城市空间，这不仅是空间规模的变化，而且体现出激光艺术从室内的展品演变为城市空间的一部分，激光艺术从美术馆走出来面向更为普通和广泛的公众，而其探讨的主题则越来越多地与环境、和平、城市现代化等国际主题相结合。

值得注意的是，使用激光的艺术家并不把激光作为孤立的媒介。譬如，以色列雕塑家丹尼·卡拉凡在其早期的作品中尝试通过水、石、沙等材质进行艺术表达，而当他介入激光艺术创作时，更是将这种新的媒介与“环境与和平”“城市现代化”等这样的主题思考相联系，使激光艺术不断突破技术层面的发展而提升至美学层面的思考。

一、从室内装置到城市空间

洛克内·克莱伯斯可以被看作激光艺术发展中的领袖人物。克莱伯斯“城市之光”的艺术探索是从室内装置实验开始的。1969年，克莱伯斯和罗伯特·怀特曼（Robert Whiteman）、詹姆斯·特瑞尔（James Turrell）一同举办了首次激光艺术展览，该展览在美国华盛顿科克伦美术馆（Corcoran Gallery）举行。克莱伯斯的参展作品是《阿尔法2号》（Aleph 2），这件作品由六根氦气激光光束和四面镜子构成，这些有轻微弧度的镜子使因氦气呈现出红色的激光光束产生发散的效果。

在小型室内激光艺术装置的试验之后，克莱伯斯开始将目光投向激光与城市环境的结合之中。从1983年到1989年之间，洛克内·克莱伯斯在美国迈阿密河沿岸设计了一条激光的彩线，这条激光彩线装饰在运行火车的大桥之上，激光的亮度和色彩借助迈阿密河的映衬在夜晚形成了独特的景观，乘坐火车经过这里的人们则可以在飞驰的速度中换一种视角领略激光的魅力（见图4–4）。

1989年，作品《倾斜飞机》（Inclined Planes）使克莱伯斯对激光的应用范围进一步扩大到整个城市的夜空。约翰斯敦是美国宾夕法尼亚州西南部城市，在克莱伯斯的规划下，这座城市的夜空发射出数十只莹绿色的激光光线，使整个城市好像在深夜中睁着亮晶晶的眼睛仰望星空。此外，这件作品也有着相当的功能性，它能够使飞机在夜晚的飞行中避免撞到高建筑物的顶端（见图4–5）。

克莱伯斯最重要的成就在于他早在20世纪70年代初就在美国的新奥尔良和费城等城市中进行针对户外夜景的激光创作。这其实是克莱伯斯对城市化进程中艺术该如何发展这一课题的思考和回应。他的激光作品扩展了艺术

图4–4
作品《迈阿密之线》（Miami Line，1983—1988），基于洛克内·克莱伯斯规划的激光环境作品。

图4–5
作品《倾斜飞机》（1989），美国宾夕法尼亚州约翰斯敦创作的激光景观。

的功能性，在照明的同时以独特的艺术视角彰显出每个城市应该具有的个性。

二、城市与环境的主题思考

丹尼·卡拉凡早期从事舞台设计和环境设计工作，他在他的雕塑和环境作品里擅用水、石、光。20 世纪 60 年代，他就开始尝试以光作为元素，在与捷克舞台设计师杰瑟夫·斯沃布达（Josef Svoboda）的合作中，卡拉凡了解到激光应用于艺术创作的可能性。此后在美国马萨诸塞技术学院和以色列维兹曼学院的任教经历更推进了卡拉凡对激光艺术的探索。

1976 年，卡拉凡以象征的手法，用 8 瓦特的氩气激光光束连接了意大利的贝尔维德尔要塞（Forte del Belvedere）和布鲁内莱斯基穹顶（Brunelleschi's cupla），他以蓝色之光作为和平的纽带迈出了他在环境艺术中结合激光创作的第一步。该作品名为《环境为和平》(Environment for Peace)，卡拉凡以这件作品代表以色列参加了第 38 届威尼斯双年展（Biennale of Venice），这使他的艺术知名度和活动范畴进一步扩大（见图 4-6）。

1983 年，卡拉凡参加了在巴黎举行的电子展览，以两束绿色的激光光束连接了巴黎市立现代美术馆和埃菲尔铁塔以及巴黎商业新区。在这件作品中，卡拉凡用象征的手法以激光连接了一个城市的历史和现在。当激光穿过这三个分别代表艺术、技术和商业的标志性建筑时，是以艺术的方式呈现了城市从工业化向电子化的变迁。

卡拉凡的大部分环境和雕塑作品都能够完好地保存下来，但他的激光作品却只能进行短暂的展示，对那些作品的感受只有凭借有限的图片资料去想象。即便如此，卡拉凡所创作的激光作品仍极具代表性，他的激光在不同建筑物之间实现了一种美丽的跨越，而这种跨越体现出艺术创作突破空间维度

图 4-6

作品《环境为和平》(1976)，第 38 届威尼斯双年展的参展作品。

【案例分析】《卡塞尔之光》作品分析

1979年，在德国的卡塞尔出现了两束彩色光，它们作为分针和时针可以表示时间。此后，它们每天晚上照亮巴洛克风格的建筑和卡塞尔的夜空，形成了一件永久性的标志物（见图4-7）。这件作品也集中体现了激光作为新媒体投射出“城市之光”。

这件作品的创作者是德国艺术家兼设计师霍斯特·鲍曼。鲍曼从20世纪70年代开始关注激光艺术并进行艺术探索。1976年，他在杜塞尔多夫用光束围绕莱茵河写成N的字幕图样，这里的N表达了邻居之情的意思（英文Neighbourhood）。在这里，鲍曼或许是想提示人与自然、人与人之间可以形成和睦关系。

1977年，鲍曼在第六届德国卡塞尔文献展（Ducumenta 6 in Kassel）的参展作品中使用了氩和氪激光。两年之后，这件作品增添了新的功能，光束变成了分针和时针可以进行时间指示，它们不仅构成了《卡塞尔之光》，也是夜空中永久性的“时间”象征（见图4-7）。

图4-7

作品《卡塞尔之光》(1977)首次在第六届卡塞尔文献展展出。

的一种渴望，那些光束仿佛是对即将到来的网络连接世界的一种预言。

大型的“城市之光”不仅凭借艺术家个人的努力，也需要城市管理部门、激光技术工程师乃至供应厂商的协力合作。如同很多新媒体艺术作品一样，《卡塞尔之光》也需要持续性的维护和支持。从1977年展出至今这个作品受到了激光供应商和赞助商的支持。

（1）从1977年至1992年：激光供应商Spectra Physics和赞助商Dierichs，HNA。

【知识点】卡塞尔文献展

卡塞尔（Kassel），是德国中部一座拥有25万人的小城。卡塞尔举办五年一度的“文献展”（Documenta）使卡塞尔这个名字蜚声各国，卡塞尔成为当代艺术的一个圣地。卡塞尔文献展一般持续近三个月，文献展期间也成为整个城市的节日。街道、公共场地都派上了用场，各类展览作品和相关的艺术活动散布于城市的各个角落。卡塞尔文献展与威尼斯双年展、巴西圣保罗双年展并立为世界三大艺术展。作为先锋艺术的实验现场，卡塞尔文献展已不仅仅属于德国，它已经成为国际当代艺术的一个重要坐标，也是新媒体艺术家展示自己作品和观念的重要平台。

（2）从 1999 年至今：激光供应商 Coherent Inc. 和赞助商 Städtische Werke Kassel。

可以看到，艺术家的构想实施起来需要资金和技术的支持，而相关的公司和赞助商也在支持艺术创作的同时获得了社会推广和认知度，同时城市管理部门的开放态度也让卡塞尔有了新的地标性作品，这可谓是“城市之光”的“三赢”。

第三节 视听之光：激光与视听装置现场

在一些艺术家们探索激光与建筑和室外环境的结合过程中，另一些艺术家们却在尝试激光在室内视听装置和剧场表演中的可能性。在“城市之光”中出现的艺术家多有着雕塑、建筑和设计师的背景，而在本节中则以音乐家、作曲家和音乐理论家为主，他们对激光艺术的视听化发展做出了贡献，其中最具代表性的要数罗威尔·克罗斯、保罗·厄尔斯和雅尼斯·希那基斯。

一、以声发光

红外线、可视激光、紫外线等光线的力量甚至成为现代科幻的重要构筑部分。未来主义电影《星球大战》完全超出了 70 年代人们的想象，而电影中的激光武器无疑体现出了激光对视觉的超强刺激。随着技术上的探索和尝试，通过电子声音设备促发激光，达到了视觉与听觉的结合，视听化的激光发展使得表演艺术成为激光新的试验场。

——罗威尔·克罗斯

威尔·克罗斯被看作激光视听作品的先驱，他认识到普通公众越来越意识到激光在各种领域中的应用，艺术家更应该探索这一新的媒介。克罗斯对激光艺术的视听贡献主要体现在两方面：一是实践了激光从白色向彩色的转换；二是把激光的运动变化与音乐的强弱节奏结合起来，建立了一种基于声音的激光视觉形式。

然而，克罗斯并非独立完成以上的成就，有着电子音乐学习背景的克罗斯与戴维德·特德等音乐人和物理学家卡森·杰弗里斯（Carson Jeffries）等一起合作创作了录像激光装置 I 和 II 号作品。这些作品通过在美国的奥克兰、加利福尼亚和日本的大阪巡展的过程积累了激光与视听装置结合的技术和艺术经验（见图 4–8）。

图 4-8
罗威尔 · 克罗斯的工作照和刊载他激光作品的杂志封面。

在从白色向彩色转换的激光实验中，克罗斯逐渐奠定了其作品的视觉风格，即以激光为笔的抽象画风格（见图 4-9）。然而，这种“抽象画创作”不是颜料与画面的叠加，需要协调各种设备才能完成。在这一系列的激光色彩实验中，克罗斯又逐渐总结出利用声音激发激光的视觉化方法。

克罗斯在长期的激光视听作品创作中，往往利用震动的镜子使激光产生蓝、红、绿、黄的色彩并随着音乐的强弱有节奏地震动。他分别采用了衍射（diffraction）和折射（refraction）（见图 4–10）、多重对称（multiple-symmetry）（见图 4–11）、噪音输入（noise inputs）（见图 4–12）等方法丰富激光与视听的关系。

克罗斯的作品仿佛是动态的抽象画，以光之笔站在新的角度上审视“抽象”的生命形态。同时，他的作品可以看作一种光线生成的过程，而这种视觉样式和生成过程也在某种程度上刺激了以计算机为平台的“生成艺术”（详见第六章计算机艺术），可见激光艺术的确在艺术和技术等多方面深远影响

图 4-9
罗威尔 · 克罗斯激光作品从黑白向彩色转换的实验过程。

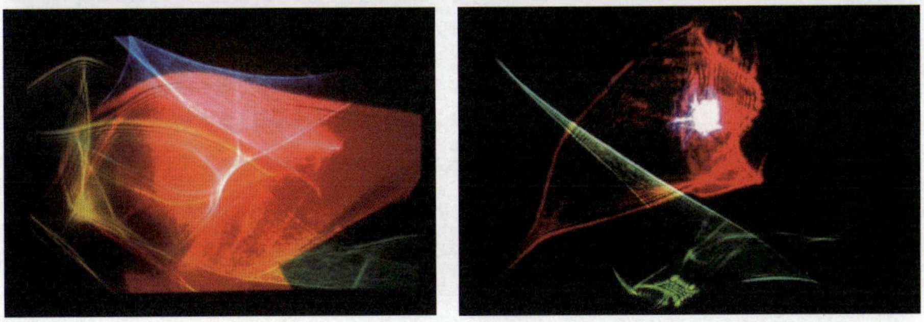

图 4-10
罗威尔 · 克罗斯使用衍射和折射方法创作的激光艺术作品。

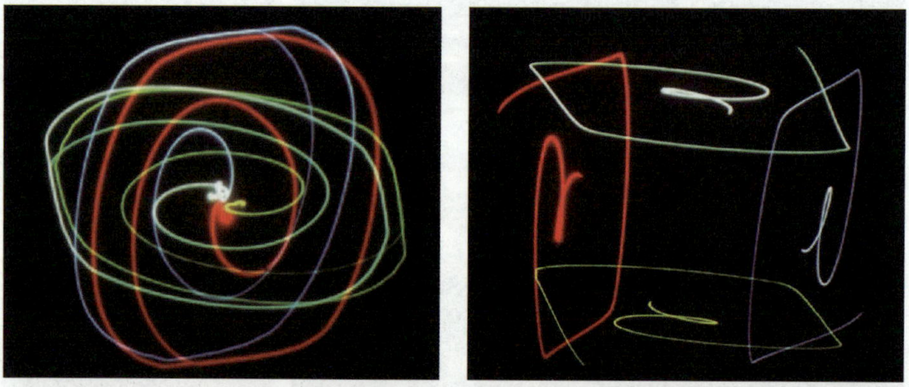

图 4-11

罗威尔·克罗斯使用多重对称方法创作的激光艺术作品。

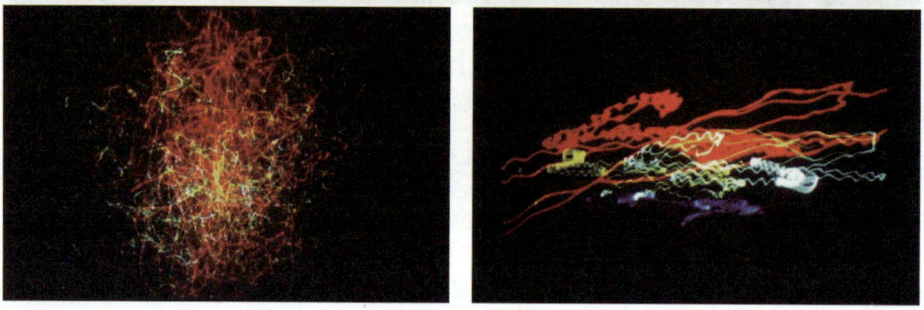

图 4-12

罗威尔·克罗斯使用噪音输入方法创作的激光艺术作品。

了其他艺术领域，而激光面对公众的影响力也在其后的现场演出试验中得到进一步的发挥。

激光和全息艺术仍在不断向前发展，并在与科学、艺术、文化领域的结合中萌发出新的创造力。从 20 世纪 70 年代《星球大战》中的激光剑到近年来的科幻电影如《钢铁侠》中的全息生成场景，一些超大规模的全息影像正在被实践，并且通过电影、艺术展览让更多人了解。一些艺术家尝试通过全息影像复原经典古籍和文化遗产，也有一些艺术家尝试将激光和其他材质的媒体结合，并注重挖掘作品和观众的互动性，创造更为新鲜的现场体验。

【知识点】光的衍射

光的衍射效应最早由弗朗西斯科·格里马第（Francesco Grimaldi）于 1665 年发现并加以描述，他也是“衍射”（diffraction）一词的创造者。这个词源于拉丁语词汇 diffringere，意为“成为碎片”，即波原来的传播方向被“打碎”、弯散至不同的方向。格里马第观察到的现象直到 1665 年才被发表，这时他已经去世。他提出：“光不仅会沿直线传播、折射和反射，还能够以第四种方式传播，即通过衍射的形式传播。”光在传播路径中，遇到不透明或透明的障碍物或者小孔（窄缝），绕过障碍物，产生偏离直线传播的现象称为光的衍射。产生衍射的条件是光的波长很短，只有十分之几微米，通常物体都比它大得多，但是当光射向一个针孔、一条狭缝、一根细丝时，可以清楚地看到光的衍射。用单色光照射时效果好一些，如果用复色光，则看到的衍射图案是彩色的。

二、声光现场

优美的、有力的、神秘的、诗意的、机智的、雄辩的、启发的、渐进的、独特的、派生的、精湛的、细腻的、直接的、有趣的、透明的、抽象的、迷幻的、复杂的、多层次的、无意识的、高深的、单纯的、个性化的，所有这些感受都可以在莫扎特的音乐中感受得到。而我的艺术野心正在于此。

——保罗 · 厄尔斯

以上这段话出现在 1988 年在德国卡尔斯鲁厄的展览目录中，借此厄尔斯总结了他的艺术理想，他希望能够在新的时代以激光和声音的结合延续古典音乐的艺术成就。在麻省理工学院媒体实验室工作的美国作曲家兼光艺术家厄尔斯一直把激光看作因声音而生动的视觉媒介，在其丰富的作品中我们可以看到他对激光、音乐现场和多种元素的综合调动能力（见图 4–13）。

厄尔斯熟悉激光独特的物理特性，例如单频波长、在空间中传播时不会发散、远距离传输时保持强度和热量等。厄尔斯结合这些特性，通过计算机的控制，把激光分化成不同的色彩光束，借用这些光束进行投影。同时，厄尔斯善于把文字、图像、色彩、声音和现场的演出结合起来，形成较为鲜活的激光主题现场，例如《激光光环》和《水之幻影》以及《眼睛的音乐》都以不同形式在音乐会现场展现。正如厄尔斯所说："创作我本人和其他人都未曾经历过的新作品，融合各种手段和感觉以赞美生活。"

激光与声音和现场演出的结合也得益于一些跨界的音乐人和作曲家，他们将建筑、戏剧、摄影等艺术领域中的主张延伸至激光的视听作品中。这些

图 4–13
保罗 · 厄尔斯与奥托 · 佩宁合作的《单筒望远镜》（Monocle，Mehr Licht），1985 年。

> 我的音乐包含着我年轻时期和参加抵抗阵线时期所经历的一切痛苦，这些痛苦包含着同街头的示威，或者甚至1944年12月雅典寒夜中不时传来的神秘而凄厉的声音所提出的美学意义。我的聚集一些偶然发生的音响的念头就产生于此，我的“随机性音乐”也从而产生于此。
>
> ——雅尼斯·希那基斯

艺术家更为注重将艺术观念和技术手段相互融合，这种碰撞的过程激发了一些较之以往更为宏伟壮观的景象。法国音乐家雅尼斯·希那基斯的激光音响现场即是其中之一。雅尼斯·希那基斯是20世纪最激进和最重要的作曲家之一，曾作为法国建筑家柯部西耶（Le Corbusier）的工程助理，他对音乐结构与建筑所做的比照有其独到的见解，而他对音乐组织的系统化和数学性的理解成为他革命性观念的标签。

1947年，因二战流亡的希那基斯最终到达法国巴黎。机缘巧合之下遇上了作曲家奥涅格、米约和梅西安，并有幸跟随他们学习作曲。而梅西安更成为其日后进行随机音乐创作的启蒙导师。与此同时，他加入了当地著名建筑师柯布西耶的设计组，担任工程助理整整十年。

希那基斯的音乐创作经历了这样一个发展的过程，由受建筑的灵感启发而转向以数学理论和物理法则为基础的概率音乐创作，而其后的音乐创作以大型计算机为辅助，增加了创作的恢宏感。1954年，希那基斯从布鲁塞尔展览馆的大圆顶设计图案中获得灵感，创作出个人第一部音乐作品《转化》（Metastasis）（见图4–14）。一年后，这部动用了61个乐手的交响乐作品在多瑙艾辛根（Donaueschingen）音乐节首演，大获成功。

1956年的《概率的作用》是他的转型之作。这首乐曲动用了46件弦乐器、两支长号、一架木琴和一个木鱼。每个乐器都有一个独立的声部，以此

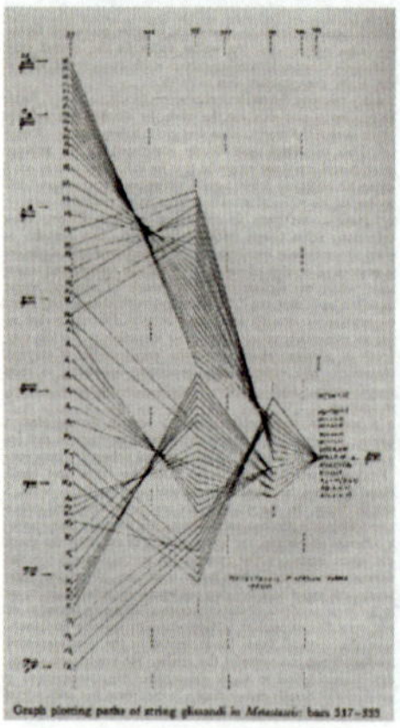

图4–14
雅尼斯·希那基斯的音乐作品《转化》的草图。

形成十分密集的声响。希那基斯根据 17 世纪瑞士数学家伯努利的“大数定律”组织起这首作品的音乐材料，根据苏格兰物理学家麦克斯韦尔的“气体分子运动论”来确定音块的密度和乐曲的结构，然后借助计算机先做成图表，再转译成传统的记谱。凭借《概率的作用》，希那基斯对常规乐器的音色表现作了创造性的延伸，向人们呈现了一个更为丰富多彩的音响世界。

20 世纪 70 年代，希那基斯尝试了更为大规模的音乐现场作品，将复杂和现代性的电子原音作品，与激光、火焰结合起来，借助多种媒介在巨大和复杂的室内空间中呈现出强烈的视听效果。对《多点》系列作品的探索，并非只是希那基斯对表面形式的追逐，也体现了他试图模拟宇宙的艺术追求（见图 4–15 和图 4–16）。

1978 年，为庆祝巴黎蓬皮杜艺术中心的开幕式，作品《穿透》（Diatope）首次在红色展馆中演出，每次演出约 45 分钟。观众们坐在透明的树脂玻璃阶梯上，感受强烈的视听冲击。在声音方面，器乐的声音、自然中的音响、石头和纸的声音，电子的声音等被混合在一起。在视觉方面，希那基斯动用了 1 600 个电子火焰、4 束激光光线和 400 面镜子。光线在镜面的折射中和听觉元素一起构成了一个壮观的“小宇宙”。

1980 年，保罗 · 厄尔斯与奥托 · 佩宁（Otto Piene）合作的《伊卡洛斯》（Icarus）在德国林兹、慕尼黑和英国的剑桥等地展出。伊卡洛斯是古希腊传说中为了自由而展翅飞翔却最终殒命的艺术家之子。这似乎与罗威尔 · 克罗斯的《普罗米修斯》（Prometheus）有着异曲同工之妙，可以看出艺术家们意

图 4–15

雅尼斯 · 希那基斯作品《多点》（Ploytope），1967 年。

图 4–16

雅尼斯 · 希那基斯作品《多点 2 号》（Ploytope Ⅱ），1972 年。

【案例分析】激光艺术演绎古老神话

作为激光艺术视听结合的先驱，罗威尔·克罗斯一方面在创作中突破技术难关，一方面也形成了自己独特的形式与风格。而除抽象激光“绘画”的尝试之外，他以激光追溯古希腊传说，他的代表作品《普罗米修斯》即是这一行动的产物。无独有偶，保罗·厄尔斯也用激光现场作品《伊卡洛斯》向古希腊传说中的英雄致敬。对艺术和历史的源头进行重新解读，这种潮流不仅在激光艺术中呈现，也在我们接下来介绍的其他新媒体艺术中涌动。

在克罗斯的《普罗米修斯》中，主体物是一个激光火种，它被看作古希腊神话在20世纪的复活。1975年9月25日，艾奥瓦州立大学的交响乐队（The University of Iowa Symphony Orchestra）表演了该作品的Ⅲ号，由于观众反响热烈，不得不增加演出。该系列作品可以看作克罗斯的以激光视听作品对古希腊神话的致意和反思（见图4-17）。

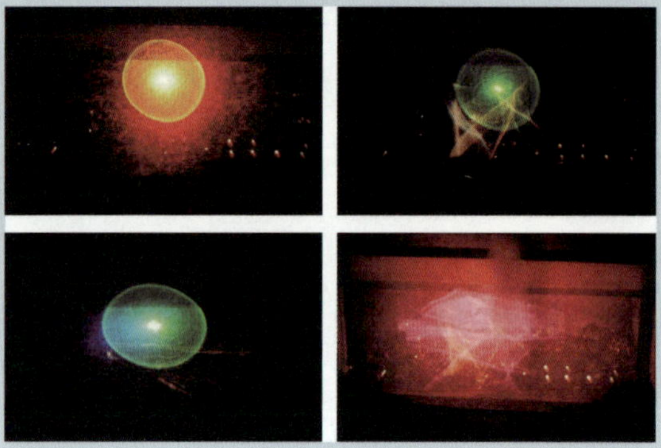

图 4-17

罗威尔·克罗斯的作品《普罗米修斯》。

图通过新的艺术媒介展示现代艺术对艺术源头的解读（见图4-18）。

进入激光和全息艺术领域的艺术家的背景呈现出多元化的特点，这也是新媒体艺术的特点之一。比如丹尼·卡拉凡既是雕塑家、建筑师也具有舞台美术的创作经历，而雅尼斯·希纳基斯则在数学、音乐、建筑和激光之间找到了统一的法则。正是由于有着跨领域的经验与才能，大型的声光和视听现场才成为可能。

同时在激光和全息艺术的发展中，新型的艺术展览空间成为重要的交流和研讨平台，比如意大利双年展、德国卡塞尔文献展、巴黎电子展览等。一些激光现场作品在剧院和美术馆中展出，例如巴黎蓬皮杜艺术中心、纽约古根海姆美术馆等成为重要的展出场地。

图 4-18

保罗·厄尔斯与奥托·佩宁合作的《伊卡洛斯》，1983年。

【知识点】 巴黎蓬皮杜艺术中心

巴黎蓬皮杜艺术中心由“工业创造中心”“公共参考图书馆”“国家现代艺术博物馆”“音乐——声学协调研究所”四大部分组成，供成人参观、学习，并从事研究。蓬皮杜艺术中心不仅为艺术家和爱好艺术的成人观众所向往，艺术中心还专门设置了两个儿童乐园。一个是藏有 2 万册儿童书画的“儿童图书馆”；另一个是“儿童工作室”，4 岁到 12 岁的孩子都可以到这里来学习绘画、舞蹈、演戏、做手工等。这也意味着未来的新媒体艺术家们将从小受到丰富的艺术熏陶。

第四节　女性之光：女性视角中的全息艺术

在激光技术发展的基础上，一种新的令人称奇的成像技术诞生了。它不同于普通的摄影形态，可以看到物体的多个角度，还可以在空间中呈现出立体影像，这就是全息影像（holography）。

最早提出“全息”这个词的是匈牙利物理学家丹尼斯·盖博（Dennis Gabor），他认为利用这种技术可以提升光线呈现影像的质量。在全息技术应用于科研的同时，它也被一些艺术家发现，这些艺术家们相信，全息技术不应该只局限于科学实验室里，而能够被应用于艺术创作之中。

一、全息艺术的女性开拓者

在全息艺术发展中起到领军作用的是两位女性艺术家，马格利特·贝宁（Margaret Benyon）和哈瑞特·卡斯蒂－赛沃尔，这并非是一种个别现象。在“女性主义”的发展背景下，众多女性艺术家将视角对准女性的形象，因为在过去的历史中，女性的身份和地位为男性所界定，而男性所描绘和塑造的女性形象又进一步成为女性的范本。为了改变这种由男性塑造女性的传统，一些女性艺术家直接拍摄女性形象甚至是自己的形象。马格利特·贝宁和哈瑞特·卡斯蒂－赛沃尔以全息摄影进行这一主题的表达，体现出女性艺术家的开拓精神和独特视角。

哈瑞特·卡斯蒂－赛沃尔被认为是最前卫的全息艺术家，也是艺术与科学的先锋。从 1968 年开始，卡斯蒂－赛沃尔开始在美国、比利时、英国、德国和俄罗斯开始全息影像的创作和研究工作，成为最早使用全息技术的艺术家之一。70 年代末她开始关注人体，尤其是女性的身体。她发展出自己的全息技巧和美学观念。她的作品重点在于对人体在心理、生理和精神层面的关注。

与卡斯蒂－赛沃尔一样，马格利特·贝宁原本也是一名画家。1968 年，她开始接触全息摄影，她把局限在科学实验室里的全息摄影带到更为广阔的领域中，而她将全息技术应用于艺术创作之中也进一步拓展了艺术本身的边

【知识点】 全息摄影

一种记录被摄物体反射波的振幅和位相等全部信息的新型摄影技术。普通摄影是记录物体面上的光强分布，它不能记录物体反射光的位相信息，因而失去了立体感。全息摄影采用激光作为照明光源，并将光源发出的光分为两束，一束直接射向感光片，另一束经被摄物的反射后再射向感光片。两束光在感光片上叠加产生干涉，感光底片上各点的感光程度不仅随强度也随两束光的位相关系而不同。所以全息摄影不仅记录了物体上的反光强度，也记录了位相信息。人眼直接去看这种感光的底片，只能看到像指纹一样的干涉条纹，但如果用激光去照射它，人眼透过底片就能看到原来被拍摄物体完全相同的三维立体像。一张全息摄影图片即使只剩下一小部分，依然可以重现全部景物。全息摄影可应用于工业上进行无损探伤，超声全息，全息显微镜，全息摄影存储器，全息电影和电视等许多方面。

界。她的全息作品主要体现在对人体、自然和女性美学三个方面的主题探索。

进一步挖掘我们会发现这些主题其实有着隐秘的一致性，那就是对女性定义的探讨。贝宁大部分的艺术作品完成于家庭工作室中，这种低成本非商业的工作室环境赋予她更大程度的艺术自由。贝宁在创作之外也为全息艺术的理论发展做出了重要贡献。

激光和全息艺术通过理论和实践的积累获得了更为全面的发展，它们作为新的艺术媒体被艺术家从各种角度实践着，艺术家对它们的使用已经从基本特性的挖掘上升到美学、哲学和社会学层面的探讨。在现代艺术背景下，不断涌现的新媒体与其他媒体一道成为艺术创作中的重要元素。

二、全息“维纳斯”

身体是美丽的、敏感的、性感的和不可思议的。每一个人的身体在某种程度都呈现着造物的美感。我希望用全息拍摄身体挖掘出人的热情与焦虑感，这是通过其他媒介无法呈现的。

——哈瑞特·卡斯蒂－赛沃尔

前文我们已经介绍过《威伦道夫的维纳斯》，是史前人类的雕塑，1908 年被发现。这个距今已经两万多年的作品体现出这一时期（旧石器时代母系氏族社会阶段）母性崇拜在人类的意识形态中占有支配性的地位。维纳斯是古罗马神话中爱与美之神，她的原型就是史前人类的母神，因此后来的西方人以“维纳斯”统称旧石器时代的母神雕像。这类雕像多表现裸体孕妇形象，面部和手部不加具体刻画。可以看出，这种审美与其后的古希腊罗马女性雕像、波提切利的维纳斯等都相去甚远。

图 4–19
雕塑《威伦道夫的维纳斯》（公元前 25000— 前 20000 年）与全息摄影作品《威伦道夫的维纳斯》（1991）。

1991 年，美国女艺术家哈瑞特·卡斯蒂 – 赛沃尔创作了《威伦道夫的维纳斯》全息摄影作品，它夸张地呈现出女性丰满的体态，对应原始社会生殖崇拜下的审美，也是艺术家用现代女性的身体向数万年前的人类艺术致敬（见图 4–19）。

我们在第一章看到了不同时期艺术家塑造的“维纳斯”，而这次一件名中带“维纳斯”的作品作为《雕塑》杂志的封面，是一件全息摄影作品。从尺寸上对比，史前的石雕《威伦道夫的维纳斯》原件非常小，大约 4 英寸高。《雕塑》封面上的全息摄影也并不大，大约 5 × 3 英寸，然而它很有视觉冲击力，看起来要比实际尺寸大。卡斯蒂 – 赛沃尔希望用全息摄影带来的身体膨胀感，使女性的身体看起来更有自信心和力量感。

作品通过杂志的发行和展览引起了美学界和社会层面的巨大争议：持批评态度的人认为该作品“丑陋”和“令人作呕”，一些科学家对这件作品运用的全息技术大为震惊，而一些艺术家和展馆收藏者则认为“它太棒了，我想拥有一件”。实际上，这件全息作品的意义重大，从史前的雕塑到全息技术呈现的三维女性形象，卡斯蒂 – 赛沃尔开创了一种新的雕塑形态，新的三维空间，而这种呈现形式无疑启发了其后的计算机三维技术和艺术的结合（详见第六章计算机艺术）。

尽管这件全息摄影作品富有争议，卡斯蒂 – 赛沃尔仍继续关心人和身体，尤其是将女性的身体作为一种视觉符号，并用全息这样超自然的媒体去呈现。卡斯蒂 – 赛沃尔用全息并非为了某种技术上的效果，她希望通过全息作品在每个层面帮助女性成长。继《威伦道夫的维纳斯》之后，卡斯蒂 – 赛沃尔又创作了一系列裸体女性全息摄影作品，比如红色调的《勒娜特》系列和《橘色的卡瑟琳》。这些作品较之前尺寸更大，全息技术的应用也更为多样，被认为是一种新形态的雕塑（见图 4–20）。她还创作她孙女的全息肖像《瑞贝卡》（Rebecca），这些形象都是艺术家本人非常熟悉的，她们呈现了作者对女性寄予的希望：坚强、独立、充满活力。

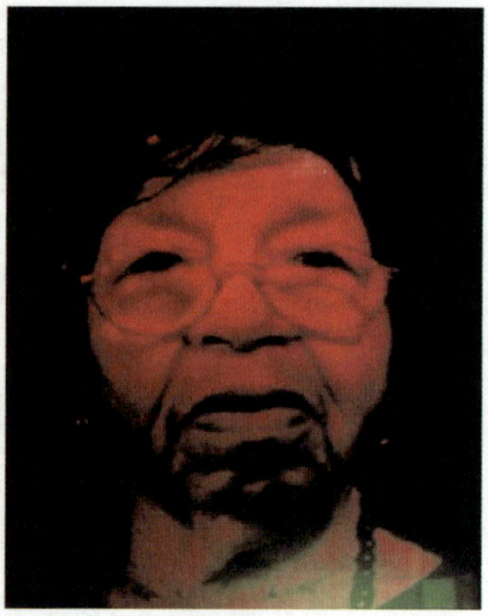

图 4–20
卡斯蒂－赛沃尔的《勒娜特 1》(Renata I)，尺寸 20×24 英寸，1992 年。

图 4–21
卡斯蒂－赛沃尔的《爱丽丝》，尺寸 25×22 英寸，1990 年。

此外，她还创作了诸如《爱丽丝》(Kevin Brown, Alice）等一些尺寸较大的女性全息肖像，这些形象并不年轻美丽，而是呈现出一种岁月痕迹和衰亡迹象（见图 4–21）。这呈现出她的作品从关注女性到关注人的构成、老化和死亡等议题，而这也反映出女性艺术家希望对女性、生命提出独立的见解。

三、女性定义的探讨

> 最好的方式是保持女性创作者的双重性，她们和男性作者一样有另外的一面，并同时清醒地意识到自己作为女性而存在的。
>
> ——马格利特·贝宁

在《结婚系列》(Conjugal Series）中，贝宁用手预示两性的关系（见图 4–22)，而在《穿透表面》(Penetrate the Surface）中贝宁开始关注寻常花朵可以解释的宇宙奥秘（见图 4–23)。在《丰饶》系列作品中，英文 Cornucopia 原意为"哺乳宙斯的羊角"，贝宁借用古希腊传说中的"羊角"寓意自然的丰饶。作品选取了花朵、花茎、贝壳、鱼等主体物，着眼于自然的本质与人工合成的区别，让我们审视钢筋水泥的大楼和机器的人造世界之外的风暴、天空、树木、草地、山脉、海洋等自然造物的美感（见图 4–24)。然而，丰饶的意象不仅于此，女性的孕育能力，作为生命源头的哺乳者不也是一种丰饶的象征吗？可以说，从这个系列开始，贝宁对自然中的水、石、鱼、枝叶、花等都赋予了女性的象征意义。

除自然系列之外，贝宁最具代表性的作品是《女性系列》(A Female Series)。在《女性系列》中，贝宁选择了包括她自己在内的八位女性，她以全息摄影对焦面部，并将重点放在对女性的理解和塑造上。在这个系列中，自拍像和分裂的头像成为主要的形式（见图 4–25)。贝宁认为："很多女性主

图 4-22
马格利特·贝宁的《结婚系列》，1983年。

义者倾向女性身份的探讨，而这种探讨往往是建立在强调个人与政治之间的关系基础之上的。这样的探讨往往将女性艺术家的作品引向诗意化和主观性的表达，而我的创作也归于这一类型。”

与激光艺术同样，全息艺术需要技术上的支撑。以全息摄影为例，卡斯

图 4-23
马格利特·贝宁的《穿透表面》，1992年。

图 4-24
马格利特·贝宁的全息艺术装置《丰饶》在拉塞尔科茨美术馆展出，1996年。

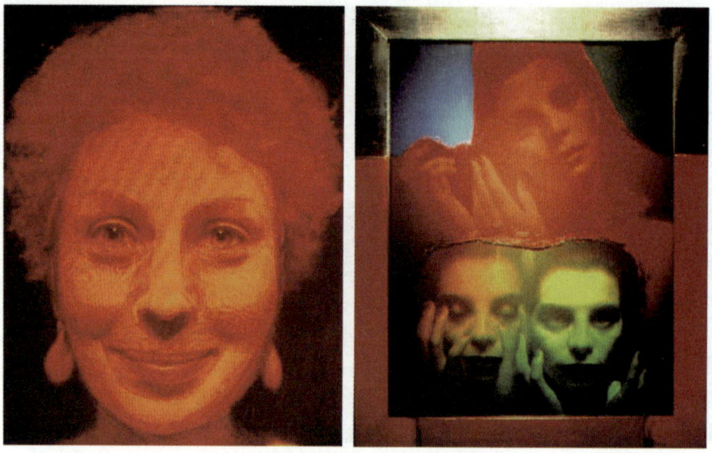

图 4–25

左图为马格利特·贝宁的《自拍》，1985年；右图为马格利特·贝宁的《分裂的本尼迪克特》（Split Benedict），1989年。

蒂–赛沃尔和贝宁都有着绘画的背景，而她们同时也需要工作室和激光厂商的支持，才能将其艺术观念呈现为具有跨界意义的全息摄影和装置作品。

贝宁熟练地使用全息影像技术，她先将在感光材料上得到的图案，用全息照相术曝光，然后再用摄影术冲洗。而在该系列中，尤以《显影的本尼迪克特》和《分裂的本尼迪克特》凸现了全息影像的特征，它们呈现出分裂和拼合的形式感，体现了贝宁用全息摄影对女性定义的探讨。

贝宁希望女性艺术家的创作能够抛却固有模式的限定，虽然这并不容易。比如贝宁绘画的时候即便是随机选择的颜色，可是评论还是认为她的颜色选择相对甜美（女性会选择的颜色）。可以看出，评论界对女性的作品往往带有某种成见。因此，贝宁的一些作品在某种程度上是有意为之的“女性化”的作品，富有装饰性、比较烦琐，例如《绿房子Ⅰ》（1979）和《绿房子Ⅱ》（1980）。而在《女性系列》创作中，贝宁的心态更为平和，她无意像一些女性艺术家一样，以化名的男性作者身份进行创作来为自己的作品做某种证明。

延伸阅读

贝宁大部分的艺术作品完成于家庭工作室中，这种低成本非商业的工作室环境赋予她更大程度的艺术自由。贝宁在创作之外也为全息艺术的理论发展做出了重要贡献。她撰写的著作《什么是全息艺术？》（*How Is Holography Art?*）谈论了全息作为一种艺术媒体的局限性和潜能，全息艺术的萌芽、发展和它在现代艺术中如何被艺术家应用等。1981 年，关于贝宁 12 年创作的自选集《贝宁 12 年作品回顾》（*Phases: A Twelve Year Retrospective of the Work of Margaret Benyon*）出版，该书成为阐释全息艺术的重要出版物。

【案例分析】激光艺术的“化妆术”

化妆一般和女性联系在一起。但全息艺术家贝宁却把这个主题和男性肖像结合，呈现了独特的女性视角。这个主题源自为英国查尔斯王子的拍摄计划，从王子到普通士兵和土著人，贝宁计划把全息摄影作为一种艺术语言来探索现代社会中性别、身份、认同感等重要议题。

《男性化妆系列》（Male Cosmetic Series）是贝宁在皇家艺术学院（Royal College of Art）就读博士期间完成的。1978 年，贝宁受查尔斯王子之邀为其创作一系列全息肖像，然而由于种种限制，这个计划并未实现。

不过，贝宁没有放弃创作男性肖像系列的计划，她将其关于艺术、历史、意识形态、社会政治、心理的，个人的，文献和全息的思考融入其中。20 世纪 80 年代至 90 年代，贝宁终于陆续完成了这一系列主题肖像。首先，肖像的主题非常贴近传统绘画，贝宁以一种反讽的手法将现代全息影像框进画框内。此外，影像的构图也是中心化的，而这是长期以来传统绘画遵循的法则。但是影像大都是拼合在一起的，并且呈现出某种隐蔽感。

最重要的是，整个系列将化妆这种似乎属于女性的专利赋予每一个人物，而这种手段超越了对性别的探讨，士兵脸上的迷彩、土著人的图腾、矿工脸上的煤土、画家脸上的油彩，甚至将肖像处理成硬币上的头像，贝宁利用化妆将性别、种族和社会身份进行拼合，力图揭示被隐藏和被美化的男权（见图 4-26、图 4-27、图 4-28）。

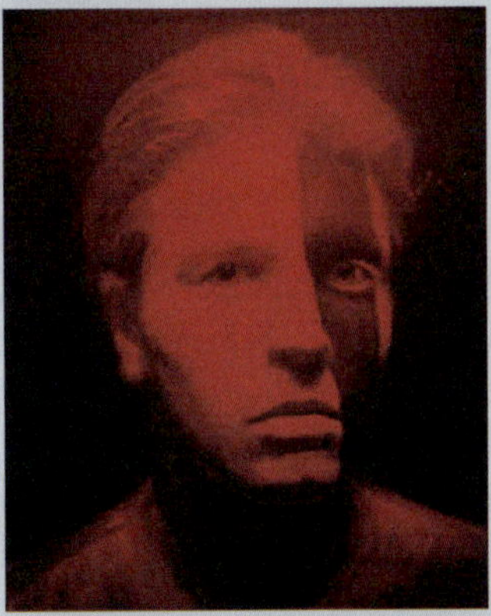

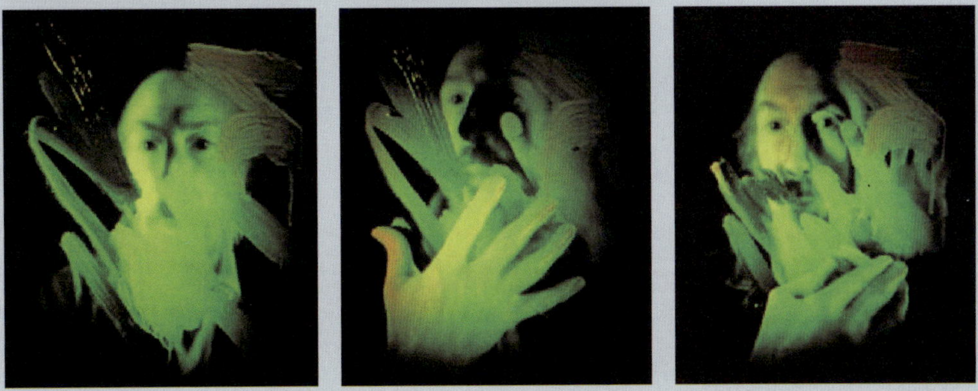

图 4-26（左）

贝宁的《着色史蒂芬》（Painted Stephan），1987 年。

图 4-27（右）

贝宁的《伪装》（Cosmetic Camouflage），1990 年。

图 4-28（下）

贝宁的《画家理查德·汉密尔顿 1-3》（Richard Hamilton 1-3），1991 年。

【知识点】贝宁的全息理论

二维的图片很难体现出全息影像的真实效果，大多数人第一次看到全息影像都会感到很惊讶。他们能够在一片玻璃上看见一个真实的形象，但是这个形象只存在光源下，当你伸手触摸影像时却发现它并非一个实体的存在。

马格利特·贝宁这样解释全息的成像过程：为了产生全息，由一块很薄的半透明金属板将一束单频激光分为两束，一束为辅助光线，一束为主光线。光线的方向由镜子控制，辅助光线通过透镜直接传送到生成全息影像的介质板上；主光线更为明亮，它通过透镜折射到物体上，当主光线与辅助光线汇合在介质板上的时候，光波交织成影像。在普通状态下，这些影像是一些肉眼识别不清的条纹和螺旋纹，但是如果有激光的照射，这些条纹就会变成极具立体感的三维影像。

全息影像与普通影像的不同之处主要在于普通影像是平面影像，通过影像只能看到其一个面，而全息影像是空间立体影像，通过影像不但可以看到其正面也可以看到其侧后面，更重要的是不管将全息影像的胶片撕成多小的碎片，在每一个碎片上都可以观察到被照物体的完整影像（见图 4–29）。

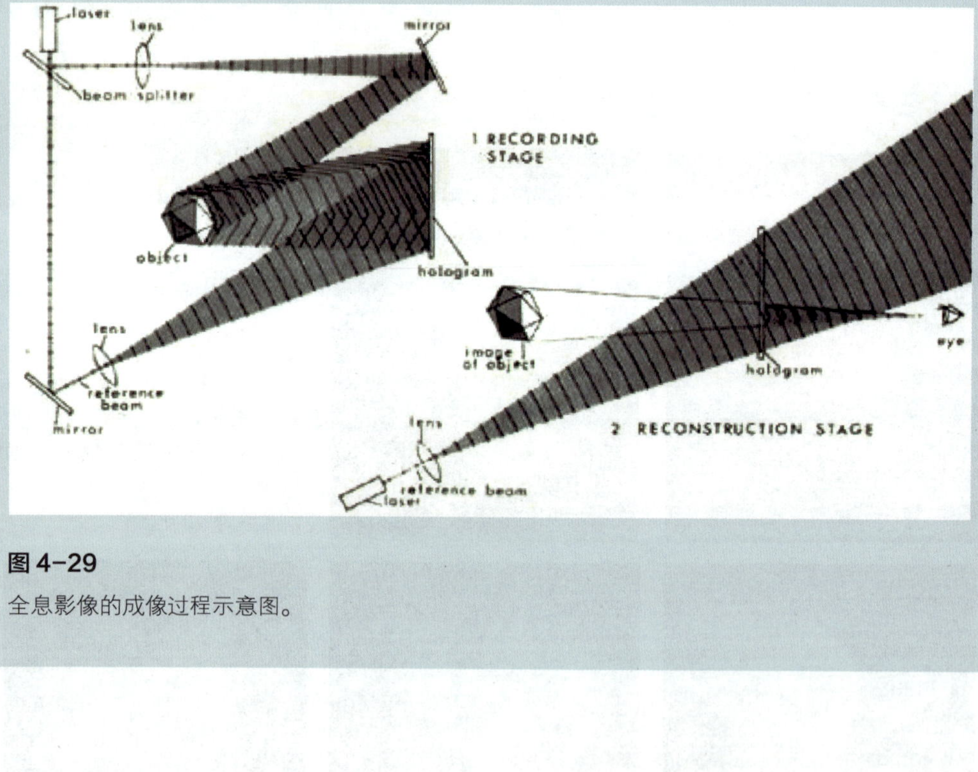

图 4–29

全息影像的成像过程示意图。

思考题

1. 本章提到了古根海姆美术馆、威尼斯双年展和卡塞尔文献展等，你认为它们对激光艺术的发展起到怎样的作用？
2. 古希腊罗马神话是很多艺术作品的灵感源泉，从绘画、雕塑、戏剧到激光装置和现场作品，请谈谈你对这些不同艺术形式的理解。
3. 从 20 世纪 70 年代开始，很多电影中出现关于激光的畅想，例如《星球大战》中的激光武器，你认为电影或其他领域对激光艺术的发展会有怎样的影响？
4. 全息摄影出现在《雕塑》杂志封面上，你认为全息摄影是一种新形态的雕塑吗？

第五章

录像艺术

在录像中，时间以一帧一帧的方式流动。如果我把录像与静物相结合，那呈现它们的空间将成为一个博物馆，一个殿堂。如果它们面向公众，就会治愈人们的思想顽疾。

——久保田成子（Shigeko Kubota）

图 5-1

女艺术家久保田成子的《下楼梯的裸女》(Nude Descending a Staircase, 1976)，从一个电视机到另一个电视机，录像艺术以自己的视角呈现对进步阶梯的理解，也以电视作为新的艺术材料回望杜尚的同名代表画作。

录像艺术是艺术史上最为重要的艺术运动之一，正是由于录像艺术的发展，艺术与技术开始真正对话，艺术的观念在新的影像时代开始了新的变革（见图 5–1）。

录像艺术与电视这种新媒体在社会中的普及直接相关。20 世纪 60 年代开始，电视的普及和便携摄像机的出现，使艺术家们有了新的艺术表达工具

【知识点】 便携摄像机

录像艺术的发展与电视机迅速而广泛的普及和摄影机革新有着紧密的关系。1967 年，索尼生产出世界上第一台民用便携摄像机（portapak），它易于操作、体量适中、方便携带。很快，敏锐的先锋艺术家们掌握了这种新工具并应用到日常创作当中（见图 5–2）。

图 5–2
早期的便携摄像机，当时的售价相对经济，大约 1500 美元，普通大众和艺术家都可以借此录制黑白的影像和声音。

和新的艺术主题。同时，电视作为大众传媒，通过新闻、广告和肥皂剧等所形成的权力话语也引发了艺术家们的质疑和批判。不满足于人们的生活被电视这种新的权力话语占据，录像艺术家们开始借助电视反对电视，电视在录像艺术中转换角色，成为新的艺术材料和实验媒介。

同时，艺术家们也借助这种新的视听手段探索艺术表达的新的可能性。比如录像艺术之父白南准甚至在 1967 年索尼便携摄像机问世之前，就自己动手制作了一台类似的设备。电视媒体也部分吸纳了录像艺术家们的实验成果。因此，从反对电视媒体到与主流电视媒体形成某种对话，录像艺术在一批有影响力的艺术家的带领下，成为美术馆和艺术展览新的瞩目焦点。

第一节　录像艺术概述

本章所呈现的是在多元观念激荡下的录像艺术，也是对现代传媒社会积极做出回应的录像艺术。一方面，在现代艺术观念寻求突破的大背景下，电视作为一种新的艺术材料进入艺术实验现场之中。另一方面，随着电视和录像设备的技术普及，它们本身也通过艺术家们的视角呈现为区别于主流的先锋样貌。

虽然录像艺术真正发展是在 20 世纪 70 年代，但其酝酿期却是 60 年代。一些艺术家的先锋创作已将艺术的边界拓展得远超公众甚至评论家的想象，他们在艺术观念和手段上已经比杜尚走得更远。极简主义、观念艺术、波普艺术、大地艺术等艺术运动都是从这个时期开始登上现代艺术的舞台，录像艺术成为一种新的引领者和瞩目焦点。

20世纪60年代，也是城市化、工业化和大众传媒快速发展的时代，艺术和大众日常生活的界限越来越模糊，工业化设计极大程度影响了视觉艺术的审美取向，所谓的高雅艺术和大众艺术的边界在某种程度上逐渐瓦解。

大众传媒对日常生活的控制力日益加强。1953年有2/3的美国家庭拥有电视，而到了1960年已有90%的美国家庭拥有电视。电视新闻和家庭影院几乎成为每个家庭接受信息和娱乐的主要方式。据当时统计，每个美国人平均每天用在看电视的时间达7个小时，而电视广告业成为新的强有力的促进消费的模式。这种变化直接影响了艺术领域从观念到创作手段的变化。在这一时期中，电视逐渐成为家庭生活新成员，成为最具有话语权的大众传媒。正是在对电视的质疑和反思中，录像艺术开始浮出水面。

一方面，电视影像逐渐成为一种新的权力话语主导人们的日常生活。另一方面，艺术家们面对此种情况开始提出质疑，并用自己的方式进行反思和批判。一批艺术家开始以录像作为艺术手段批判这种现象以此传递个人的声音，营造独立意志的空间。1963年，在帕尔纳斯（Parnasse）画廊中首次展出白南准和沃尔夫·弗斯特（Wolf Vostell）的作品，这被看作第一个录像艺术装置。至此，本着向电视宣战姿态的录像艺术正式浮出水面。正如旧金山现代艺术博物馆的克里斯廷·希尔（Christine Hill）所说的，第一代录像艺术家的基本观念就是以电视这种媒体去反对被电视化了的社会形态（见图5-3）。

对于电视的批评不仅局限在录像艺术领域，一系列重要的大众传媒理论著作涌现，比如加拿大著名传播学者马歇尔·麦克卢汉的《古登堡星汉璀璨》（*The Gutenberg Galaxy*）、《理解媒介》（*Understanding Media*）以及《媒介即讯息》（*The Medium Is the Message: An Inventory of Effects*）。

麦克卢汉深刻认识到媒体的传播特性和重要意义。1962年，他在《古登

图5-3

录像艺术之父白南准以新的方式使用电视、摄像机，把它们与一尊佛像组合为著名的代表作《电视佛》（TV Buddha, 1974），展出于阿姆斯特丹新市立博物馆。

堡星汉璀璨》中预言了“地球村”的出现。1964 年，他在《理解媒介》中强调了他对艺术和艺术家的观点：“严肃的艺术家是仅有的能够在遭遇新技术时不会受到伤害的人，因为这样的人是认识感觉变化方面的专家。”麦克卢汉对于新媒体的语言、对于艺术家和大众传媒的关系论述成为录像艺术家艺术实践的重要理论依据。

录像艺术凭借以电视反电视的姿态登上风云继起的新媒体艺术舞台，尽管这种对电视的反思并非录像艺术的唯一主题。随着录像艺术的发展，反电视的探索逐层深入，主要表现为以下几个方面：

（1）批判电视对家庭主妇的迎合。

（2）批判电视广告。

（3）批判电视的控制性。

（4）批判电视的监视性。

（5）批判电视的真实性。

尽管录像艺术经常以批判电视的姿态出现，但在其发展过程中，录像艺术的质感和形式的探索却给电视的革新和发展带来很多启发，比如电视直播和现场采访的形式即是受到录像艺术的影响发展起来的。再如一些录像艺术作品为了反对电视美化生活的不真实感，强调粗糙的影像效果和“不修饰”的观念，这种“低技术”的形式却为主流电视的访谈节目所借用。

反过来，电视也为录像艺术提供了发展中的设备和技术支持。比如，电视台为录像艺术家提供设备和技术支持。20 世纪 60 年代末，波士顿公共电视台（WGBH）获得了洛克菲勒基金的资助，成立了新电视工作室（New Television Workshop）。1969 年，该工作室为白南准、阿伦·卡普洛（Allan Kaprow）、奥托·佩宁等六位艺术家提供设备，制作了电视节目《媒体即媒体》(The Medium Is the Medium)。该节目在全国范围播映，是录像艺术最广泛的公众性传播之一。

起初互为敌对状态的两种媒体形式在发展中其实是不乏相互借鉴的，这也从某种角度说明新媒体艺术兼容发展的特性。录像艺术从以电视反电视出发，与装置艺术结合，在多元的流派和思潮中进一步开拓新媒体艺术的潜能。

延伸阅读　麦克卢汉及其作品

马歇尔·麦克卢汉（Marshall McLuhan，1911—1980），20 世纪原创媒介理论家。麦克卢汉 1933 年在加拿大曼尼托巴（Manitoba）大学拿到了文学学士学位，1934 年在同一所大学获得硕士学位。此后不久到剑桥大学留学，继续文学方面的研究，1942 年获得剑桥博士学位。主要著作有《古登堡星汉璀璨》《机器新娘》和《理解媒介》等。

第二节 录像艺术的批判性

20世纪60年代是艺术观念风云激荡的年代，录像艺术的发展得益于先锋艺术家们的精神和活动鼓舞。而这种先锋实验背后不仅有艺术材料观念上的革新，也有对现代大众传媒——电视所形成的权力话语的批判。

一、以电视反电视

1958年，德国艺术家沃尔夫·弗斯特开始着手实验《电视合成》（TV-Dé-coll/age）。这一组电视机呈现扭曲的影像，被放置在巴黎家具店橱窗里的桌子上（见图5–4）。这个作品结合艺术家本人的调试行为，好似在修理坏掉的电视机。这个作品使录像艺术与艺术家的行为表演结合在一起，体现了弗斯特与同时期激浪（Fluxus）艺术家的批判和思考，即对艺术材料和文化演进两者都极大程度地受到电视的影响进行质疑。弗斯特这样写道："杜尚宣告了现成品艺术的开始，而未来主义者宣称噪音即艺术，而我和志同道合者认为一切艺术事件，噪音、物体、运动、颜色、心理，一切生活包括人本身即艺术。"

弗斯特倡导的这种艺术理念后来被美国艺术评论家露西·利帕德（Lucy Lippard）称为艺术的去物质化（dematerialization），即扭转了材料与观念的传统秩序。之前人们往往认为材料、形式位于艺术观念之后。而弗斯特所代表的艺术家们将材料实验本身作为艺术观念的表达，这不仅颠覆了传统的艺术秩序，也同时是对电视和广告所代表的媒体形式的挑战。

如果说装置艺术革命性地改变了艺术对空间观念和形式的探索，那么录像艺术则更多借助新媒体形式拓展了艺术对时间的思考。同时，录像艺术也集中反映了艺术家们在使用新技术和新媒体时保持着对其的质疑和批判，而这激发了这种新的艺术形态的诞生。

20世纪60年代，电视作为新媒体主导了第二次世界大战后的欧美社会。

图5–4
弗斯特的《电视合成》，展出于1963年。

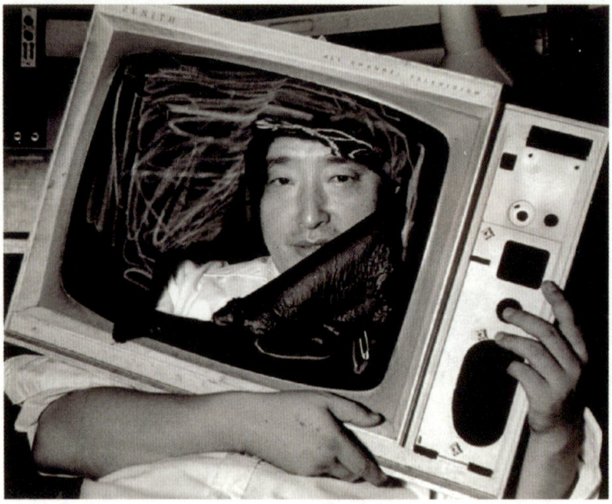

图 5-5
白南准用电视完成“自画像”。

由此，大众传媒对日常生活的控制力日益加强，这种变化直接影响了艺术领域从观念到创作手段的变化。在这一时期中，电视逐渐成为家庭生活新成员，成为最具有话语权的大众传媒。正是在对电视的质疑和反思中，录像艺术开始浮出水面。一些学者认为，正是由于录像艺术的发展，艺术与技术开始真正对话，艺术的观念在新的影像时代开始了新的变革。

韩裔美籍艺术家白南准一生创作了多样的以电视、录像为媒介的艺术作品，被人们称为“录像艺术之父”。他自己组装电视，实现各种成像方式，甚至直接把电视打破，让电视变成了自己肖像的“画框”（见图 5-5）。他体现了艺术家对新媒体的质疑与创新使用。基于电视的普及和便携摄像机的出现，艺术家们有了新的艺术表达工具和新的艺术主题。一些艺术家们不满足于人们的生活被电视这种新的权力话语占据，他们一方面借助电视反对电视，另一方面也借助这种新的视听手段探索艺术表达的新的可能性。艺术观念的激荡、技术条件的支撑促发了录像艺术的多方向探索。

［知识点］ **激浪艺术**

激浪艺术是一个从音乐精神中诞生的前卫艺术。激浪艺术在许多方面都处于临界状态。激浪艺术的活动可以追溯到美国北卡罗来纳州的黑山学院。1952 年，作曲家约翰·凯奇（John Cage）在那里做了一次类似偶发的表演，参与合作的还有舞蹈家摩西·康宁汉，艺术家查里斯·奥尔逊、罗伯特·劳森伯格、约翰·大卫·吐德等。后来这股艺术势力又迁至纽约。凯奇在社会研究新学院（The New School for Social Research）讲授禅宗和实验音乐，学员中有许多后来成为激浪艺术的主要艺术家，例如乔治·布莱特、艾尔·汉森、迪克·希金斯、阿伦·卡普洛、乔治·麦西纳斯以及拉蒙特·扬等人。激浪艺术家们与凯奇的关系是十分重要的，因为在 20 世纪的前卫艺术史上，凯奇的音乐在艺术发展中起到关键的作用而且催生了新艺术多样化媒介和方法。

二、录像艺术批判电视

录像艺术凭借“以电视反电视”的姿态登上新媒体艺术的舞台。这种对电视的反思虽然并非录像艺术的唯一主题，但集中体现了早期录像艺术的批判性和先锋地位。

针对当时电视成为主要的权力话语，借助肥皂剧、新闻和商业广告向受众灌输影像，录像艺术借助不同类型的作品进行了一系列的批判。

（1）批判电视对家庭主妇的迎合。

一批录像艺术家关注到电视的主要受众——家庭主妇。电视节目的很多形式如肥皂剧、电视广告、电视购物等都是为了迎合这些受众，用重复和冗长的方式推销信息、消遣时间。如前所述，针对这一现象艺术家理查德·塞拉于 1973 年推出了著名代表作《电视生产人》。塞拉以蓝底白字的向上滚动字幕的方式推出了他的一系列针对电视消费的观点，如“电视的产品不是电视节目而是人”“你在消费电视的同时被电视消费”等。

（2）批判电视广告。

几乎所有的电视节目都需要赞助商的支持，因此电视节目中经常插播各种电视广告。甚至有的电视频道就是由电视购物广告构成的。电视广告充斥屏幕，电视的主要功能甚至变异成了广告的直播工具。借助广告，电视把受

课堂讨论 《电视生产人》的结构分析

《电视生产人》挪用电视媒体的影像经验使这部作品具有波普意味，而文字在进行表意的同时，也具有电视字幕的功能。当然，在作为极简主义雕塑大师的塞拉手中，这个具有丰富指涉性的作品回归到最为简单的一种运动方式和蓝白色彩关系呈现。

《电视生产人》提供了最简单和符号化的运动对象即英文文字，也采用了最简单的运动方式即从下向上的字幕滚动。简单的运动对象和运动方式是基于日常的电视方式提出的，就给了这部作品撬动和反转日常经验的契机和张力。

字幕在一般电视作品中只有结尾时才出现，并且因为内容较多，滚动的速度是比较快的。因此，对于一般观众来说，“字幕滚动”这个体验位于一个电视节目的三段式结构（片头—主体内容—结尾）的最末段，也就是最不受关注的那个部分。而《电视生产人》这个作品恰恰就选择了把“结尾”作为内容给观众观看。没有片头和主体内容，只有结尾——滚动的字幕。滚动的字幕就是作品的全部。

瑞士巴塞尔艺术博览会著名策展人马丁·施万德评论理查德·塞拉的作品通常与危险和压迫感相关。的确，把一般我们忽略不计的结尾作为全部内容，在 7 分钟时间里观看白色的标语，话语的无声滚动怎么会不给人压抑感呢？然而这正是塞拉面对普通的日常电视观看和消费中体认到的危机，并用这般沉闷的运动传达了生命在字幕一帧帧向上的无声滚动中无情消逝的事实。

众变成了消费者，广告用精美乃至夸张的包装来吸引观众。

针对电视广告生产消费欲望的现象，德国艺术家克劳斯·冯·布鲁赫（Klause von Bruch）的作品《广告战争》（The Softi Tape，1980）把电视广告比喻成一场无休无止的战争。在这个作品中，艺术家反讽性地使用了自己的肖像来代表广告的战争。

该录像作品的构思是截取了德国的纸帕电视广告，一遍又一遍重复云朵的柔软感和童稚的旋律。和一般在节目中插播广告的结构不同，这个录像作品在广告中插播由艺术家自己出演的战争场面。布鲁赫用录像艺术对大众传媒的信息轰炸和战争做了类比和批判（见图 5–6）。

（3）批判电视的控制性。

录像艺术家们也意识到电视对人们生活空间的侵蚀，他们用录像艺术作品等表现了电视冲破四壁，占据人们的时间和空间，呈现出了电视远距离传播与控制的能力。

如果说塞拉等艺术家用录像艺术的方式开启了字幕的运动思考，美国艺术家和批评家道格拉斯·戴维斯（Douglas Davis）则把录像和语句结合。录像艺术既变成了一种跨越地域的联结方式，也体现了电视录像的集中和号召能力。

以一种纪实和街头的方式，《街头语句》（Street Sentences，1972）这个作品提供了一种城市游荡者的运动方式。街头的涂鸦和文字成为了录像作品的主体，这些语句的制造者本身就是这个城市的游荡者和叛逆者。戴维斯将摄像机对准这些城市街头的语句，通过一幕幕呈现这些语句，让人们在语句的运动中重新扮演一个游荡者，审视这座城市。这样，摄像机既是窥探者也成为新的创造者。这是基于戴维斯对于摄像机和电视这样的媒介的双重态度决定的。

图 5–6

布鲁赫的录像艺术作品批判电视广告的信息轰炸如同战争。

课后讨论 录像艺术的跨地域创作

在这里，语句变化代表了每个参与者都成为录像艺术作品的提供者，戴维斯从70年代的《街头语句》到90年代的《世界上第一个合作的语句》(The World's First Collaborative Sentence)，都用语句和自拍进行录像艺术创作。不同地域的人合作上传语句的方式也成为录像艺术网络化创作的先声，这个实时的录像艺术作品至今仍每天在惠特尼美国艺术博物馆上演着(见图5–7)。

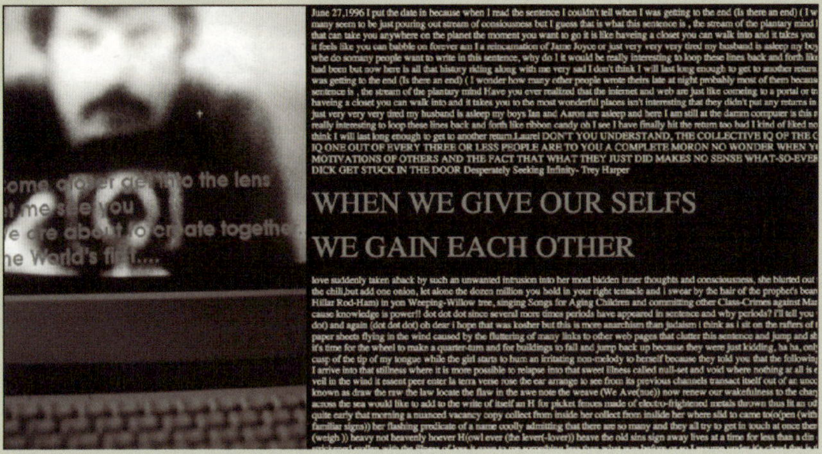

图5–7
戴维斯用录像艺术的方式表现街头的语句，并把这种创作最早搬上了互联网，形成了《世界上第一个合作的语句》的在线展览。

在自拍照中，戴维斯如同举起枪一样举起了他的摄像机，他把他的摄像机作为一种武器逼近人群，切入现实。和持有武器的人所说的“不许动”不同，戴维斯说：“靠得更近一点，让我的镜头看到你。”他既没有把镜头对面的人完全看作敌对方，也没有放下持有武器者的威慑力。这也是他呈现的对摄像机和电视这样的媒介的双重态度。他认为，这样的媒介既是进一步贴近现实真相的武器，也是能够与人合作的工具。[1]

(4)批判电视的监视性。

在录像艺术成为新的艺术表现形式之时，同时期的电影开始探讨一些新的影像主题，诸如希区柯克的《后窗》(1954)、安东尼奥尼的电影《放大》(1966)等把偷窥这一主题表现出来。

不同于电影中通过摄影、窗口的偷窥，录像艺术家们用电视直接表现影像机器介入和窥视人们的生活。白南准曾经宣称：“电视已经入侵了我们的生活，现在该是我们回击的时刻了。”白南准的录像装置代表作品《电视森林》(Video Jungle)中，电视好像植物一般密密麻麻地簇拥在一起。电视在人们的生活空间中恣意生长，并且在掩护中实现窥视(见图5–8)。

---

① SELZ P, STILES K.Theories and documents of contemporary art. Berkeley, CA: University of California Press, 1997.

图 5-8

录像艺术之父白南准的《电视森林》，1972 年。

日本艺术家出光真子（Mako Idemistu）也是录像艺术的先锋开拓者。她从女性身份探讨了家庭关系在电视中的变化。与白南准把电视作为“自画像”不同，她关注妻子、丈夫和儿子在家庭生活中的位置，基于在自己家中的电视摄录资料，出光真子发掘出另一种电视的“画框”性，电视成为了新的塑造和切割家庭的媒介（见图 5-9）。

（5）批判电视的真实性。

一些录像艺术家用实验的拍摄质疑了电视的“真实性”，譬如饭村隆彦（Taka Iimura）表达了如何通过影像认识自我。法国文艺评论家罗兰·巴特曾经说过：“你只能通过影像看到自我。”饭村隆彦试图用镜子的比喻方式来探索人们为镜头、电视所吸引。

从作品《自我身份》（Self Identity，1972)、《双重肖像》（Double Portrait，1973—1987) 到《双重身份》（Double Identity，1975），饭村隆彦实现了录像艺术对自我的再认识，这个自我既是影像的创作者同时也是所创作影像的观

图 5-9

出光真子的录像艺术作品，探讨电视介入现代家庭生活。

图 5-10
饭村隆彦的录像艺术作品《自我身份》。

看者（见图 5-10）。艺术家把创作者和观看者究竟有何区别的问题提供给观众。他从 20 世纪 80 年代开始用《我是一个观者，你也是》（I Am a Viewer, You Are a Viewer，1981) 展开了这个问题的讨论。

三、录像艺术与电视的相互借鉴

尽管录像艺术经常以批判电视的姿态出现，但在其发展过程中，录像艺术的质感和形式的探索却也给电视等大众媒体的革新和发展带来很多启发。

比如，戴维斯用手持摄录机创作的自拍肖像就是一种“低技术”的合作邀请，即“我们就要一起创作了”。从 20 世纪 70 年代的街头记录开始，戴维斯就用“低技术”的方式反对电视美化生活的不真实感，强调粗糙的影像效果和“不修饰”的观念，这种方式不仅赋予了影像一种真实的亲切感，也随后为主流电视的访谈节目所借用。语句也从镜头中的捕捉对象变成了电视屏幕上的主角。

反过来，电视也为录像艺术提供了发展中的设备和技术支持。如前所述，波士顿公共电视台（WGBH）成立了新电视工作室，为白南准、阿伦·卡普洛等艺术家提供设备，制作了电视节目《媒体即媒体》，该节目在全美范围播映，是录像艺术最广泛的公众性传播之一。

此后，不仅很多艺术家的录像艺术作品在美术馆展出，一些电视台也把它们作为文化艺术类节目和访谈的主题，以树立电视台的独特品牌和影响力。比如，先锋录像艺术家大卫·豪恩（David Hall）的作品《电视插播》（TV Interruptions）系列作品在苏格兰电视台播放（见图 5-11 和图 5-12）。

可以看到，起初互为敌对状态的两种媒体形式在发展中其实是不乏相互借鉴的，这也从某种角度说明新媒体艺术兼容发展的特性。

图 5-11

先锋录像艺术家大卫·豪恩的录像艺术作品在美术馆现场调试。

图 5-12

先锋录像艺术家大卫·豪恩的作品《电视插播》在苏格兰电视台播放，1971 年。

第三节　录像艺术的时空探索

从主题上，早期录像艺术以对电视传媒的质疑和批判为基点。在时间和空间的探索上，早期录像艺术通过行为记录、艺术录像和录像装置等方式拓展录像艺术的诸多特性。

一、行为记录与艺术录像

不同于电影、电视的表现形式，早期的录像艺术把目标对准街头和艺术家的行为方式，最先通过两种形态树立了新的艺术呈现方式：一类为“行为记录”（activist-driven documentaries），一类为“艺术录像”（art videos）。

行为记录主要是把便携摄像机作为最基本的记录设备使用。这种类型的作品致力于剥除电影、电视中被美化包装的外衣，还原对事件的记录，尤其是日常街头的即时事件。因此，在艺术家们拿着摄像机抓住街头的时间现场时，这些行为记录也具有了更多个人视角和政治倾向，那往往是主流媒体力图遮蔽的。

艺术家往往在聚焦记录街头事件时体现“现实性”和“现场性”。这些艺术家中最具代表性的有美国艺术家莱斯·莱文（Les Levine）和弗兰克·格里莱特（Frank Grillette）。他们以录像呈现政治性对话和新闻事件的形态。

和录像艺术之父白南准一样，莱斯·莱文是最早一批使用便携摄像机和电视作为艺术媒介的先锋人物，也是第一位使用0.5英寸录像设备的艺术家。1965年，他创作了《烧毁》(Burn-off)，表现纽约街头的生活。这一行为记录不仅生成了录像作品，还摄取了很多摄影作品，艺术家将这一行为过程中的影像组合发展为装置作品后来展出于慕尼黑（见图5-13）。

1968年，格里莱特又将目光对准街头，以五个小时的篇幅记录了圣马可广场（St Mark’s Place）嬉皮士们的生活。这种时间长度打破了一般电影或电视的观影习惯。录像艺术在这一层面往往体现出了身在现场的视角。甚至可以说，是故意向着叙事电影的逆方向创作，即排除所谓的导演视角和艺术加工，消解任何“加工”或包装的成分。

艺术录像可以说是录像艺术的重点部分，这类作品认为录像艺术的美学价值在于其不仅仅有记录的功能，还在于其个人观点的呈现和视觉语言的实验表达。评论界普遍认为1965年艺术家白南准在纽约第五大街拖着索尼便携摄像机行走的事件是录像艺术的真正起点。因为从这时起，便携摄像机改变了手持拍摄的特定角度，成为了在拖动中可以执行记录功能的生命体。而这一过程也通过摄影和录像被记录下来，艺术家的行为启动了摄录的装置，也同时成为摄录的对象。录像艺术对时间和空间探索的多层面也逐一开启。在这一过程中，白南准作为录像艺术之父的确引领了电视、录像如何转变身份

图 5-13
艺术家莱斯·莱文表现芝加哥街头的录像装置作品 Systems Burnoff x Residual Software，1969年展出于慕尼黑。

延伸阅读 录像艺术之父：白南准

具有多元文化背景的艺术家白南准被誉为“录像艺术之父”。他不仅开创了录像艺术的形态，更重要的是进行了广泛的艺术实践和理论探究。白南准的录像艺术创作从 20 世纪 60 年代延续到千禧年，对其创作的回顾总结能够有助于我们更好地理解录像艺术的创作与发展。

白南准的第一个展览被命名为“音乐的说明——电子电视”（Exposition of Music—Electronic Television），于 1963 年在德国小镇乌帕塔尔（Wuppertal）的帕尔纳斯画廊展出。展览中地板上放置了电视机，电视机中扭曲的影像改变了观众日常生活中对电视的视觉满足感。在这次展览中，白南准宣称：“电视已经入侵了我们的生活，现在该是我们回击的时刻了。”

白南准从专业的钢琴演奏学习转入对音乐史、现代音乐的研究。20 世纪 60 年代，他前往德国慕尼黑大学学习音乐历史，并得以结识德国伟大的前卫作曲家卡尔海因兹·斯托克豪森（Karlheinz Stockhausen）、美国著名实验音乐家约翰·凯奇以及德国观念艺术家约瑟夫·博伊斯（Joseph Beuys）和沃尔夫·弗斯特。这些人的理论和创作直接影响了白南准进入电子艺术领域。

白南准首先受到约翰·凯奇的启发，在音乐中使用日常的声音和噪音。约翰·凯奇还建议白南准研究东方音乐和东方宗教，白南准回到东京并结识了多领域的工程师内田秀男（Hideo Uchida）和阿部修也（Shuya Abe）。从 1963 年到 1964 年，这两位工程师帮助白南准了解彩色电视中的电子流，这催生了以阿部修也和白南准的名字命名的视频合成器 Abe-Paik Video Synthesizer，这也是白南准未来以电视为载体进行艺术创作的主要元素。1964 年，白南准搬到纽约，与古典大提琴家夏洛特·摩尔曼（Charlotte Moorman）合作，将录像、音乐和现场表演结合起来，形成了作品《电视大提琴》（TV Cello）（见图 5-14）。

不仅如此，白南准还在 70 年代提出了电子高速公路和信息地球村的预言。尤其是有感于电视的网络控制，白南准想象出一种录像市场，能够免费在全球范围内观看录像视频。2005 年，世界上最大的视频网站 YouTube 创立，提供了让用户下载、观看及分享影片或短片的平台。在某种程度上，白南准的预言和想象实现了，这也足以证明录像艺术的魄力正在于其先锋性和不断展示可能性。

图 5-14

《电视大提琴》开拓了新的录像艺术、表演艺术和装置艺术的结合方式，也开拓了艺术家之间的合作方式，成为录像艺术的重要标志性作品。

和视角，成为录像艺术的主体。

二、录像装置

装置艺术的历史渊源可以追溯到18世纪文艺复兴时期绘画在教堂中的展示。此时绘画已经突破了贵族的委托品或陈设品而置身于更宽阔的空间。对于装置艺术家来说，装置是艺术创作本身的核心和外延，正如批评家布赖恩·奥多尔蒂（Brian O'Doherty）所说的，“当现代主义老去的时候，形式即成为了内容。美术馆中的展品决定了美术馆和其自身的法则”。

在装置艺术发展初期很多艺术家的初衷就是要反对美术馆机制，可具有讽刺意味的是，美术馆的收藏者却对这些新形态的作品趋之若鹜。或许，敏锐的收藏家和艺术评论家意识到，美术机构必须对新的艺术形式做出反应，而这些艺术形式更需要机构的空间放大其影响力，由此才能更好地对新的观念和形式加以解读。

装置艺术与录像艺术的结合极大地推进了美术馆的体系变革。因为在绘画、雕塑的维度基础上，录像可以更好地吸纳行为艺术和观众的参与。而在与装置艺术的结合中，录像装置艺术进一步延展了空间性的层面。

装置艺术和录像艺术的结合也加速了艺术评论界和美术馆对录像艺术这种形态的认可。美国评论家辛西娅·克里斯（Cynthia Chris）认为：“也许，录像装置能够被温和地纳入视觉艺术的词典，与雕塑等其他艺术门类相结合。”加里·希尔则认为录像装置艺术的重要性之一在于其对时间的探索，如果单频道录像机能够以多种方法控制时间，那么多重投影、显示器以及录像带无疑将丰富对时间的想象。并且，这种多重投影或装置形式有助于更好地与现代艺术作品的重要参与者——观众们互动（见图5-15）。

三、录像艺术探索时空

很多录像艺术的探索者诸如丹·格雷厄姆（Dan Graham）、布鲁斯·瑙曼（Bruce Nauman）、琼·乔纳斯（Joan Jonas）、约翰·巴尔代萨里（John

图5-15
加里·希尔用大型录像装置作品《观者》（Viewer）表达出录像艺术的重要主题，一旦观众走进美术馆，就已经被纳入镜头或视野之中，1996年。

课堂讨论 录像装置艺术中的观众

作为时基艺术媒体，录像艺术在阐释时间的当下性时发挥了强大的作用，没有什么比突然在展厅中心看到自己的影像更为震撼的了。观众在监视器或投影中看见自己的影像进而在当下意识到自己的存在，同时这种存在又被其他观众看见，形成新的体验。

早期录像装置邀请观众参与作品往往通过监视这种手段。莱斯·莱文的第一个录像装置作品《覆盖物》(Slipcover，1966）在多伦多美术馆展出，在监视器中展现出参与的观众的影像（见图 5-16)。观众通过监视器及穹形薄膜看到镜头中的自己。这是一次前所未有的尝试，虽然是一种监视，也是现代社会中人的变形和异化的切身经历。此后，艺术家动用更多监视器与观众进行对视，不仅产生了强烈的现场感，观众的影像也成为了一种档案。每个观众的影像都作为文献存放在一个小小的文件柜中，这个文件柜就是录像监视器（见图 5-17)。

布鲁斯·瑙曼（Bruce Nauman）在《录像走廊》(Video Corridor，1968) 中，表达了电视机和影像之间的关系由墙面的结构决定（见图 5-18)。评论家玛格丽特·莫尔斯（Margaret Morse）第一次看到这样的录像装置作品时表达了通过这件作品得以重新认识自己和自己的身体。瑙曼进而在《走廊装置》(Corridor Installation，1970）中进一步探索美术馆现场空间与观众的身体感应。洛杉矶的尼古拉斯·瓦尔德（Nicholas Wilder）美术馆被分割为六个通道，只有三个能走得通。观众走过这些通道的行为被他们身后的摄像机记录下来，摄像机又把这些影像投射到走廊上。

彼得·盖普斯（Peter Campus）也是先锋录像艺术家，以交互的方式探讨精神层面的问题。在录像装置作品《反相交叉》(Negative Crossing，1974) 中，观众控制录像的姿态被记录下来，并通过色相反转成为新的画面。新的画面与原有的画面并置在一起，通过投影放大，而观众却是背对这个影像的，无法看到实时的效果。因此，观众的放大影像成为这个录像作品的延伸物，也成为其他观众的注视对象（见图 5-19)。

迪特尔·弗依斯（Dieter Froese）在 1987 年的录像作品《并不属于“老大哥”的监控网络》(Not a Model for Big Brother’s Spy Cycle）中把闭路电视和事先录好的双频

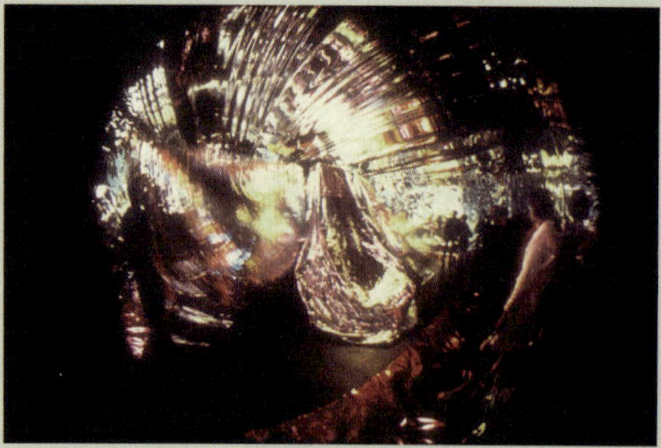

图 5-16

莱斯·莱文通过监视器对观众影像做变形处理。

图 5-17

莱斯·莱文通过监视器存放观众影像档案。

录像结合起来。观众在进入展厅时被录制下来，他们在观看政治访谈节目的时候会意外地看到自己的影像。

图 5-18

瑙曼在《录像走廊》基础上结合绿光，创作了《绿光走廊》(Green Light Corridor，1970)进一步加深观众的身体感受。

图 5-19

盖普斯的《反相交叉》使观众背对着自己被放大的反向画面。

Baldessari）等都非常重视时间、记忆等主题，这使录像艺术开拓了时间性探索（见图 5-20）。

录像对时间的处理不同于电影对时间的表达，录像的记录和即时的功能使其区别于电影的后期加工处理。一些录像艺术家认为，在某种程度上，录像才是真实的时间，而在电影中的时间其实是通过剪辑呈现的，是一种蒙太奇结构的叙事表达。

因此，一些录像艺术家把电影变成了录像艺术的素材，通过改变其时间性要素来强调和凸显新的含义。譬如苏格兰裔艺术家道格拉斯·戈登（Douglas Gordon）将许多电影影像重新剪辑，通过循环、改变速度，发现其中新的心理和文化含义。他的《歇斯底里》(Hysterical) 选取了 20 世纪的医学电影素材，通过循环的方式在近 30 分钟内展示了歇斯底里症患者和医生的关系。

【知识点】 监控系统与监视艺术

监控系统是安防系统中应用最多的系统之一，视频监控现在是主流。从最早模拟监控到数字监控再到网络视频监控，监控技术发生了翻天覆地的变化。如同对电视的挪用一样，录像艺术也使“监视艺术”一词出现，通过展现观众自己，艺术家将意外、愤怒、震撼等情绪传达给观众。更重要的是，观众成为了表演者，得到了一种全新的体验。不同于偶发艺术等艺术事件，观众在观看之前没有特定的期待，作品在现场侵袭观众，无论他们是否愿意都可能被其他观众看到，他们本身成为展示的一部分。

图 5-20
丹·格雷厄姆的作品《现在持续过去》(Present Continuous Past)，用录像艺术记录行为探讨时间的关联性，1975 年展出于纽约。

除了前面提到过的长时间、现场性等特点，录像艺术也因为其创作的主体——艺术家们而成为一种揭示艺术创作的时间进程。因此，一方面，录像艺术与传统的架上绘画相结合，传达了一些著名艺术家的创作过程；另一方面，录像艺术也和先锋的新艺术形态相结合，比如记录偶发事件、激浪艺术行为、观众的参与和反应等。

在和传统绘画创作结合的过程中，艺术家们在录像艺术的镜头下，分享了自己的视角和思考过程。例如，维托·阿孔西（Vito Acconci）、布鲁斯·瑙曼、霍华德·弗莱德（Howard Fried）将录像机放置在自己的工作室拍摄他们的作画过程（见图 5-21、图 5-22）。这种记录不仅是展示给大众看的，而且录像在这一过程中成为艺术家回看自己创作的媒介。这种影像在很大程度上帮助他们进行抽象绘画的思考和理解随机性。同时，艺术的现场性和表演性也融入其中，艺术家成为其绘画创作的一部分，他们的绘制也呈现了他们身体的运动和表演维度。

布鲁斯·瑙曼的《墙面 / 地面的位置》(Wall/Floor Positions，1968）等

图 5-21（左）
维托·阿孔西使用多个监视器、扬声器和管子组合的录像艺术作品。

图 5-22（右）
布鲁斯·瑙曼的《对位工作室 1》(Mapping the Studio I) 把角落的影像拍摄呈现为多屏录像投影，展示了时光流动和记忆存留，2001 年展出于纽约。

【知识点】偶发艺术

1959 年，阿伦·卡普洛用偶发（happening）一词描述一种艺术创作状态，20 世纪 60 年代偶发则专指该种美术现象，即与传统艺术的技巧性和永久性原则相悖，是一种新的艺术形式。偶发艺术注重活动的随机性，艺术创作活动在于即兴发挥，有两大特点：

第一，偶然性。即指表演者生发的所有体态动作，不是艺术家事先设计、训练安排的，而是所有参与表演的人在表演时即兴生发的。

第二，组合性。在艺术家所设计的时空环境里，既有声响、光亮、影像和行为，又有实物、色彩、文字等，它们共同构成一个特定环境中人的行为过程的艺术。

美国最先出现这种艺术形式，代表人物为作曲家约翰·凯奇和阿伦·卡普洛，另外吉姆·戴恩、克雷斯·奥尔登伯格、罗伯特·劳森伯格、罗伊·利希滕斯坦等，或以音乐伴奏形式进行表演，或以情景对话方式完成作品。此后，欧洲和日本亦出现偶发艺术。

作品把身体语言作为录像艺术的对象，他在工作室的地上和四壁摆出各种姿势，仿佛邀请观众参观。这些作品都是用一盘录像带从头至尾录制，以区别一般商业电影、电视的剪辑手法。同时，这种表述的目的也不同于电影中的长镜头，呈现了另一种时间性。

此外，以白南准、瑙曼等为代表的艺术家在应用多源投影和多屏幕的过程中，探索了录像艺术共时性的特征。这类作品在同一空间中记录播放多个相同或不同的影像，改写现实中事件的唯一性。这种共时性的探讨同时也促进了录像艺术的空间性探索。

录像艺术在探索空间性时往往是从颠覆日常生活开始的。1958 年，德国艺术家沃尔夫·弗斯特在一块白画布后面放置了六个电视监视器。他认为电视是 20 世纪的雕塑，并自信地宣称绘画已经衰亡。这些录像艺术家们在空间中重新组合电视，改变其在日常生活中的角色，他们的创作热情宣布了一个新电子艺术时代的到来。

白南准在空间中的实验规模更大。他在展览中大量地使用电视和录像设备，并结合植物、鱼、水、激光等各种材料进行创作。从 20 世纪 50 年代末开始，他将展示空间塞满了电视，一些在地板上，一些在四壁上，这改变了公众日常中与电视的关系。

白南准的作品《电子高速公路》（Electronic Superhighway）入选 1993 年威尼斯双年展，几十个电视从地板到顶棚占满了德国的帐篷，透射的影像包罗万象，好像一个世界数据银行，从日常生活到政治，从自然镜头到原子弹爆炸。这个作品的创作背景正值美国提出了“信息高速公路”计划。但作为先锋的艺术家，白南准有其自身的超前性。这个录像艺术作品不仅回应了他多年前作出的预言，也重新用录像艺术作品分割了美国地图，建立了录像艺术的新空间版图（见图 5-23）。

图 5-23

白南准用《电子高速公路》这个录像艺术作品回应了他多年前作出的预言。

【知识点】 信息高速公路

1992 年，参议员、前美国副总统（1993—2001 年在任）阿尔·戈尔提出美国信息高速公路法案。1993 年 9 月，美国政府宣布实施一项新的高科技计划——“国家信息基础设施”（National Information Infrastructure，NII），旨在以互联网为雏形，兴建信息时代的高速公路——“信息高速公路”，使所有的美国人方便地共享海量的信息资源。

信息高速公路计划用 20 年时间，耗资 2000 亿～4000 亿美元，以建设美国国家信息基础设施 (NII) 作为美国发展政策的重点和产业发展的基础。倡议者认为，它将永远改变人们的生活、工作和相互沟通的方式，产生比工业革命更为深刻的影响。

建设国家信息基础设施 (NII)，既有赖于全球信息技术的微电子、光电子、声像、计算机、通信等相关领域的突破进展，也有赖于各国政府根据各国国情所作的决策。美国是在已具规模的有线电视网（家庭电视机通过率达 98%）、电信网（电话普及率 93%）、计算机网（联网率 50%）的基础上提出这一构想的，计划以光纤干线为主，辅以微波和同轴电缆分配系统组建高速、宽带综合信息网络并最终过渡到光纤直接入户。由于网络具有双向传输能力，因而全网络运行的广播、电视、电话、传真等载体都具备开发交互式业务的功能。

第四节　多元的录像艺术

大多数录像艺术家有着多元的专业背景，这也使录像艺术关注多元的主题，并成为跨领域沟通的平台。以录像艺术家白南准为代表，从专业的钢琴表演专业到现代音乐理论和实践研究，从与音乐家、观念艺术家的合作到与工程师的共同研发，多元文化背景和跨专业领域合作恰恰是录像艺术家们的集中写照。对不同专业背景的艺术家来说，录像艺术提供了不同的可能性。

一、录像艺术家的多元背景

我们前面介绍过的布鲁斯·瑙曼是从绘画和雕塑转入录像艺术的，丹·格雷厄姆有作家、策展人和观念艺术家的身份。维托·阿孔西有设计师、建筑师的背景等。理查德·塞拉在录像艺术创作之外，更是著名的雕塑家和极简主义艺术大师。正是艺术家们跨界的身份，得以用更为多元的形式、材料进行开创性的艺术探索，也拓展了录像艺术作品、空间与观众之间的关系。

可以看到，绘画、雕塑、写作、观念和行为等艺术形式都可以通过录像艺术形态找到新的结合点。从这个意义上说，录像艺术也成为了一种平台，连接和展现多元背景的录像艺术家们。

一些先前从事绘画和雕塑后转入录像艺术领域的艺术家对提升录像艺术美学价值贡献良多。传统媒体与新媒体的相互借鉴使新媒体艺术有了更快的发展。这种经验借鉴尽管是潜移默化的，但却会显现在这个领域的艺术家之间的交流和作品的艺术趣味取向当中。

布鲁斯·瑙曼之所以由传统架上艺术进入录像艺术领域，是因为他的艺术观念——艺术的创作没有限制。除了上一节提到的时光主题和多屏幕录像，瑙曼也在录像作品中使用自己的身体作为语言。在《墙面 / 地面的位置》等作品中，瑙曼把之前的雕塑经验转变为行为表演，他的身体变成了活的雕塑，再借助录像的方式呈现（见图 5–24）。而这样的先锋探索也一直激发其后的艺术家们。在 2014 年的瑞士巴塞尔艺术节上，年轻的艺术家凭借记忆用自己的身体再现此作品（见图 5–25）。

很多录像艺术家都是从观念出发的，以极简主义的方式“降低”录像艺术的技术感，从而凸显最纯粹的观念。譬如美国观念艺术家约翰·巴尔代萨里，他在 20 世纪 60 年代的创作主要采用摄影和文字语言，而到了 70 年代开始尝试黑白录像。他的一些作品极为大胆单纯，比如《我在创作艺术》（I Am Making Art），在这个 15 分钟的录像作品中艺术家自己穿着白色的衣服站在白墙前录影。这种强烈感得益于他早期的黑白摄影的控制力，但录像艺术把他创作观念艺术的过程性进一步强化了（见图 5–26）。

图 5–24（左）
布鲁斯·瑙曼的《墙面 / 地面的位置》，1968 年录像作品的静帧。

图 5–25（右）
2014 年在瑞士巴塞尔艺术节上，青年艺术家重新呈现了瑙曼 1968 年的作品，在墙面和地面之间用身体寻找位置。

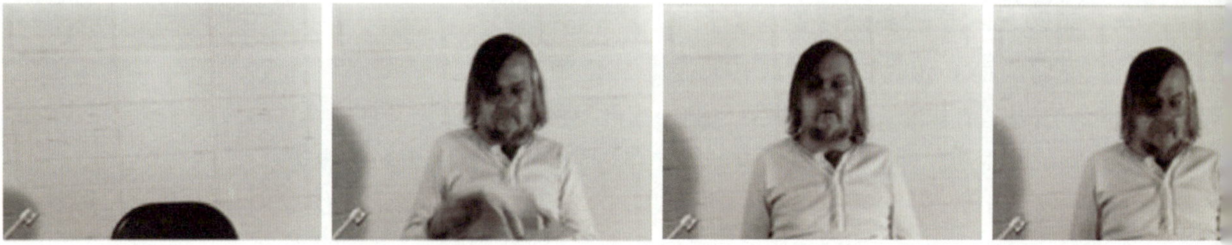

图 5-26
在 1971 年《我在创作艺术》中，约翰·巴尔代萨里以录像艺术的方式凸显他的观念和行为。

另一位美国艺术家霍华德·弗莱德也有着摄影、雕塑的专业背景，把胶片、行为和录像结合起来。他关注摄录机的角度、时间的序列和空间中的情绪迸发。他的很多作品都涉及冲突和解决冲突。比如在《角力》（Inside the Harlequin）系列中，他在工作室内使用多视角摄录机，用类似于游戏的结构来表现两个人的冲突和行为，并着重反映特定情景中的冲突双方（见图 5-27 和图 5-28）。

弗莱德也是录像艺术教育的先锋，把他的艺术理念通过创立录像艺术专业和教学进行传播。1970 年，他就在旧金山艺术学院（San Francisco Art Institute）开办了录像和表演艺术专业（Video and Performance Department），

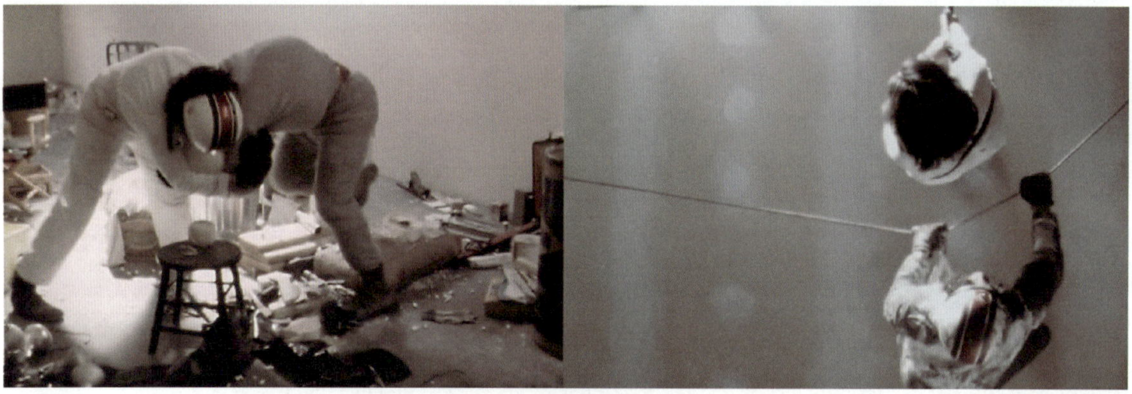

图 5-27
霍华德·弗莱德的多屏录像作品《角力》，1971 年。

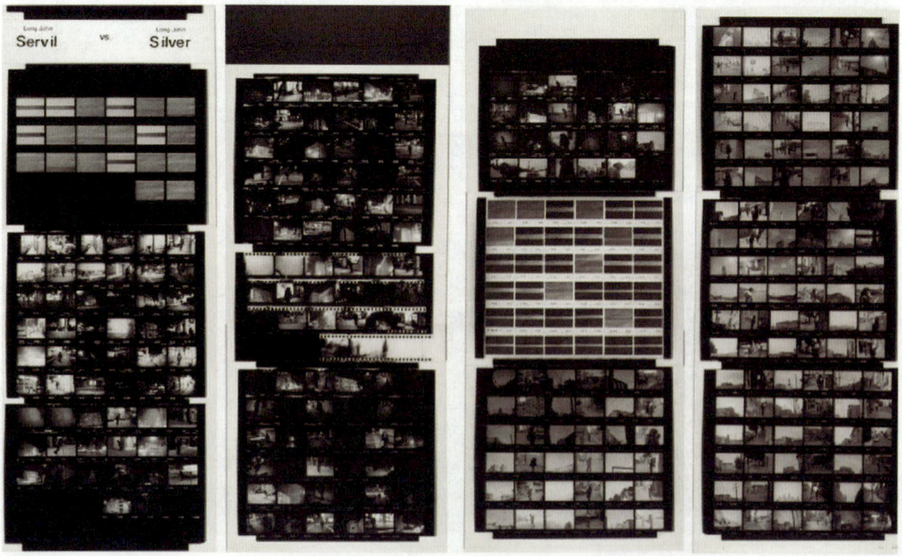

图 5-28
霍华德·弗莱德的《银约翰对银约翰》（Long John Silver vs. Long John Silver），1972 年。

这一专业如今更名为新类型艺术专业（New Genres Department）。

以加里·希尔为代表的艺术家还综合了录像艺术呈现的环境。加里·希尔在莱斯美术馆（Rice Gallery）的个展中把录像、声音、文字和光都结合起来，以作品《反射室》（Reflex Chamber）邀请观众探索新的视角和感知（见图 5-29）。

加里·希尔从 70 年代起开始在录像艺术作品中使用文字和语言，比如《电子语言学》（Electronic Linguistics，1977）等（见图 5-30）。加里·希尔这样的艺术家也把他们的经验传递给对录像艺术还不太了解的其他艺术家，因此成为先锋录像艺术家和第二批录像艺术家的桥梁。

到了 20 世纪 80 年代，录像艺术进入了新的阶段。一方面，录像艺术技术更为成熟，新一代成长起来的艺术家直接使用录像进行创作。另一方面，随着数字技术逐渐普及，录像艺术家中的先锋人物往往又转入计算机艺术领域。因此，一些艺术家不仅成为录像艺术的承接者，也成为录像艺术和数字艺术的连接者。

图 5-29

加里·希尔在美国莱斯美术馆的个展中以综合录像艺术邀请观众探索新的视角和感知。

图 5-30

加里·希尔在 20 世纪 70 年代创作的录像艺术作品《电子语言学》。

肯·范戈尔德（Ken Feingold）就是从录像艺术领域开始而后进入计算机艺术领域的代表。他的创作往往受哲学家维特根斯坦哲学和著作的影响，从80年代早期的《纯粹的人类的睡眠》（Purely Human Sleep，1980）、《遗忘的寓言》（Allegory of Oblivion，1981）等作品到近年来把自己的玩偶塑像与录像投影结合，他希望用录像艺术阐释拉康的心理分析理论。他的作品主题涉猎广泛，关注对语言和图像、个体和他者、真实和想象之间关系的探讨（见图5-31和图5-32）。

录像艺术在艺术家的手中，成为后现代社会中新的语言符号，用以表达艺术家对哲学、媒体和艺术之间关系的主张。录像艺术家们的多元背景也推进了录像艺术的多元主题探索。

二、录像艺术的多元主题

从20世纪70年代起，除了以批判电视为主题，一些其他领域的艺术家也开始尝试录像艺术，他们首先把录像艺术作为一种日记化的个人表述。譬如波普艺术的倡导者和领袖安迪·沃霍尔（Andy Warhol）在1970年就购买了一台索尼便携摄像机，开始拍摄《工厂日记》（Factory Diaries），拍摄了他在工作室的活动，长达上百个小时。

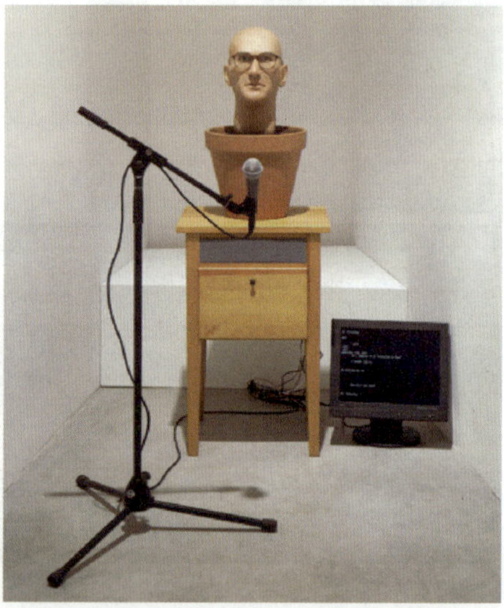

图 5-31
肯·范戈尔德的录像艺术作品《沉默感受》（Sinking Feeling），2001年。

图 5-32
肯·范戈尔德的录像艺术作品《宇宙中心的自我肖像》（Self Portrait as the Centre of the Universe），1998年至2001年。

课堂讨论

个人叙述的多元探索

著名的录像艺术家比尔·维奥拉（Bill Viola）在三十多年的艺术生涯中创作了150余个录像艺术装置作品。比尔·维奥拉认为录像是一种非常个人化的媒体，它拥有多层面的表达功能。并且，如同年轻的画家在画布上进行不同画法的尝试一样，比尔·维奥拉也充满激情地在录像上进行各种尝试。

比尔·维奥拉在1973年进行了各种录像带的创作尝试，作品《信号》（Informational）利用录像带常出现的一种错误信号进行图像序列组接，表现他对外界的控制能力。

由于受过音乐和音响的训练，他将声音和光的作用置于作品的核心地位。1975年的作品《为我的雀斑演奏灵魂乐》（Playing Soul Music to My Freckles），他背着扬声器在镜头前表演。1975年的《咖啡伴侣》（A Non-Dairy Creamer）表现他将自己的影像置于咖啡杯内，咖啡喝完后影像随之消失。自我和无我是东方神秘主义的核心概念，极大地影响了他的创作。

1986年作品《我不知道我究竟像是什么》（I Do Not Know What It Is I Am Like）展现了艺术家在猫头鹰眼中的影像变化。基于梵文对所有生命的理解，他将对自我的认知呈现在五个阶段的精神旅程中。

分组讨论

录像艺术的多元议题

从20世纪80年代到90年代，录像艺术已经突破了单向的日记记录或以电视反电视的面貌，成为艺术家们更为自由表达的媒介。在这一过程中，相关身份、性别、政治等多元社会文化议题越来越充分地在录像艺术中展开。我们可以尝试分组，对下列议题感兴趣的同学组成一组，在分组讨论中深化对录像艺术多元议题的认识。

小组A

录像艺术关注身份

艺术家们找到了录像艺术这一新的语言，对身份和自我进行探索。

智利艺术家胡安·唐尼（Juan Downey）是先锋录像艺术家，曾在纽约生活多年。他带着录像机从美国到南美再回到祖国智利，不仅记录旅程中的文化差异，更希望借助录像机寻找失去的自我身份。他在亚马逊丛林中与部落的人们一起生活，并把录像机交给部落的人。他也邀请这些土著人观看他们所拍摄的影像，并在回国后把这些影像组合成录像装置作品《火之环》（The Circle of Fires）。这些播放着土著人影像的电视录像机围成篝火的形状，这个艺术作品希望剥离人们对土著人的围观视角，进入他们的生活去理解文化的差异，而在这种深层理解他人的过程中更好地认识自我（见图5-33）。

女艺术家玛丽娜·阿布拉莫维奇（Marina Abramovic）在1997年威尼斯

双年展中展出作品《巴尔干·巴洛克》（Balkan Baroque）。借助三屏的录像装置，艺术家想把自我的过去、现在和未来连接起来。阿布拉莫维奇在这里关注的不是现实的真实，而是通过影像表现自我。一个屏幕上是阿布拉莫维奇发表演讲，其他两个屏幕上分别是艺术家的父母。当艺术家跳起舞蹈时，原来保持沉默的父亲举起了枪对准自己的头，而母亲则举起了双手。艺术家用一种大尺度的影像在场的方式来探索自我，这种探索是通过对自己的历史、家庭、身份的重新塑造来实现的（见图 5-34）。

图 5-33

1979 年，智利艺术家胡安·唐尼把他和土著人相互拍摄的影像组合成录像装置作品《火之环》，并围成篝火的形状，邀请观众深入了解部落中的人们。

图 5-34

阿布拉莫维奇的录像装置《巴尔干·巴洛克》于 1997 年展出。

小组B 关注社会政治议题

18世纪晚期法国批评家圣西蒙（Saint-Simon）曾警告艺术家们不要成为政治家的卫道士，20世纪60年代至70年代一批艺术家身体力行，用行为艺术、装置艺术等对这一警告做出了回应，毫不回避对社会中政治议题的关注和批判。录像艺术家们也具有这样的先锋性，录像艺术的多样性为探讨政治议题提供了新的平台，规模和视觉上的丰富性则为观众带来了新的体验。

英国录像艺术家乔治·巴伯（George Barber）不仅通过《退隐》（Withdrawal，1996）等作品关注身份问题，而且把目光聚焦在战争机器的议题上。在2013年的录像装置中，他使用一种机器化的声音回响在房间四壁，这种声音如同房间中视频的控制者。此外，在《轻盈悬垂》（The Freestone Drone）中艺术家还借助两个投影影像穿过悬挂的布料。巴伯试图用这个作品喻指战争是环绕在我们四周的机器，由某种隐形的遥控器控制，一触即发（见图5–35）。

艺术家兼音乐家劳丽·安德森（Laurie Anderson）在她的录像艺术装置中往往结合现代技术探讨社会议题。1996年，她在纽约古根海姆美术馆的展览中综合了会说话的鹦鹉、录像投影、电话、活动飞机模型，以及艺术家自己的影像。安德森的作品经常根据展览现场进行激浪艺术的情绪调动，这样的作品常常引发众多观众的参与和回应。在恐怖袭击“9·11”事件过去十多年后，很多艺术家仍然关注当时美国总统小布什的不当行为。安德森和艺术家穆罕默德·加拉尼（Mohammed el Gharani）合作在纽约派克大街的军工厂俱乐部内创作了《人权保护令》（Habeas Corpus），将批判矛头指向小布什和奥巴马总统，录像和灯光的结合运用烘托了政治权力的泛滥挤压公民权利空间的压抑气氛（见图5–36）。

图5–35

乔治·巴伯的《轻盈悬垂》，2013年展出于伦敦水畔现代美术馆。

图 5-36

艺术家劳丽·安德森和穆罕默德·加拉尼于 2014 年在纽约派克大街的军工厂俱乐部展出《人权保护令》，批判政治权力的滥用。

小组C 关注移民身份

比利时艺术家尚塔尔·阿克曼(Chantal Ackerman) 在《来自东方》(D'Est，1993) 中将 24个监视器平均分成 8 组，展示她在东欧旅行期间拍摄的录像。阿克曼的旅途从民主德国，经过波兰和波罗的海诸国，穿越俄罗斯直到莫斯科。阿克曼的录像表现了苏联解体后受苏联影响颇深的国家和地域的日常生活。这里是艺术家父母和祖父母的出生地。阿克曼拍摄海滩、公园，从汽车车窗拍摄人们步行上班、等公交车等场景。在 110 分钟的录像中，艺术家通过寻找家族的故居历程展现移民后代的视角 (见图 5-37)。

波兰裔艺术家克尔基斯多夫·沃蒂兹科 (Krzystof Wodiczko) 用各种方式和视角记录并探索普通移民的生活，这些移民往往是从事清洁工作等的蓝领，或是退休人员。在作品《异族科学：移民工具》(Xenology: Immigrant Instrument，1992) 中，艺术家将不同国家移民的采访综合在一起，有时以一个移民为线索，把他在新的国家中搭乘地铁、骑车、排队领救济物品，或站在公共建筑物前的影像碎片并置在一起 (见图 5-38)。

土耳其艺术家苏可然·阿兹 (Sukran Aziz) 在她的装置作品《回忆录》(Reminiscences，

1998）将在伊斯坦布尔、纽约、巴黎等城市的采访录像投影于墙上，另外还在墙上悬挂了上百个小话筒，这些话筒被隐藏起来，访谈的内容涉及移民的回忆，以及身份的错位（见图 5-39）。

图 5-37

尚塔尔·阿克曼的录像艺术作品《来自东方》，1993 年。

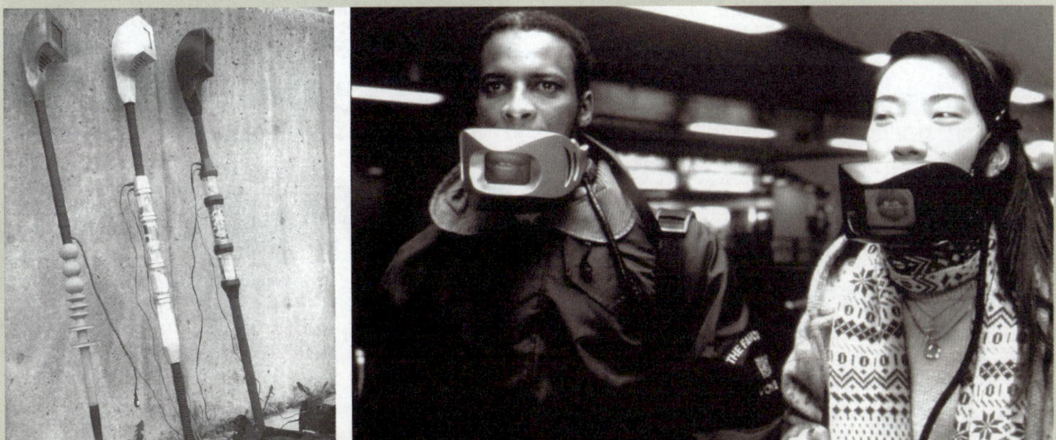

图 5-38

克尔基斯多夫·沃蒂兹科以各种录像设备和视角采访普通移民，并记录他们的生活。

图 5-39
土耳其艺术家苏可然・阿兹的录像艺术作品《回忆录》，1998 年。

分组讨论总结　录像艺术多元议题的融合

伊朗女艺术家希林・奈萨特（Shirin Neshat）17 岁时移民到美国，在加利福尼亚大学伯克利分校就读。1986 年，她和几位旅游者回到伊朗，发现这个国家由于伊斯兰革命发生了改变。由于她定居于美国纽约，她更准确的称呼应该是美籍伊朗人。20 世纪 90 年代，她几次回到伊朗创作的作品却并不受祖国的欢迎。尽管人们称奈萨特为伊朗女艺术家，她也以这种身份参加各种国际大展并屡屡获奖，但是她的移民身份又使她到底能不能代表伊朗女性成为问题。

然而这种复杂的移民身份并不能阻止奈萨特持续关注伊朗的社会问题，尤其是男女不平等问题。1998 年的作品《骚乱》（Turbulent）用两个大型的录像投影呈现男女所面对的不同境遇：一面呈现的是男演员在为热情的男观众演唱，另一面则是女演员身穿民族服装，背对摄像机，对着空无一人的观众席演唱。

奈萨特的作品呈现了录像艺术主题的多元性和融合性，既包含自我身份的探寻，也包含移民身份的议题，同时也是女性主义和当代伊斯兰文化的一种视觉表述。录像艺术能将虚构与现实混在一起，从而告诉人们现实生活远比我们想象的要更为复杂（见图 5-40）。

图 5-40
奈萨特 1988 年的录像艺术作品《骚乱》在批判男女不平等议题中，融合了女性视角和移民身份的探索。

在早期的录像艺术作品中，有像白南准那样将摄影机和电视机相连，通过信号干扰来探讨画面的图像生成；有以莱斯·莱文为主的艺术家们利用和强调摄影机的记录功能而让现场性和行为成为影像的主要内容；还有纪录片形态的录像艺术与公共电视台的合作。摄影机易于操作和携带的便利与录像作品对观看不设硬性要求的特点是相辅相成的。而随着之后数十年的技术更迭，录像艺术早已不再局限于摄影机的镜头，电子成像、互动装置、开放的网络都在对其外延进行扩展。不过，录像艺术作为一种表达，始终体现了艺术家们对社会议题的关切和批判性。

思考题

1. 结合本书的内容和范例，说明白南准为何被称为“录像艺术之父”，他如何在媒体实验和艺术观念层面开辟了录像艺术这种新的艺术形态。
2. 2005 年，世界上最大的视频网站 YouTube 创立，提供了让用户下载、观看及分享影片或短片的平台。在某种程度上，白南准的预言和想象实现了。由此你如何理解录像艺术的先锋性？
3. 我们前面介绍过的布鲁斯·瑙曼是从绘画和雕塑转入录像艺术的，理查德·塞拉在录像艺术创作之外更是著名的雕塑家和极简主义艺术大师。你如何理解录像艺术家的多元艺术背景？
4. 录像艺术已成为艺术家们更为自由表达的媒介。在这一过程中，相关身份、性别、政治等多元社会文化议题越来越充分地在录像艺术中展开。你在分组讨论中对哪个议题更感兴趣，有什么收获可以分享？

第六章

INDUSTRIAL LIGHT & MAGIC
THE ART OF INNOVATION
PAMELA GLINTENKAMP
Foreword by JON FAVREAU
Preface by GORE VERBINSKI

计算机艺术

我们探索计算机的内部，它如同一面镜子映照我们自身。我认为我们将借以计算机探索我们的内心世界。

——德克·佩斯曼（Dirk Paesman）

第一节　计算机艺术概述

1983 年 1 月，美国著名的《时代》杂志评选了 1982 年度令世人瞩目的“年度人物”。这本杂志将“电脑”评选为年度人物。在杂志封面上，人的塑像坐在电脑面前，他们好像相互注视着；在杂志封底上，在窗边，人的塑像更为惬意地坐在一个小电脑旁。这好像预言着“视窗”使人与电脑的关系更为亲密（见图 6–1）。这期杂志由此揭示了一个“个人电脑”时代的来临，计算机的普及也使它们进入更多艺术家的视野，成为新的艺术媒体 。

从 20 世纪 80 年代开始，计算机进入了高速普及化发展时期。而“电脑”这一称谓体现出计算机更为人性化的发展趋势。计算机成为一种新的媒介和工具，渗入现代艺术创作的各个领域：摄影、电影、动画、互动艺术、网络、合成音乐等等。可以说，从个人电脑开始，计算机艺术进入全面发展时期。

然而和很多艺术材料一样，计算机并非天然的艺术媒介，需要艺术家的视角和手段的介入。和很多艺术材料不一样的是，早期的计算机是一种昂贵的设备，乃至代表了一种特权。最早用于军事竞赛的计算机作为一种参与备战的前沿科技设备只存在于实验室中，为少数专家所掌握。美国艺术家本·莱波斯基（Ben Laposky）就是贝尔实验室的数学专家。1952 年，他创作了《电子抽象》（Electronic Abstraction）系列，这被评论界视作计算机艺术的起点（见图 6–2）。

图 6-1

《时代》杂志将“电脑”评选为年度人物。

本章将首先追溯先锋计算机艺术，它是计算机还没有进入个人电脑时代的艺术成果。先锋计算机艺术家们往往兼具科学家的身份，或与工程师等技术人员合作，对实验室中的高昂设备进行改装和开发，变成艺术表达的新工具。在计算机绘画的创作中，艺术家们也提供了计算机的软硬件开放的方向，为个人电脑时代的到来做出了他们的贡献。

先锋计算机艺术以电子抽象的风格为主，虽然这些早期的电子抽象作品往往被视作计算机发展低级阶段的产物，但实际上这一时期的作品值得认真审视。首先，如果意识到当时这些创作者所处的特殊时代背景，我们就会发现，早期将计算机视为艺术媒体进行创作只是少数人之间的密语，并不为大

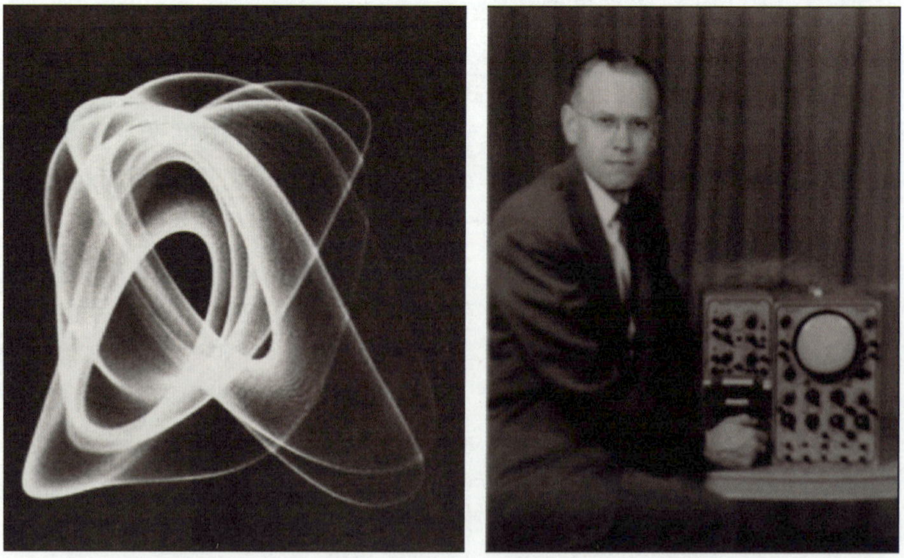

图 6-2

莱波斯基创作的《电子抽象》系列是计算机艺术的起点。

众所知，甚至都没能进入美术馆或策展人的视野中。因此，早期实验室中的计算机艺术往往充分展现了媒介的实验性，探索出很多计算机艺术的特性并开启了多种可能性。

本章将介绍在计算机能够处理声音的 20 世纪 80 年代之前，一群活跃于 50 年代至 70 年代的计算机艺术先锋艺术家及其作品，他们因为有着各自的特色而展开了丰富的对话。譬如，虽然都是以抽象形态作为视觉识别特征的作品，一些人在主题探索的时候自觉地提出了“电子抽象”这一概念（如诺尔和莱波斯基），一些人则以抽象作为一种空间坐标间关系的探寻方式（如纳克）。一些人结合摄影的方式，把显示屏抓取的瞬间影像作为抽象的依据（如莱波斯基），一些人则更重视程序的生成能力和图形创造的偶发性（如惠特尼）。

进入 80 年代之后，随着计算机的普及和声音等功能的合成，计算机越来越成为一种数字化的平台，可以整合文本、图像、动态影像、声音等。因此，计算机动画和生成艺术成为这一时期的热点。尤其是计算机动画的发展与电影领域的结合推动了如皮克斯等数字媒体公司的成立和发展。商业上的成功也激发了很多艺术层面的探索。

计算机作为艺术工具的基础是高速运算，也通过最基本的数字化过程整合了多种媒体信息。同时，计算机的发展也让我们看到，从静态的绘画到数字动画乃至综合的艺术表达，计算机提供了新的视角，让艺术家和普通受众革新认知、表现和再现世界的方式。

因此，在本章中我们会看到传统摄影数字化的进程，深入理解这种进程中艺术观念和创作形式的改变。我们还将通过学习和讨论了解到计算机绘画的先锋实验为何最初以抽象画为主，艺术家与程序师的合作怎样促进了艺术与技术的融合，以及女性计算机艺术家的独特贡献。

第二节　计算机绘画

和我们现在看到的电脑处理图形图像的强大功能不同，早期的计算机不仅体积庞大、价格昂贵，而且并非专门针对图像处理而研发的。幸而，一些兼具科学家身份的创作者借助实验室等专业机构的支持，尝试应用、开发计算机的图像处理和绘制能力，由此开拓出独特的电子抽象风格。

一、早期计算机绘画先锋

最早把计算机作为一种艺术媒介进行实验的人主要分为两种：一种是兼具科学家身份的艺术家，一种是科学家、工程师的朋友。而事实上不管是上述哪一种，早期的计算机艺术实践者都有较高的科学和技术素养。这使得早期的计算机绘画具有一种特别的质感，即这些作品都以抽象的形式呈现了空间坐标的运动变化。

主动提出“电子抽象”概念的莱波斯基兼具数学家、艺术家和工程师的身份及能力。在计算机还没有专门针对绘画／动画开发软硬件的时代，他最先借助计算机创作了抽象图像。莱波斯基将这一系列关于光波的偏移运动成像称为“电子抽象”。

莱波斯基创作的过程并不简单，而且这个早期的计算机绘画其实也可以看作是一系列“摄影”作品。莱波斯基其实是贝尔实验室的专家，在那里他更重要的身份是数学家，但是他同时具有艺术家和工程师的特质，在还没有专门的绘制硬件和软件的时代，他自行组装了真空管电脑，借助磁场偏转电子光束，打在示波器的荧光屏上，再用高速感光底片抓取电子光束描绘出的抽象图案。

莱波斯基将这一系列作品称为《电子抽象》。电子抽象其实非常准确地概括了早期计算机绘画的特点，因为那时的计算机设备和相关器材只能呈现单色和计量性的图形关系。因此，与当时的摄影和架上绘画所呈现的影像都不相同，计算机绘画在这一时期开拓出独特的电子抽象风格。

这一时期计算机艺术最为显著的特征即是艺术家们使用自己发明的计算机设备进行创作，也正是因为计算机艺术的表达需求，计算机在人性化和易用性方面得到了进一步的发展。

1965 年，有三位艺术家各自在德国和纽约的画廊、展览馆举办了计算机艺术展览。他们分别是德国的乔治・尼斯（Georg Nees）、弗雷德・纳克（Frieder Nake）和美国的迈克尔・诺尔（Michael Noll）。这三位计算机艺术先驱基本上兼具科学家的身份，他们贡献了很多计算机抽象绘画作品，同时也在计算机艺术的理论和批评工作上颇有建树。

【知识点】 贝尔实验室

贝尔实验室（Bell Labs）汇集了众多计算机艺术先锋，他们往往兼具科学家的身份，或是艺术家在这里和程序师、技术人员合作创作。因此我们有必要了解一下这个重要的科学、艺术多学科的研发中心。

1925 年 1 月 1 日，当时的美国电话电报公司（AT&T）总裁华特・基佛德（Walter Gifford）收购了西方电子公司的研究部门，成立了一个叫作“贝尔电话实验室公司”的独立实体，后改称“贝尔实验室”。最初贝尔实验室是主要从事包括电话交换机、电话电缆、半导体等电信相关技术的研究开发机构。贝尔实验室的工作可以大致分为三个类别：基础研究、系统工程和应用开发。开发部门是贝尔实验室的最大部门，负责设计构成贝尔系统电信网络的设备和软件。自 1925 年以来，贝尔实验室共获得两万五千多项专利，现在，平均每个工作日获得至少三项专利。贝尔实验室的使命是为客户创造、生产和提供富有创新性的技术（见表 6-1）。

1997 年 5 月，贝尔实验室正式进入中国，分别在北京和上海成立了开发实验室，着眼于多媒体、通信、数字信号处理以及通信软件领域的科研工作，并与上海交通大学、北京大学、浙江大学等高校和中科院、信息产业部研究院等科研机构紧密合作，在应用开发领域取得了诸多成绩。

表 6-1 贝尔实验室每个年代的重要发明

年代	贝尔实验室的研究发明
1920	控制表（奠定了统计过程控制基础） 同声电影 电视图像传输
1930	高保真的立体声录音 语音合成器 发现电子衍射（1937 年获诺贝尔物理学奖）
1940	晶体管 香农的信息论 计算器与计算机
1950	太阳能电池 越洋电缆 电子音乐播放程序 计算机网络设计的革命性算法（Greedy Algorithm） 第一次描述激光
1960	金属氧化物半导体场效应晶体管（大规模集成电路的基础） 二氧化碳激光 UNIX 操作系统 CCD（2009 年获诺贝尔物理学奖）
1970	C 语言 第一个 32 位单片微处理器
1980	分数量子霍尔效应（1998 年获诺贝尔物理学奖） C++ 语言 激光冷却技术
1990	WLAN56K 调制解调器最小实用晶体管（60 纳米）光路由器
2000 年后	DNA 机器 第一个电能有机激光装置

乔治·尼斯师从信息美学（Information Aesthetics）的创始者马克斯·本斯（Max Bense），以计算机生成图像的博士研究背景进行计算机艺术理论研究和创作（见图 6-3），并成为德国埃朗根（Erlangen）大学的教授，进一步培养新生代的数字艺术家和研究者。

图 6-3
尼斯的计算机抽象绘图，1967 年。

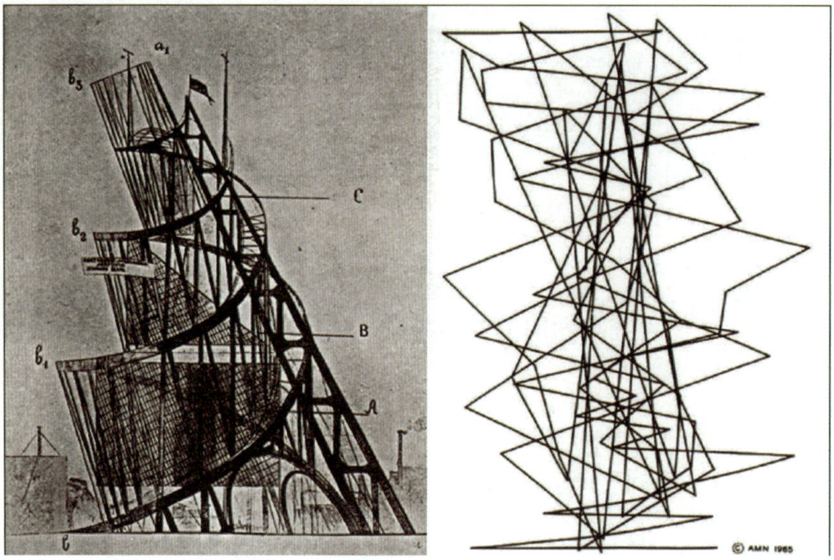

图 6-4

塔特林的纪念碑与诺尔的“数字巴别塔”都展现了新时代来临时艺术家的激情与雄心。

美国的迈克尔·诺尔也在贝尔实验室工作，主要负责电话传输质量的研究。诺尔在贝尔实验室中完成科学研究之余，还创作了抽象的电脑绘画作品，例如《高斯曲面》(Gaussian Quadratic) 系列作品。并且，他指出早期计算机艺术中存在的问题：“计算机只是被用来模拟传统艺术作品的效果，而不是追求一种新的艺术语言所应传达的独特性和生命力。”[1] 他指出的问题为探索计算机艺术的独特性开辟了新的思路。

因此，他怀着如同弗拉基米尔·塔特林 (Vladimin Tatlin) 一样的雄心建立构成主义式的纪念碑。塔特林《第三国际纪念碑》没有在现实世界中真的成为物质实体，而诺尔的“数字巴别塔”则从一开始就致力于建构在虚拟世界中 (见图 6-4)。我们从他作品的名称中就可以看出“量子的方程式”，这个虚拟世界中展示雄心的高塔是借由数字语言建构的，一座静态的塔其实是由数字规定的图形动态生长形成的。这甚至可以看作意图为数字艺术独立性揭幕的开场动画。

与诺尔的激进态度不尽相同，德国的弗雷德·纳克从 20 世纪 70 年代定居德国的不来梅开始便研究计算机交互影像、数字媒体和计算机艺术。他的理论基于如何在美学和数字信息学科间搭建桥梁，撰写了这一跨界研究的开山之作《信息美学》(*Ästhetik als Informationsverarbeitung*，1974)。纳克当然并不反对诺尔所提出的计算机艺术要追求独特性，但同时意识到当时计算机并不可能真的模拟出传统艺术作品的效果。因为，即便想模仿，那时的计算机处理图像的能力也达不到传统艺术作品业已达到的效果。

但反过来看，纳克认为探讨数字艺术与传统艺术的关系是使数字媒介获得关注并由此开辟独特性的契机。以纳克为代表的一批理论家兼艺术家认

① Noll A M. The digital computer as a creative medium. IEEE Spectrum, 1967, 4 (10)：89.

为，计算机作为一种新的媒介的发展必须吸引传统艺术家的加盟。并且，数字艺术的实践也应该关注与传统艺术的对话。

延伸阅读 数字再抽象——纳克的计算机绘画

纳克在计算机抽象绘画创作中往往从抽象绘画大师的作品中汲取灵感，譬如他深入研究保罗·克利的绘画作品。但纳克以电子方式对克利的探索绝不是一种简单的复制。可以说，纳克在实践另一种“电子抽象”——对业已存在的抽象作品的再抽象，并且这种再抽象是借由数字方式完成的。

首先，针对克利的作品，纳克再抽象的第一层是色彩的抽除，或许是受限于当时计算机的色彩处理能力，或许是纳克想要抽象得更为彻底，克利的色彩作品变成了黑白线条和记号。

其次，纳克也抹去了克利作品的笔触，这让整个作品更像一个机器在执行一种操作任务。这比抽除色彩本身更鲜明地凸显了数字抽象的独特风格。进而，对克利的致敬和探索把纳克引向了他更具有个人风格的数字动画，他把他的创作定义为一种数字世界中的位移、行走，即在《向保罗·克利致敬》（见图 6–5）后的系列作品《在光栅中行走》（见图 6–6）。

纳克把计算机视作一种可以搭建空间的新工具。由此，他才能提出在“光栅”中行走的理念。“光栅”的英文词是 raster，其源于拉丁文耙子（rake）类型的工具。这种器型的工具后来催生了绘制五线谱的工具。这意味着把显示器一行一行快速扫描形成视像的方式本身就看成一种新的绘制方式。纳克把这种存储、扫描和呈现的方式看成是一种空间的建构，使早期的“数字抽象”富有了真正的独立性，因为这是一个新的空间的位移体验。

图 6–5

纳克的《向保罗·克利致敬》，1965 年。

图 6-6

纳克的《在光栅中行走》是数字空间的位移，也可以视作数字抽象动画的呈现。

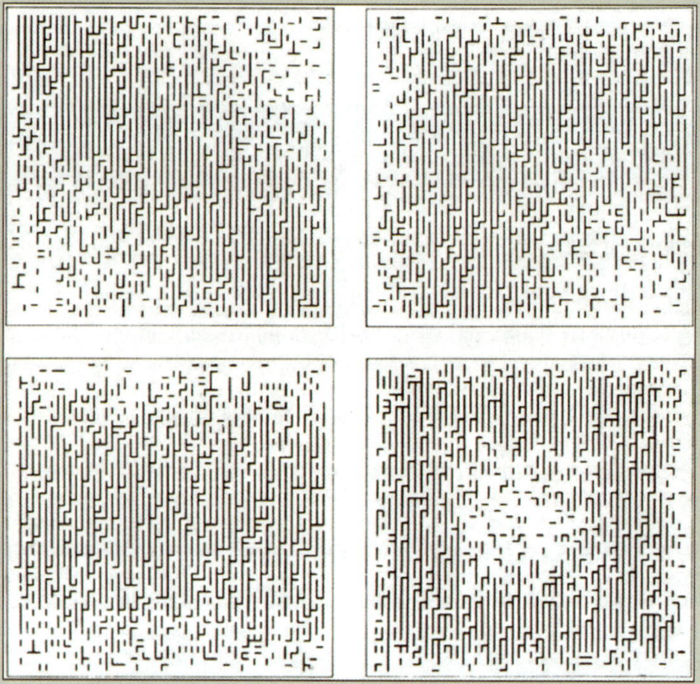

二、艺术家与程序师合作

> 我期待来自艺术家和程序师合作的艺术。这并不一定需要程序师的艺术创作，而是从他们那里汲取智慧，从他们的灵活程序操作中获得启发。这使得艺术家和程序师的合作能够在实践层面发展出有意义的、相互理解的对工具方法的有效开发。

这段话出自女艺术家莉莉安·施瓦兹，在与电影人斯丹·万德比克（Stan Vanderbeek）、程序师肯·诺尔顿（Ken Knowlton）等人的合作中，施瓦兹将自身的艺术经验带入贝尔实验室，展开了计算机图像的创作和研究。艺术家和程序师的合作进一步促进了数字影像的发展，使计算机的图像生成更为多样化。

早期电脑与相关器材体积庞大、操作困难、造价昂贵，是政府机构、大型企业和研究机构的专属品。因此，早期的计算机艺术家往往与莱波斯基一样，本身就兼具科学家的身份，在大型研究机构工作。这也使得艺术与技术如何结合成为一个新的议题。一方面，一些机构和展览以艺术与技术为议题展开探索。另一方面，除了兼具科学家身份的艺术家进行研发和创作之外，越来越多的艺术家和科学家、程序师及技术人员合作，共同创作作品。

比如 1967 年，波普艺术代表人物罗伯特·劳森伯格（Robert Rauschenberg）和贝尔实验室工程师比利·克鲁弗（Billy Klüver）等人创立了艺术与科技实验中心（Experiments in Art and Technology，E.A.T.），这个非营利性组织鼓励

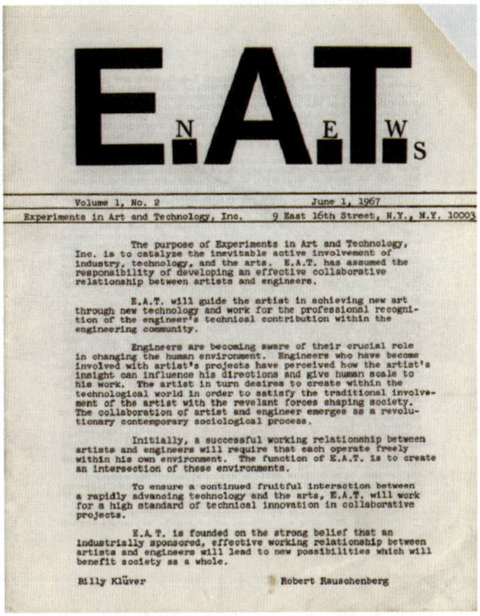

E.A.T. NEWS

Volume 1, No. 2 June 1, 1967

Experiments in Art and Technology, Inc. 9 East 16th Street, N.Y., N.Y. 10003

The purpose of Experiments in Art and Technology, Inc. is to catalyze the inevitable active involvement of industry, technology, and the arts. E.A.T. has assumed the responsibility of developing an effective collaborative relationship between artists and engineers.

E.A.T. will guide the artist in achieving new art through new technology and work for the professional recognition of the engineer's technical contribution within the engineering community.

Engineers are becoming aware of their crucial role in changing the human environment. Engineers who have become involved with artist's projects have perceived how the artist's insight can influence his directions and give human scale to his work. The artist in turn desires to create within the technological world in order to satisfy the traditional involvement of the artist with the revelant forces shaping society. The collaboration of artist and engineer emerges as a revolutionary contemporary sociological process.

Initially, a successful working relationship between artists and engineers will require that each operate freely within his own environment. The function of E.A.T. is to create an intersection of these environments.

To ensure a continued fruitful interaction between a rapidly advancing technology and the arts, E.A.T. will work for a high standard of technical innovation in collaborative projects.

E.A.T. is founded on the strong belief that an industrially sponsored, effective working relationship between artists and engineers will lead to new possibilities which will benefit society as a whole.

Billy Klüver Robert Rauschenberg

图 6–7

非营利性机构艺术与科技实验中心(E.A.T.)的简报。

艺术家和程序师、工程师合作交流（见图 6–7）。E.A.T 吸引了包括安迪·沃霍尔、罗伯特·怀特曼、约翰·凯奇等知名艺术家的参与。

1968 年，主题为“软件”（software）的展览在美国纽约的犹太博物馆（Jewish Museum）举办。该展览提出了这样一种观念，即电脑软件是观念艺术的一种标志。这个展览为新的时代作出了预言。1969 年，美国洛杉矶艺术馆（Los Angeles County Museum of Art，LACMA) 展览“艺术和技术”，介绍了现代艺术家诸如罗伯特·埃罗温（Robert Irwin）、理查德·塞拉（Richard Serra）等。

延伸阅读 劳森伯格基金会

以艺术家劳森伯格命名的基金会长期支持艺术家的实验项目，可以在劳森伯格基金会网站（www.rauschenbergfoundation.org）上了解到很多相关出版物和艺术家及其研究项目（见图 6–8）。

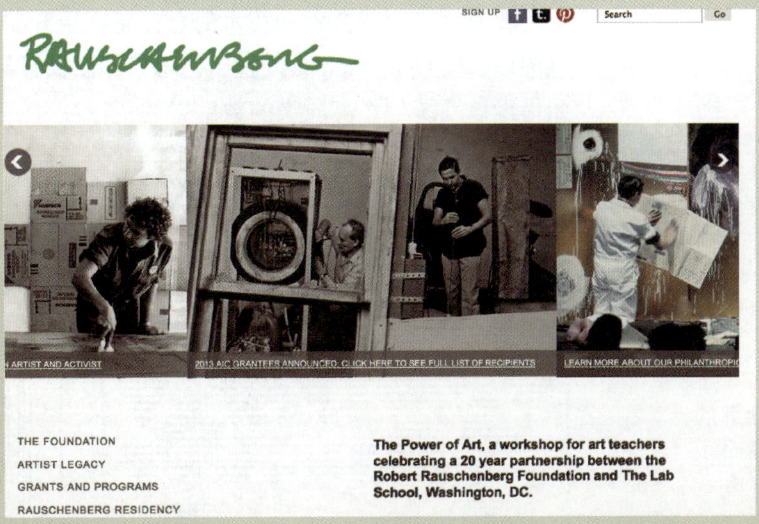

图 6–8

劳森伯格基金会网站主页。

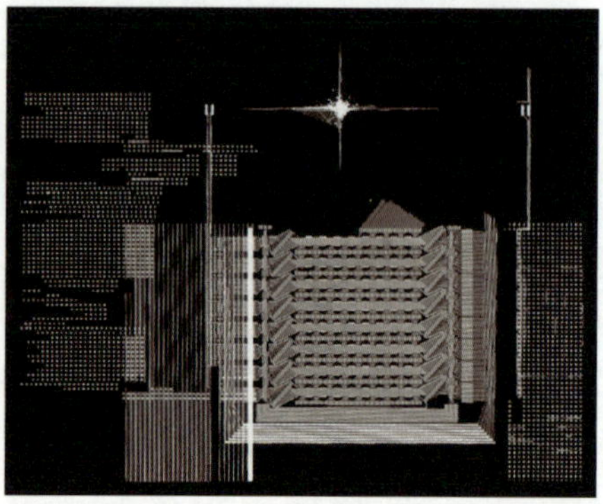

图 6-9

施瓦兹与程序师和电影人合作创作作品。

女艺术家们的创作也为计算机艺术的发展注入了新的活力。除了前面提到的女艺术家施瓦兹创作的图像序列（见图 6-9），美国女艺术家纳什和维瑞·莫勒娜（Vera Molnar）也非常活跃，为计算机艺术领域贡献了她们的艺术思想和作品（见图 6-10 和图 6-11）。1970 年，纳什运用计算机程序设计了软件 ART 1，更为重要的是，她提出了艺术家借助计算机创作的途径，这成为其后计算机艺术创作的重要思路：艺术家可以成为编程者和软件工程师；艺术家可以和软件工程师合作或使用现成的软件进行创作。

纳什的见解为计算机艺术创作指出了新的方向，而莫勒娜则发挥了计算机的特性，以极简主义的手法探索单元图形的重复和变化。

此外，艺术家也在探索手绘与计算机绘画的结合。20 世纪 70 年代中期，画家霍华德·科汉（Harold Cohen）发明一种颇为复杂的程序 AARON，该程序能够生成有色彩的绘图（见图 6-12）。如此一来，不仅计算机绘画在色彩上有了飞跃，而且在表现题材上不再局限于抽象画。这种现象表明，计算机已经不再成为艺术创作的标签，计算机逐渐成为艺术家可以熟练运用的手段，而这种手段可以和其他手段结合，发挥出多种媒体融合的优势。

艺术家们的创作和合作推进了人们对计算机参与艺术创作的认知。一场更为普遍意义上的艺术和技术的合作正在展开。1970 年，第一个高分辨率彩色图形系统 Genigraphics 问世，艺术家即便没有与之合作的程序师，也可以开始借助该系统创作高质量的数字影像；1971 年，IBM 发布了软盘驱动器和软

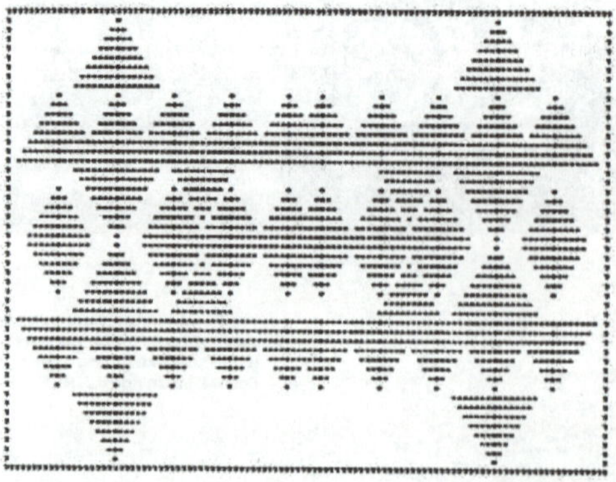
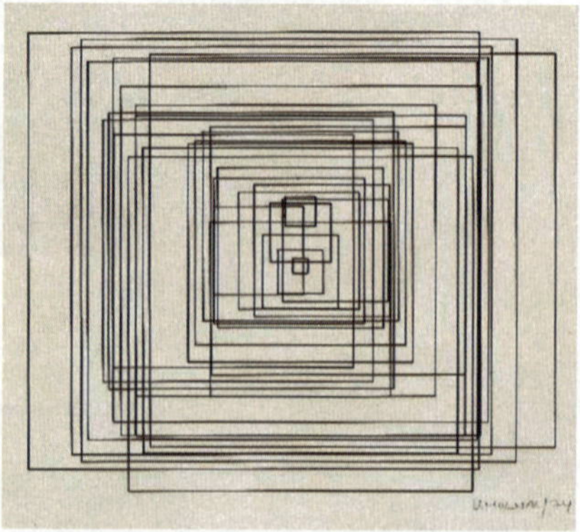

图 6-10（左）

女艺术家纳什的数字绘画作品《极坐标》(Polar Coordinates)，1971 年展出于伦敦维多利亚和阿尔伯特博物馆（Victoria and Albert Museum）。

图 6-11（右）

莫勒娜的计算机绘图作品《超变体》(Hyper Transformations)，1975 年至 1976 年。

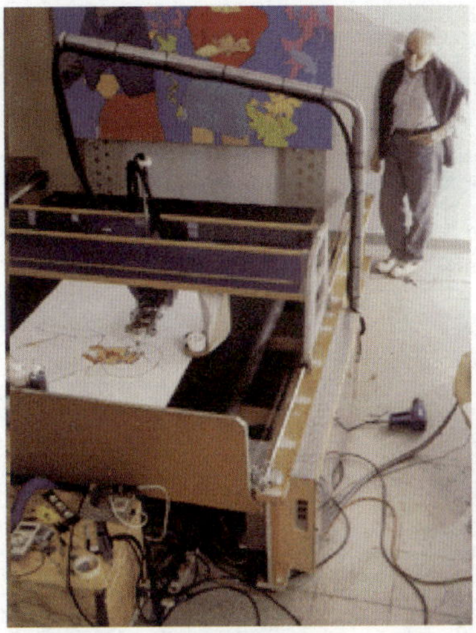

图 6-12（左）
画家科汉借助计算机绘图设备和软件创作彩色图像。

图 6-13（右）
苹果二代电脑的彩色图像功能易于被艺术家使用。

盘，拉开了数字存储革命的序幕，艺术家在电脑上绘制的数字作品可以便携式存储。

更重要的是 1976 年，史蒂夫 · 沃兹尼亚克和史蒂夫 · 乔布斯等创立了苹果电脑公司，并于 1977 年推出苹果二代电脑，它的彩色图像功能易于被艺术家使用（见图 6–13）。计算机终于有机会突破诸多技术瓶颈，吸引了之前对其望而生畏的艺术家们，这一切也都为个人电脑时代和数字绘画真正普及奠定了基础。

三、个人电脑与数字绘画艺术

20 世纪 80 年代是计算机高速普及化发展的时期，市场的开发和机构的支持力度都大幅度增长，IBM 和苹果公司都推出了个人电脑，形成市场竞争。个人电脑的普及降低了计算机艺术创作的成本，个人电脑的图形化界面和易于操作的软件使更多艺术家对“电脑”这一新生事物不再望而却步。

在苹果电脑之后，IBM 推出了新的个人电脑并迅速占领市场，普遍认为 IBM 创立了个人电脑的标准技术水平（见图 6–14）。而在亲切性和人性化方面，苹果系统占优。1984 年，史蒂夫 · 乔布斯发布了苹果 Macintosh 系统，苏恩 · 卡尔（Susan Kare）设计了包括屏幕显示图形和字体在内的用户界面（见图 6–15）。史蒂夫 · 沃兹尼亚克则发挥了他在工程学方面的天赋完善了苹果亲切友好的用户风格，超越了 DOS 系统。 因此，尽管苹果电脑的价格市场同比略高，但仍然吸引了众多艺术家和设计师的目光，成为他们艺术创作的电脑首选。

IBM 也在图形软件方面做出新的贡献。1985 年 IBM 开发的软件 Paintbrush，大大方便了艺术家应用个人电脑使用软件进行艺术创作。这个绘图软件看起来并不陌生，我们现在常用的 Photoshop 等绘图软件的格局其实与其很相似。因为就是在这一时期，Adobe 公司建立并致力于页面描述语言。Adobe 公司于 1982 年由约翰 · 沃诺克（John Warnock ）和 查尔斯 · 杰森科

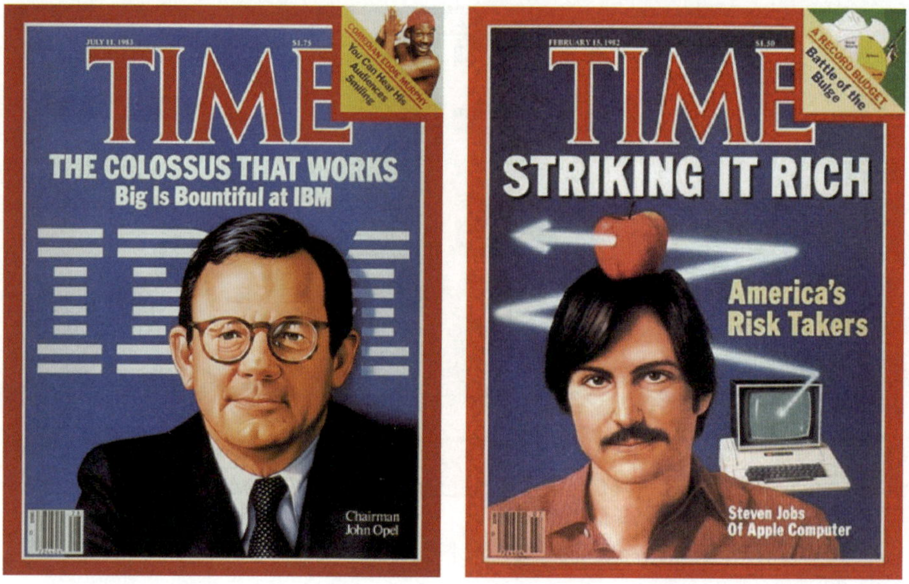

图 6-14

《时代》杂志在 20 世纪 80 年代分别以 IBM（左图）和苹果公司（右图）的创始人作为封面人物。

（Charles Geschke）创立，他们原来在施乐（Xerox PARC）工作，施乐是用户界面研发的先驱，而 Adobe 公司则成为其后图形软件的领军者。

由此可见，个人电脑的市场竞争带动了软件包括图形图像软件的研发应用。这使艺术家借助计算机进行创作的成本降低了，易用性提高了。20 世纪 60 年代至 70 年代主要由艺术家自身开发绘图设备和软件，而从 80 年代开始，电脑公司和软件公司则成为计算机艺术软件开发的主体。在个人电脑和软件逐步普及的过程中，计算机艺术呈现出明显的变化，并向着多领域全面发展。在 80 年代，计算机图形图像的创作从早期的以黑白抽象形态为主转向以处理彩色图形图像为主，同时涉及的内容更为具象，主题也更为丰富。计算机艺术不再单纯满足于绘图，而更多地与摄影、数字摄影相结合。总的来说，复制、拼贴成为计算机图像创作的特征。在这种特征下的创作，使得艺术家借助新的数字工具对传统经典作品做出了重新理解。

个人电脑的发展加强了计算机对摄影的影响，照片通过扫描仪在计算机

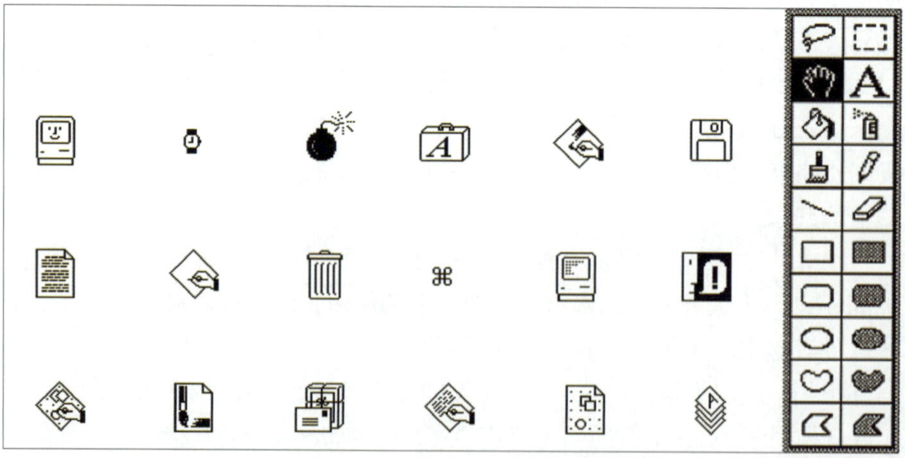

图 6-15

苹果电脑人性化的图形操作系统。

中成为数字语言。从80年代开始，艺术家们不再仅对计算机抽象绘画感兴趣，更多地将计算机的特技视为一种游戏的手段，很多人将目标瞄准达·芬奇和他的作品《蒙娜丽莎》，用计算机为它改头换面。这可以说是80年代众多数字图像创作中最为引人注目的主题，它甚至成为计算机艺术创作的一个标志。这个主题以两幅作品最具代表性，分别是让-皮埃尔·伊瓦拉尔创作的《合成蒙娜丽莎》和施瓦兹创作的《蒙娜丽莎/达·芬奇》。

1982年，法国艺术家让-皮埃尔·伊瓦拉尔创作了一幅以蒙娜丽莎为主题的作品，他从早期视觉研究转向把科学研究作为一种艺术创造的原型，《合成蒙娜丽莎》就表达了这样的观点。作品由黑色、白色和蓝色圆形单元构成蒙娜丽莎的肖像（见图6-16）。这样，经典的画像被打碎为可度量的抽象图形，它似乎在解释电脑图像由像素构成和计算的原理。在电子媒体的介入下，具象和抽象不再对立，而展现出另一种神秘感。

美国艺术家施瓦兹不仅创作了计算机抽象绘画，其后的代表作品即是将蒙娜丽莎及其创作者达·芬奇的肖像合二为一的数字肖像。1987年，施瓦兹创作了《蒙娜丽莎/达·芬奇》，借助新的数字工具，施瓦兹将蒙娜丽莎面庞的左半边和达·芬奇自画像的右半边结合。因为她在数字拼贴的尝试中发现，达·芬奇的自画像和蒙娜丽莎的画像中鼻子的轮廓贴合得非常完美，同时下眼睑、眼眉、下巴的轮廓线也惊人一致。施瓦兹还把达芬奇自画像中的铅笔色调运用于蒙娜丽莎肖像，以突出二者内在气质的相似性，而这些工作都是为了表明蒙娜丽莎其实正是达芬奇的自身写照（见图6-17）。

人们或许会质疑这种拼合经典画作是否一定要借助电脑来完成。而施瓦兹却认为计算机的参与一方面缩短了创作的时间，另一方面更为重要的是，计算机的复制功能能够更准确地证明达·芬奇自画像和蒙娜丽莎肖像惊

图6-16
法国艺术家让-皮埃尔·伊瓦拉尔创作的《合成蒙娜丽莎》，1982年。

图 6-17

施瓦兹的作品《蒙娜丽莎 / 达・芬奇》，1987 年。

人的相似性，而这正是施瓦兹想要通过计算机的介入来重新审视艺术经典的用意。

因此，对于施瓦兹来说，计算机正如同画家手中的画笔一样，是一种新的创作工具，而这种创作工具具有一种特殊的能力，即是借着数字复制的功能将其他艺术家的作品作为素材或基础转化为新的艺术作品。

而对于数字影像的多元探索也由艺术家传承给下一代年轻人。也是从 80 年代开始，教育机构开始开设计算机艺术课程，以纽约视觉艺术学院和麻省理工学院为代表。同时，计算机艺术相关的理论和作品研究以出版、会议和展览的形式广泛讨论和交流，这些都促进了人们对计算机媒体这一新的技术、艺术和传播方式的理解。一些艺术家和设计师们最早成为数字出版的探索者和实验者。

延伸阅读 **《电子时代的艺术》**

图 6-18

弗兰克・鲍勃所著的《电子时代的艺术》一书封面。

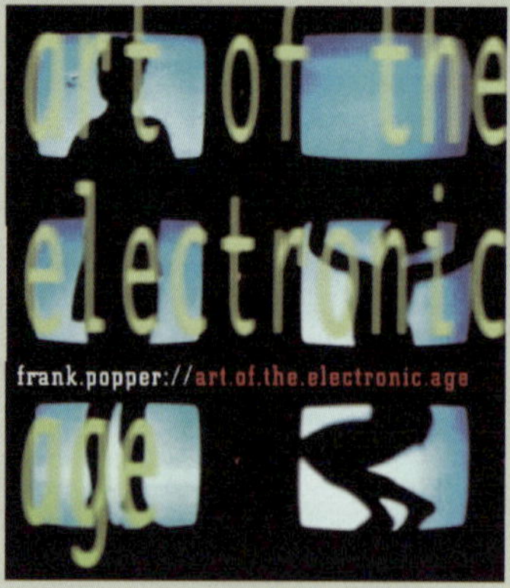

计算机艺术家兼评论家弗兰克・鲍勃（Frank Popper）在他的重要著作《电子时代的艺术》（*Art of the Electronic Age*）一书中讨论了 20 世纪 80 年代重要的计算机艺术作品及其作者（见图 6-18）。

第三节 数字摄影艺术

从技术上说，计算机主要由四个部分组成：进行数据分析运算的运算元件、存储数据的记忆系统、控制信息在系统内传输的元件，以及输入输出设备。计算机的核心在于数字化的运算，但数字的输入输出设备也非常重要，因为它们让人们更好地接触和感知数字化的数据。

正是由于文字、图像、声音、动态影像、网络等逐一被纳入计算机这一数字化平台，计算机支持多种媒体的协作才几乎使得各个领域都进入了数字化的时代。其中最先发生变革的就是摄影领域，随着计算机的普及，1996 年数码相机终于投入大众市场。2001 年的数据显示，数码相机的销量已经超过了传统 35 毫米相机。这使图像的输入不再必须依赖冲印等过程，而直接将数码相机中的数据转移至计算机主机即可。数码相机成为了计算机最为重要的输入设备之一，人们在提升数码相机成像质量的过程中，越来越熟悉像素、CCD 等新名词。数字摄影和计算机图像处理的结合使图像的获取、复制、合成和再现的方式发生改变，数字影像艺术家们正是这一进程的见证者和推进者。

即使到了数字摄影的时代，摄影和绘画的互动仍在继续。在数字技术的协助下，摄影有了更为多样的空间组织能力，也推进了摄影与绘画之间关系的新思考。比如，艺术家杰夫·沃尔（Jeff Wall）以一幅非常有代表性的浮世绘为参照对象，在现实中重新组织人物和景物的关系，在摆拍和数字合成中探索动与静的平衡（见图 6–19 和图 6–20）。

图 6–19
杰夫·沃尔的摄影作品《突如其来的一阵疾风》(A Sudden Gust of Wind)，1993 年。

图 6-20
葛饰北斋（Katsushika Hokusai）的浮世绘作品《骏州江尻》（Ejiri in Suruga Province），1832 年。

杰夫·沃尔曾经表示，尽管计算机图像软件和数码相机提供了更多自由的和超现实的可能性，但他希望从 19、20 世纪具象绘画中静止的、凝固的图像里汲取养分。这种在数字化和传统媒介之间寻求平衡的做法凸显了诸多艺术家在计算机这一新的数字化平台面前的态度。

一、数字摄影技术

数字摄影的概念是相对于传统胶片摄影提出的，数字摄影不仅用电子探测器感知捕捉影像，还以数字方式存储影像，并可以作为数字文件在计算机中观看、处理并数字输出或打印。我们可以通过数字摄影和传统摄影的成像流程来比较它们的区别：传统相机拍摄—暗房冲洗—照片成像；数码相机拍摄—在相机中观看 / 数码软件处理—数字化输出。

当然，现在的数字成像技术可以转换传统的相机影像，通过扫描等方式将胶片、照片进行数字化处理，使数字影像的来源更为丰富。

数字摄影成为主流的摄影方式不过十余年的时间，它的研发却可以追溯到 1965 年。最先进的技术往往首先应用于军事、航空领域，数字摄影也不例外。1965 年 7 月 15 日，美国国家航天局的喷气推进实验室（NASA/JPL）借助航天器“水手 4 号”以数字感光方式拍摄了一组火星的照片，不过这个时候，数字影像仍然以录像带记录的方式带回地球。

此外，在数字摄影的历程中，电视扮演了重要角色。19 世纪四五十年代，随着电视的发展，人们需要一种能够将转播的电视节目记录下来的设备，电子成像技术在这种情况下开始研发。1951 年，宾克罗比实验室发明了录像机（VTR），这种新机器可以将电视转播中的电流脉冲记录到磁带上。1956 年，录像机开始大量生产，电子成像技术由此发展。1969 年，美国贝尔实验室的维拉·波义耳（Willard S. Boyle）和乔治·史密斯（George E. Smith）宣布发明了能够把光学影像转换为数字信号的电荷耦合元件 CCD。此后，四色 CCD、超级 CCD 等最新改良版不断涌现，成像效果不断提升。

1975 年，柯达（Kodak）的斯蒂文·赛森（Steven Sasson）进行了数码相机的开发实验。这个超过六斤重的数码相机可以拍摄达到一万像素的黑白照片。但这时数字摄影还只是一种实验，没有大型开发和生产的计划。除了柯达公司，索尼从 1973 年开始了 CCD 的研究工作，在不断技术积累的基础上于 1981 年推出了全球第一台不用感光胶片的电子相机——静态视频“马维卡”（MABIKA）。该相机使用了 10mm × 12mm 的 CCD 薄片，分辨率仅为 570 × 490 像素，首次将光信号改为电子信号传输，被视作数码相机的雏形。

1988 年，富士（Fujifilm）与东芝（Toshiba）在德国科隆博览会上展出了共同开发的使用闪存卡的 Pujixs 数字静物相机“DS-1P”，它拥有 16MB 的容量，只能存储 10 张照片，并且这部相机并没有在市场推广。在这段时期，富士、东芝、奥林巴斯（Olympus）、卡西欧（CASIO）、佳能（Canon）等相继公布了数码相机的试制品，如佳能 RC-701、卡西欧 VS-101、富士 DS-X、东芝 MC2000 等。这些产品的推出大大刺激了大众的好奇心，不需要感光胶片，相机同样可以记录影像成为当时最热门的话题之一。不过由于这些试制品造价昂贵、体积庞大因而不利于普及，当时大多数消费者还是把数码影像作为一项高科技产品来看待的。

1994 年，柯达与尼康（Nikon）合作推出了第一台高清晰的数码相机 DCS460；1996 年，数码相机终于投入大众消费市场。人们发现这种新的照相机改变了之前的摄影体验。

数字摄影的出现，使拍摄和储藏影像变得前所未有的容易，既省时又省钱。掏钱购买昂贵的胶卷，仔细保存好，然后再花钱冲洗照片的时代已经过去了。数字摄影只需简单买张内存卡，就可以存储非常多的照片。数码相机的存储卡可以重复使用，所拍摄的照片即时可以观看，甚至可以借助相机自身提供的功能进行修改。不满意的照片可以随时删掉，满意的照片可进一步在计算机进行精细的修改，再冲印或打印。这些照片可以储存起来发布到网络上。

当人们熟悉和了解了数码相机和数字摄影的优势之后，众多预测显示，随着数码摄影技术的提高，数码相机会取代传统相机。这一预测在 2001 年变成了现实，数码相机的销量已经超过了传统 35 毫米相机。

【知识点】CCD

CCD 的英文全称是 Charge-Coupled Device，是一种半导体器件，能够把光学影像转化为数字信号。 CCD 上植入的微小光敏物质称作像素（Pixel）。一块 CCD 上包含的像素数越多，其提供的画面分辨率就越高。CCD 的作用就像胶片一样，但它是把图像像素转换成数字信号。CCD 上有许多排列整齐的电容，能感应光线，并将影像转变成数字信号。经由外部电路的控制，每个小电容能将其所带的电荷转给它相邻的电容（见图 6-21）。

图 6-21

CCD 替代了传统胶卷，可以将光学影像转换为数字信号。

【知识点】像素和像素画

人们往往并不知道在 CCD 上植入的微小光敏物质就是像素（pixel）。不过人们一开始接触和选购数码相机的时候，像素就成为了重要的选购指标之一。像素不仅是衡量数码相机的指标，也是组成数字影像的基本要素，更是我们认识和理解数字媒体世界的基础。

“像素”是由图像 (picture) 和元素（element）这两个单词的部分字母组成的，是用来计算数码影像的一种单位。如同摄影的相片一样，数码影像也具有连续性的浓淡阶调。我们若把影像放大数倍，就会发现这些连续色调其实是由许多色彩相近的小方点组成的，这些小方点就是构成影像的最小单位像素。这种最小的图形单元通常在屏幕上显示为单个的染色点。越高位的像素，其拥有的色板就越丰富，越能表达颜色的真实感。基于这样的构成方式，一些创作者专门采用像素方格填色的方式模仿像素感，被称作“像素画”。其中最有代表性的是德国艺术团体 Eboy，他们是现代像素艺术的先锋，他们的这些作品向我们展示了像素方格构成的数字世界（见图 6-22）。

图 6-22

Eboy 艺术团体创作的像素画《圣诞》。

【知识点】

分辨率

分辨率（resolution ）就是屏幕图像的精密度，是指显示器所能显示的像素的多少。由于屏幕上的点、线和面都是由像素组成的，显示器可显示的像素越多，画面就越精细，同样的屏幕区域内能显示的信息就越多，所以分辨率是个非常重要的性能指标。可以把整个图像想象成一个大型的棋盘，而分辨率的表示方式就是所有经线和纬线交叉点的数目（见图 6–23）。

图 6–23

像素画向我们展示了“方格”构成的像素效果。你如果在图像软件中放大观察像素画，就会发现真正蕴含其中的像素单位。

二、数字摄影艺术

对摄影艺术的界定往往与纪实摄影、商业摄影相对而言。然而正如艺术难以被定义一样，谁能否认那些优秀的新闻摄影和用于商业的摄影就没有艺术性呢？因此，摄影艺术更广泛地指以创造性的视角进行拍摄。或者正如艺术史家贡布里希界定艺术那样，“实际上没有艺术这种东西，只有艺术家而已”。因此，认识摄影艺术以及数字摄影艺术，也要从摄影艺术家开始。

一些评论家认为最早将摄影作为一种艺术创作方式的人是为维多利亚女王拍摄过肖像的英国摄影师约翰·梅奥尔（John Edwin Mayall）。他采用达盖尔银版法拍摄了一系列作品。梅奥尔自认为是一位艺术家，这是因为他的人像摄影不追逐当时的商业肖像潮流，而注重表达人像所具有的诗意。

英国维多利亚时代的多位摄影家都在摄影艺术尤其是肖像摄影艺术方面颇有建树，代表人物有女摄影师朱丽娅·卡梅隆（Julia Margaret Cameron）、既是《爱丽丝梦游仙境》的作者也是摄影家的刘易斯·卡罗尔（Lewis Carroll）（见图 6–24），以及《两种人生》的创作者雷兰德，他还和达尔文合作以摄影的方式参与人与动物表情的研究。在美国，弗雷德·霍兰·戴（F.

Holland Day）作为一名摄影家和出版家，最早在美国倡导要将摄影作为一种艺术。此外，被称为“现代摄影之父”的阿尔弗雷德·斯蒂格里茨（Alfred Stieglitz）反对摄影作为绘画的陪衬，以抓拍方式进行创作，追求忠实地再现拍摄对象原有的面目、品质和性格。他创办的摄影杂志《摄影作品》(*Camera Work*）和著名的代表作《三等舱》(The Steerage)（见图 6–25）都成为重要的现代摄影里程碑，他也是把摄影带入美术馆和博物馆的先驱。

可以说，在数字技术改变摄影之前，即 20 世纪 80 年代之前摄影艺术的主

图 6–24

刘易斯·卡罗尔 1858 年为爱丽丝（Alice Liddell）拍摄的肖像，以及刘易斯·卡罗尔绘制的爱丽丝插图。

图 6–25

斯蒂格里茨的《三等舱》被视作现代摄影的代表作，该作品抓住了遣返移民的历史性时刻。

图 6-26
亚当斯的风景摄影作品《亚当斯之路》(The Tetons and the Snake River), 1942 年。

图 6-27
莎丽·曼拍摄的她三个孩子的摄影作品《家庭》系列之一，1984 年至 1991 年。

导类型主要是人体摄影、肖像摄影和风景摄影。最有代表性的摄影艺术家主要是擅长拍摄风景同时也是环境保护者的安塞尔·亚当斯（Ansel Adams）（见图 6–26），以家庭主题闻名的女摄影艺术家莎丽·曼（Sally Mann）（见图 6–27）以及人体摄影艺术家罗伯特·梅普勒索普（Robert Mapplethorpe）等。

在数字时代，摄影艺术家们对社会的关注和执着探索并没有改变。一些摄影艺术家开始关注数字摄影这种新的方式，通过实验来激发这种新技术的潜能。这使得一些原有摄影类型发生了改变，比如从风景摄影发展为大型的景观摄影。这种景观往往表现城市的建筑、交易场所中的种种人与物的奇

延伸阅读 《光圈》季刊杂志

继斯蒂格里茨创办的《摄影评论》和《摄影作品》等专业杂志之后，1952 年摄影师兼出版家的迈纳·怀特（Minor White）在纽约创办了 Aperture 基金，以非营利性方式推出《光圈》（*Aperture*）季刊杂志（见图 6–28），介绍摄影师及其作品，并向美国现代艺术馆（MoMA）等艺术机构推荐摄影师举办个展。这本致力于推广摄影艺术的杂志虽然在 1964 年有过短暂的停刊，幸而后被怀特的学生也是好友的霍夫曼接办，作为一本摄影艺术风向标式的刊物，我们可以从它的发展中看到摄影艺术的执着思考和实践。

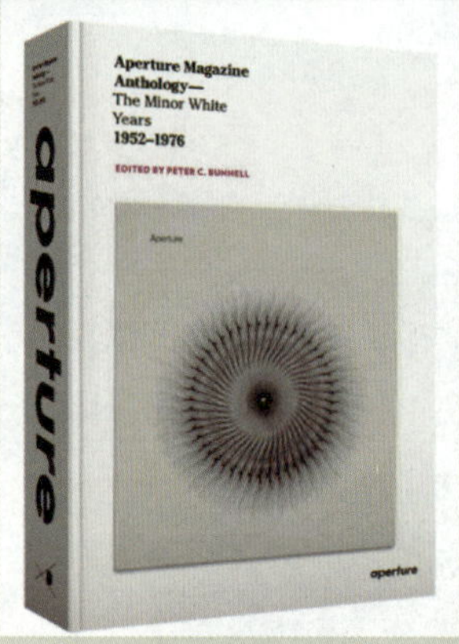

图 6–28

怀特一直亲自编辑《光圈》季刊杂志，该书是该杂志 1952 年至 1975 年怀特在世时的合集。

观，借助大型的展示形式将原有现实中的奇观进一步凸显。2007 年，一幅经过数字化的镜头调整和图像拼接，反映超市内部货品摆放的摄影作品引起了人们的极大关注。这就是德国安德烈亚斯·古尔斯基（Andreas Gursky）的《99 美分》（见图 6–29）。这幅摄影艺术作品在索斯比拍卖达成了 300 多万美元的高价，成为历史上最贵的摄影作品。令人瞩目的不仅是这件艺术作品的价格，而且是艺术家以及评论家对新的观察和体验的思考和实践。

直到 20 世纪 90 年代中期，安德烈亚斯还基本不采用数码手段来处理和

图 6–29

古尔斯基的《99 美分》借助电脑处理影像，展现出以极为冷静的视角对人与物关系的解读。

修理照片。在那之后，安德烈亚斯非常坦诚地承认，他的作品经过了数字化的处理，让画面看起来比他所实际拍摄的面积要大。在《纽约客》杂志上，彼得·施杰尔达（Peter Schjeldahl）曾这样评价他的作品，“场面盛大，引人注目，引人入胜，无法用语言来描述”。在2001年，卡尔文·托姆金斯（Calvin Tomkins）在谈到面对安德烈亚斯的作品的时候，写下了下面的文字：

> 当我第一次看到安德烈亚斯的作品的时候，我有一种瞬间迷失的感觉，但是同时又奇异地感觉到有些事情要发生，而这种无法描述的事情将会发生在我身上，就是这种感觉，尽管这种感觉可能更泛一点。安德烈亚斯大画幅的全景彩色照片，有些高达6英尺，长达10英尺，给人强烈的震撼。那是一种非常正统的力量，跟19世纪很多风光绘画作品一样，给人气势恢宏的感觉，但是又没有损失画面中的任何细节。这些作品的主体都是现当代世界，是一种冷静的、远距离的观察。

从视觉上来说，安德烈亚斯的作品是对城市奇观化的冷静思考。他选择城市中可能对一般人来说并不在意的场所和空间，诸如夜晚灯光中的建筑的正面、写字楼大厅、证券交易所大厅，以及一些大卖场的内部。可以看到，新时代的摄影艺术要向人们传递新的视角和体验方式，正如在2001年纽约现代艺术博物馆（MOMA）的安德烈亚斯在其回顾展上获得的评价：“一种复杂的艺术形式，但却是不加修饰的观察方式，感谢安德烈亚斯的艺术形式，我们能将他所反映的世界同我们自己的世界联系起来。”

无论在数字技术介入摄影之前还是之后，照相机并非真的“永远不会说谎”。尽管多数时候人们认为照相机是客观的，但如何取景、如何构图，摄影者的主观视角，摄影中的“摆拍”“暗室处理”都使摄影在诞生之日起就成为人们再现世界的另一种艺术形态。在数字技术和电脑处理摄影之后，摄影的面貌更为多样。2011年，一位来自德国的摄影师迈克尔·沃尔夫以谷歌街景（Google Street View）数据库为摄影素材，截取巴黎街景中的场景进行翻拍，并命名为《一系列的不幸事件》，他的作品获得了世界新闻摄影大赛日常生活类的荣誉奖。沃尔夫承认他没有亲自去拍摄素材，而是借助谷歌街景完成了这一切。有人认为，沃尔夫创造性地运用谷歌街景，将其视为摄影师手上的一个巨大镜头，从而实现了新的创造；但更多的人认为这根本称不上是摄影。

谷歌街景是由谷歌属下的服务车队进行拍摄的照片组成，这些摄影车以1 080像素的画质、25~30帧/秒的速率进行拍摄。摄影师和艺术家借助它们实现了新的艺术创作，虽然在新的数字媒体环境中这样的创作仍存在争议，但对于摄影艺术乃至数字摄影艺术的讨论正是促进我们不断探索的重要动力（见图6–30和图6–31）。或许正如法国文化评论者罗兰·巴特所说的那样：“摄影总是使我震惊，而这份震惊不但挥之不去，且不断以新的面貌出现。”

图 6-30
谷歌街景可以方便地在手机、平板电脑等数字媒体上浏览，成为捕捉数字影像的新镜头。

图 6-31
借助谷歌街景可以动态浏览古罗马斗兽场的遗迹。这些数字图像成为设计师和艺术家的新素材。

第四节 计算机动态生成

布鲁斯·万德斯（Bruce Wands）在《数字时代的艺术》（*Art of Digital Age*）中对计算机的动态影像发展曾有这样的总结：

> 从 20 世纪 70 年代的施乐在斯坦福大学的计算机图形应用程序研发，到 IBM 的数字化描述方法，乃至 1977 年苹果的第一台个人电脑面世，整个 70 年代就被归纳为数字动画的一个序曲。80 年代则是因为电脑普及而降低软硬件设备使用难度的时代，由此计算机处理图形图像的能力加强，数字动画真正意义上进入视野。90 年代则因为网络技术的介入，数字动画的表现和发布有了更多样的变体。①

的确，数字动画的发展与计算机的软硬件革新密不可分。在这一过程

① WANDS B. Art of digital age. Thames & Hudson, 2007.

中，很多艺术家和工作室本身就研发了新的动画软硬件。因为，数字动画是一件之前没有人尝试过的事情。尽管当皮克斯动画工作室在 1995 年推出第一部全三维动画长篇《玩具总动员》之时整个世界都为之惊叹，但是很多人并不知道，导演约翰·雷斯特曾受雇于迪士尼，并早在皮克斯创立之前就提出用计算机的方式创作三维动画，当时迪士尼的大部分动画师对电脑感到恐惧，迪士尼的主管甚至直接拒绝了以电脑创作为背景的动画提案，并辞退了他。

早期的皮克斯三个艺术家和科学家要共用一台电脑，全天 24 小时分配时间。因此，他们不仅通过一种独立动画的艺术方式逐渐积累了短片制作的经验和题材，也是科学家与艺术家集体研发计算机软硬件以支持动态影像发展的缩影。

在电影工业转型的态势中，个人创作动画短片乃至长篇的可能性大大增强。因此很多动画节包括在线动画节如雨后春笋般大量出现，尤其是短片动画的蓬勃发展促进了电影短片节的增加和引人瞩目。

独立动画、录像艺术也通过 DVD、数字带等方式进入美术馆等收藏机构，或者直接在网络上发布展出，接触到更多受众。

计算机动态影像提供了多种可能性，除了公众熟悉的电影与计算机动画的结合之外，在皮克斯等公司创作叙事性的数字动画作品之时，也有一群艺术家在创作抽象的动画作品。这些作品往往以生成艺术的形态出现，它们更少娱乐性，而是开拓出一种数字空间的偶发性，也塑造出另一种数字形态的生命体。

一、生成艺术

从 20 世纪 70 年代起，尤其以施瓦兹、纳什为代表，一批艺术家开始关注与软件工程师的合作，进行计算机绘画和动态影像的创作。他们的研讨和实践突出了计算机软件的自主性，比如纳什等创作的艺术软件 ART1 努力激发计算机预设规则，并使计算机发挥偶发性，从而让计算机软件自主生成影像，这样的艺术方式使计算机成为了艺术的“创作者”。这种艺术创作方式被称为“自动生成艺术”（Generative Art）。

在科学家、艺术家以及工程师的探索下，生成艺术实际上向着不需要借助“人力”的方向进行艺术创作。人们希望创建出一种自动系统，如同《创世记》的描述那样，计算机能够自动生成。按照纽约大学学者和艺术家菲利普·加兰特（Philip Galanter）2003 年发表的论文《什么是“自动生成艺术”？》里的解释，自动生成艺术是“艺术家应用计算机程序，或一系列自然语言规则，或一个机器，或其他发明物，产生出一个具有一定自控性的过程，该过程的直接或间接结果是一个完整的艺术品”（见图 6–32）。加兰特总结了自动生成艺术的四大特征：

（1）自动生成艺术涉及使用“随机化”来打造组合；

（2）自动生成艺术包含利用“遗传系统”来产生形式上的进化；

图 6-32
菲利普·加兰特在学术著述之外，也尝试了很多生成艺术作品，如《100个随机影像》。

（3）自动生成艺术是一种随着时间而变化的不间断变化的艺术；

（4）自动生成艺术由电脑上运行的代码创建。

生成艺术可以追溯到的最初尝试是音乐上的生成。早在 1757 年德国作曲家格恩伯格（Johann Philipp Kirnberger）就创作了名为《音乐骰子游戏》（Musikalisches Würfelspiel）的作品，他把很多乐曲切割成片段，装配在他创制的机械机器系统中，这个游戏式的装置能够组织这些片段，根据一定的节奏和规则自动谱曲。

计算机的出现使系统的自动化程度大大增强。从 80 年代开始，数字软件对音乐发展的支持不仅让如约翰·凯奇、布莱恩·伊诺（Brian Eno）等现代音乐家借助生成系统创作作品或直接应用于现场演出，还把生成的方式应用于视觉化和动态影像。

计算机的普及使数字音乐更多地与其他数字艺术形式相结合。1983 年，电子音乐 MIDI 在洛杉矶的第一届北美音乐展上展出。1984 年，伯恩哈德·莱特纳（Bernhard Leitner）发布了《声音空间》（Sound Spaces）声音装置。从 1984 年到 1987 年，爱德华·扎泽克（Edward Zajec）创作数字视听作品《结晶》（Chromas）。他根据作曲家的音乐节奏，使用抽象的几何图形来表现音乐节奏。这种形式既成为后来广泛出现在电脑上的屏幕保护程序的雏形，也活跃在 MTV 等电视频道上，成为新的音乐动画形式。

一些艺术家自己创建程序生成系统。比如意大利艺术家毛里泽欧·博洛尼尼（Maurizio Bolognini）尤其发挥了生成艺术的影像表达能力，认为在数字时代应该探索新的社会关系。从 1988 年起，博洛尼尼开始使用个人电脑

图 6-33
意大利艺术家毛里泽欧·博洛尼尼的生成艺术作品在不同地点展出。

实验随机影像。进入 90 年代，他动用上百台电脑研发编程机器（programmed machines）。他认为重点不在于要创作什么样的影像，而在于这些影像自身的生成、流动性乃至在时空中无限制的徜徉。这样的生成系统在他看来有一种平行宇宙般的意义，因为在自动生成系统中，信息和影像不会重复，有不受人工控制的各种可能性。

这些作品在展出中的确使人们获得了平行宇宙的感受。2003 年他的 60 台编程机器在罗马、瑞士和纽约同时展出。这些作品与观众的互动为艺术家的下一个计划“生成艺术与集体人工智能”结合奠定了基础（见图 6-33）。

生成艺术不仅在现实空间中展出，也被用于建筑空间，成为建筑和陈设品新的生成方式。1987 年，意大利建筑师克里斯蒂诺·索杜（Celestino Soddu）以一种 DNA 的方式建构意大利中世纪小镇（Italian Medieval Towns），计算机建构的不会重复的三维建筑模型成为了新的 DNA，构成了整个古典小镇（见图 6-34）。

生成的观念也在文学写作领域中进行实验。一些作家诸如特里斯唐·查拉（Tristan Tzara）、布里翁·基辛（Brion Gysin）和威廉·巴勒斯（William

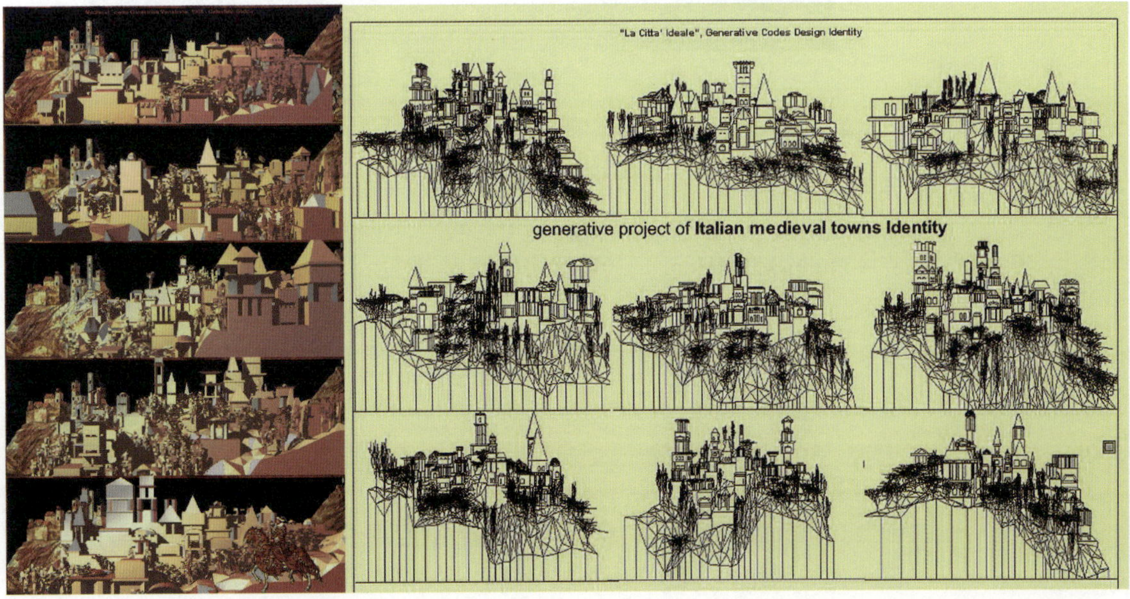

图 6-34
1987 年意大利建筑师克里斯蒂诺·索杜用生成艺术的方式把三维模型作为 DNA 基本单位，发展出多样变体，建构意大利中世纪小镇。

课堂讨论 生成系统的生成

既然艺术家和科学家共同努力希望生成系统具有更大的自主性，但不可否认生成系统本身还是人类发挥作用的结果。为了让生成系统本身能够不断变化，对生成系统的不断升级和实时更新显得尤为重要。由此，实时编程（live coding）成为生成艺术的一种新分支，它一方面强调了生成系统自身的生命特质，另一方面反映了计算机与人类活动的对话关系。

很多生成系统是依靠 Max/MSP, Fluxus, Isadora, Quartz Composer 和 Open Frameworks 这样的交互式编程语言进行更新和升级的。这种实时更新的特性也为艺术家和音乐家所使用，成为现场演出、展览中的新形式（见图 6–35）。

正如同人们所说的没有两片一模一样的树叶，艺术家发现人类的活动信息本身就是不会重复、不断更新的。一些艺术家把人们的活动作为不断更新的信息源让计算机读取，由此带动生成系统的自我更新。这使得生成艺术成为人类自身的一面特殊的镜子，不断更新的生成系统映射了人类社会的多样性。

图 6–35

实时编程成为新的艺术形式，也是生成艺术的重要分支。

Burroughs）用类似 200 多年前格恩伯格作用于音乐的游戏方式处理文字。他们将文字随机地切割和打散，在计算机生成系统中重新“编织”。再如杰克逊·马克（Jackson Mac）用生成艺术的方式创作诗歌，菲利普·帕克（Philip M. Parker）甚至用软件自动撰写一本书。杰森·尼尔森（Jason Nelson）则通过语音到文本（speech-to-text）软件，把视听资料转换为文本重新创作。电影、电视和音频的信息被生成系统自动处理为文字，形成新的语言游戏。

二、计算机生命体

在刚开始步入个人电脑时代的时候，已经有一些艺术家借助程序进行动态影像的创作。一些作品的风格继承了早期电子抽象的风格，也是以数字空间的坐标方式控制影像生成的。

譬如汤姆·德·维特（Tom De Witt）在1980年创作的《透明水彩》（Aquarelles），与早期电子抽象有所不同的是，尽管仍然以抽象的形态为主，但这些色彩更为鲜艳的影像追求动态，艺术家明显地想要塑造虚拟空间中具有生命质感的物体，并且希望这些动态影像可以被参与的观众操纵。

因为这些物体是由三维坐标界定的，那么观众就可以通过三维坐标的变化来改变这些物体。一方面，编程的方式促进了生成艺术的多样形态；另一方面，观众的参与和操控也增加了交互的维度，形成了新的动态影像。并且，这种生成方式表现出艺术家在数字空间对于生命体创造论或进化论的思考和探索。或许，这些作品给予了一种新的视角，犹如光既是粒子也是波一样，生物的进化和创造也可以在这里达成共识。

日本计算机动画家河口洋一郎（Yoichiro Kawaguchi）把这种数字动态生成变得更具体化和实体化。1982年，河口洋一郎创作了第一批系列数字动画作品《生长模型》（Growth Model），这类作品在重要的数字艺术和技术展览SIGGRAPH上得以展示。河口洋一郎在他的动画创作中注入了鲜明的个人风格，他的数字动画作品呈现出令人耳目一新的面貌。

首先，在大部分作品中，这些数字生命体更明确地指向了海洋类的生物。比如《漂浮》（Float）就是借助计算机跟踪描绘漂浮移动的海洋生物创作的。但是通过艺术家的创造，这些数字生命体又不同于现实中的海洋生物，它们具有把生物多种特征融合在一起的样貌，更为强调一种人工的嫁接和合成感。在1988年的作品《胚胎》（Embry）中，河口洋一郎关注生命发展的原初世界，通过大型计算机系统编制程序，模拟生物的脉动，重点呈现特殊的韵律和节奏。并且，河口洋一郎还努力把数字世界中的生命体变为实体，通过雕塑乃至早期三维打印的实验，这些计算机三维模型有了真实的尺寸和质感，并且与艺术家本人一起成为展览中新的作品。

从20世纪80年代的第一次作品公开展示开始，河口洋一郎就一直探讨数字世界的生物生成性，直指数字技术“造物”的议题争论。他在动画作品中往往揭示这种生物造型的暴力感，可以看作对人性的某种隐喻。河口洋一郎的数字动画作品是以一种非传统叙述的形式表述的。作品的形态较为抽象，主要是借助造型和色彩来进行时间性的表达。他的作品另一个特点是自创的生物造型。河口洋一郎创造的“生物造型”具有鲜艳的色彩、奇特的造型，并结合机器人的特征，混合了暧昧的器官隐喻，也呈现出末世情结的狂欢性（见图6-36和图6-37）。

艺术家威廉·莱瑟姆也是数字生命形态的创作者。他受超现实主义画家达利和伊夫·唐吉（Yves Tanguy）的影响，借助计算机雕塑的方式创造具有梦幻感但同时拥有逼真质感的海洋生物，他还希望以一种进化选择的方式吸引观众和参与者（见图6-38）。对数字生命形态的人工选择推进了生成艺术、数字动画和交互艺术多种方式的融合。

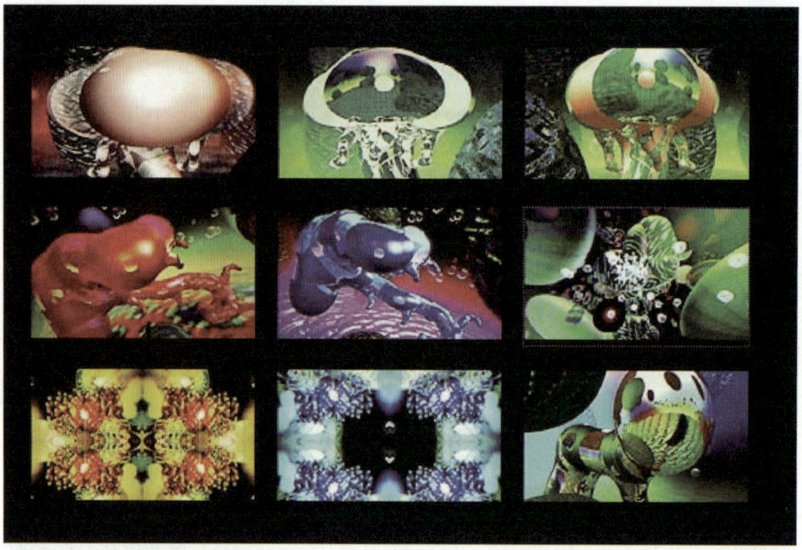

图 6–36

河口洋一郎的《生物造型》数字动画系列作品。

图 6–37

河口洋一郎数字动画作品中的造型也被做成了模型，成为展览中的重要组成部分。

图 6–38

威廉 · 莱瑟姆创作的数字生态作品。

课后讨论

从数字生物到数字宇宙

借助计算机创造生命形态不是艺术家的终极目的。艺术家和科学家一样，在不断探索宇宙形成的奥秘，只不过他们用更为视觉化和现场性的方式表达自己的创想。

法国艺术家米格尔·谢瓦里埃（Miguel Chevalier）从雪花般的结晶体到三维打印双面雕塑，乃至在巨大空间中随机抓取观众信息，他的作品用多样的色彩和现场感表现了一个数字化的宏大宇宙图景。

在《雅努斯 2013》（Janus 2013）雕塑中的雅努斯是古罗马的神祇，他有前后两张面孔，能够同时看到过去和未来。受到古希腊和古罗马雕塑的启发，《雅努斯 2013》对于这位古罗马神祇进行了素化或“体素化”（三维像素）处理。通过这个三维打印的雕塑，米格尔·谢瓦里埃强调，在我们如今的社会中，数字艺术无处不在，以及数字艺术与人类自古以来的艺术传承有着一致性和历史连续性（见图 6-39、图 6-40、图 6-41）。

图 6-39

法国艺术家米格尔·谢瓦里埃创作的数字结晶体。

图 6-40

米格尔·谢瓦里埃创作的双面神像，借助三维打印技术展现数字艺术与技术的对话。

图 6-41

米格尔·谢瓦里埃在古典建筑空间中的数字宇宙感呈现。

三、三维动画艺术与产业

从艺术家到商业电影行业，传统动画、电影与录像艺术的数字化转变都是巨大的。传统动画全部由手绘完成，早期的传统动画手绘量巨大，成本高昂，几乎很难由个人独立完成。虽然也有例外，比如动画大师温瑟·麦凯（Winsor McCay）在创作早期的动画片时，往往自己独立完成几千张的动画绘制。但是，数字动画不仅能提升绘制和合作的速度，而且提供了传统手绘动画不能实现的表达方式，比如拉赛特在1982年的《电脑争霸》（*Tron*）中看到了数字动画的未来，便毅然决然地投入数字三维动画的研发和创作中。

计算机改变了二维动画创作、合作的方式，譬如迪士尼在后来改变了对数字动画的看法，不仅力邀约翰·雷斯特重新回来执导影片，而且在《美女与野兽》中率先尝试了数字化的二维动画方式，也通过三维动画开拓了动画的新形态。三维动画也深入电影和游戏产业，比如三维模型进入玩具制造、三维打印、数字游戏，使动画产业的连接和整合更为顺畅。动画产业的发展也提升了计算机对于动态影像生成的支持，提供给艺术家们更为便捷和普及化的数字平台，促进了数字动画艺术与技术的融合。

1991年迪士尼推出的《美女与野兽》（*Beauty and the Beast*）成为第一部被提名奥斯卡最佳影片的动画片，这意味着动画电影和实拍电影一样有了竞争最高电影荣誉的机会，而不只是被视作一种类型影片。但很多人可能并不知道，在这部获得高荣誉和高票房的影片中，迪士尼已经尝试采用计算机动画绘制系统（computer animation and production system，CAPS）。这个系统是由那时刚刚完成了几部动画短片的皮克斯动画工作室开发的。

1994年，迪士尼推出了《狮子王》（*The Lion King*）（见图6–42）。这部

图6–42

《狮子王》，既是传统动画的巅峰之作，也成为迪士尼数字动画转型的契机。

影片大部分采用手绘，三维建模辅助角色绘制。这部动画片动用了600名艺术家、动画师和技术人员，绘制了上百万张画帧，并有1 197张手绘背景。《狮子王》发行到20多个国家和地区，成为当时最受欢迎的英语动画片，并获得全球收益近十亿美元。但大概没有人预想到这部传统动画的巅峰之作，会成为迪士尼传统动画衰弱的开始。

1995年，迪士尼和皮克斯联手推出了第一部全三维动画长篇《玩具总动员》(*Toy Story*)，剧中一个原来颇受“小主人”——男孩安迪宠爱的牛仔玩具胡迪发现他有了一个强劲的对手，夺走了小主人的宠爱，这个对手就是新玩具巴斯光年。影片当然以大团圆的好莱坞方式收场。然而，如果从另一个角度看，牛仔胡迪和巴斯光年的关系似乎隐喻了传统动画和数字动画的关系（见图6–43）。在影片中，胡迪并没有被主人抛弃，但在现实中，迪士尼放弃了传统动画，向数字三维动画全面转型。

2004年，迪士尼关闭了美国佛罗里达的分支工作室，也大幅缩减了加利福尼亚工作室的规模，迪士尼管理层决定放弃手绘动画模式转向计算机动画。

《电脑争霸》促使了一批青年才俊进入数字动画这个领域。正是在该片的激励之下，皮克斯的重要领军人约翰·雷斯特和他的动画师同事联手开始了自己的试验，为数字动画贡献力量。

《电脑争霸》在创作中使用了大量数字合成技术，这种合成技术其实对制作流程的改变有着更大的意义。而在观众看来却可能和传统的实拍合成影片区别不大。因此，带给观众耳目一新的动画其实是数字三维动画，三维动画也真正改变了动画的创作方式和产业格局。当然，这种改变是从实验开始的，而且是从短片实验开始的，其中作出最重要贡献的就是雷斯特所在的皮克斯动画工作室。

皮克斯的前身是大导演乔治·卢卡斯（George Lucas）指导下的卢卡斯

图6–43
在《玩具总动员》中，巴斯光年威胁到主人对胡迪的宠爱，这似乎是对传统动画和数字动画关系的隐喻。

【案例分析】《电脑争霸》的产业奠基作用

其实早在《玩具总动员》问世的多年前，迪士尼就参与了1982年《电脑争霸》——一部投入200万美金的计算机动画与实拍相结合的电影——的制作工作。因此，在数字动画的诸多奠基者之中，这部影片可以说是有奠基的核心意义。

《电脑争霸》由斯蒂文·赖斯伯格（Steven Lisberger）执导。影片的故事也是围绕计算机的世界展开的，讲述了一名电脑程序师弗林（Flynn）在抢回自己的程序成果时进入了计算机世界，他要面对主控程序控制下的数字人物与其展开的搏斗。

这种分层的赛璐珞技术一直作为基础支撑好莱坞的动画产业，直到迪士尼在1982年尝试《电脑争霸》，影片有20分钟的内容全部由计算机完成，200个场景由计算机制作的背景和实景拍摄结合。《电脑争霸》在当时计算机技术水平还非常有限的情况下提出了数字合成概念和方式。影片先进行演员的实拍，将拍摄影像的每一帧都放大，调成高反差的影像模式，这样便于选取边线和背景，使它们分层叠放，再进行色彩的调整和通道的合成（见图6-44）。在蓝/绿屏技术还未出现的时候，这部《电脑争霸》开拓了数字分层和通道透明技术，为后来的数字影像合成开辟了道路。

这部影片在《黑客帝国》之前展示了数字世界中的搏击方式，让观众第一次在影院中犹如置身游戏世界。这部影片的制作方式很具创新性，画面风格也很独特。但遗憾的是票房不佳，原因之一或许是被当年斯皮尔伯格执导的大热影片《ET外星人》盖过了风头。然而这一部影片的票房失利却极大地打击了好莱坞投资数字动画的信心。

有评论认为，《电脑争霸》至少让好莱坞晚进入数字动画20年。这个评论或许有些夸张，但是应该看到，当时数字动画确有很多不成熟之处，如设备昂贵、图形图像运行速度缓慢等。不过，这却没有阻挡很多青年艺术家投入数字动画的决心，比如皮克斯的约翰·雷斯特。

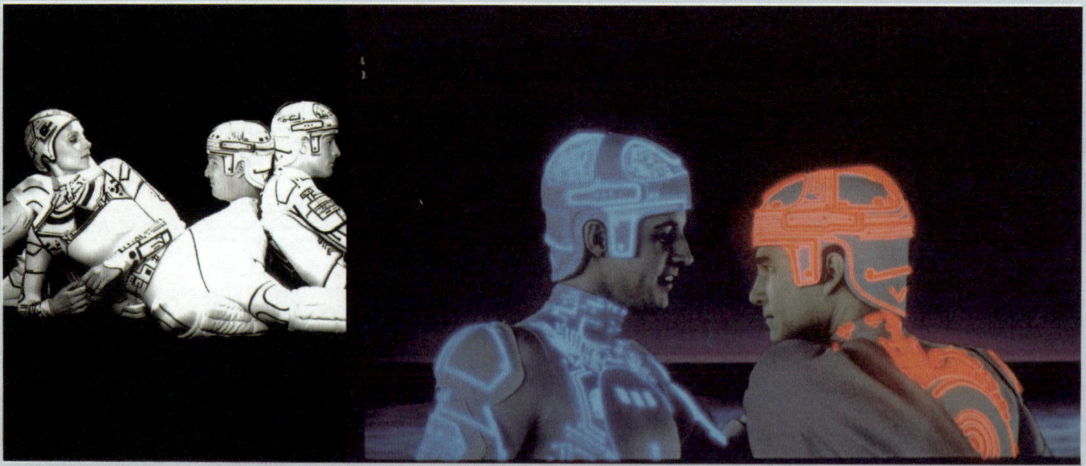

图6-44

在《电脑争霸》中，采用放大图像和调整反差的方式进行分层和合成。

影业（Lucasfilm）的分支机构卢卡斯影业数字分部。1984 年，受皮克斯合作创始人之一艾德·卡特穆尔（Ed Catmull）的邀请，约翰·雷斯特加入了这个分支机构，执导了一部计算机动画短片《安德烈与威利的冒险》（*The Adventures of Andre and Wally B*）。这成为最早的三维角色动画代表作品。短片既展示了当时研发的新技术动态模糊（motion blur），也沿用了诸如挤压和拉伸等传统的变形技巧。

1986 年卢卡斯把这个分支机构卖给了苹果公司的创始人乔布斯，乔布斯为其更名为皮克斯。皮克斯不仅研发了软件 Renderman——一个直到今天很多电影还在使用的渲染软件；更重要的是，皮克斯在约翰·雷斯特的带领下创作了一系列既富观赏性又有创新技术的短片。

整个 20 世纪 80 年代，皮克斯都在继续研究和创作三维动画短片。短片的主要目的在于发掘工作室的动画创作和技术能力。这些短片有不同的主题，而且每个短片都有针对性，一步一步解决诸如角色运动、服装流动、粒子系统和毛发效果等问题。这些短片不仅磨合了皮克斯的团队创作，为其创作三维动画长篇做了充分准备，而且这些短片本身也在雷斯特的执导下获得成功，多次获得奥斯卡最佳短篇提名和奖项（见图 6–45）。

20 世纪 80 年代后期，皮克斯几乎以每年一部的速度推出三维动画短片。1986 年的《顽皮跳跳灯》（*Luxo Jr.* ）是首部获得奥斯卡提名的计算机动画，可爱的弹跳台灯也成为皮克斯的标志。1987 年，《独轮车的梦想》（*Red's Dream*）是皮克斯第一次表现三维人物角色，塑造了小丑 Lumpy，也展示了皮克斯的特效能力，比如在三维动画中对雨和闪电效果的营造。1988 年，《锡铁小兵》（*Tin Toy*）在很大程度上推进了数字角色动画的复杂表情和动作表现的发展，还获得了当年的奥斯卡最佳短片奖。1989 年，《小雪人大行动》（*Knick Knack*）中的角色都是立体几何图形拼接而成的，人物线条简单，全塑料的人物纹理看上去非常舒服。人物动作夸张但是动作感觉到位，在角色动作和

图 6–45

皮克斯创作的诸多动画短片成为其日后成功推出三维动画长篇的基础。

物体运动上都比《锡铁小兵》有了很大的飞跃。这部作品虽然于1989年制作完成，但是在2003年《海底总动员》时，本片才作为加映短片上映。

在诸多短片获得成功之后，皮克斯与迪士尼签订了计算机动画绘制系统（CAPS）的相关合同，这也为其后来与迪士尼的长期合作奠定了基础。同时，皮克斯也创作了一些电视广告，其广告客户有Lifesavers、李施德林（Listerine）和Trident。这些广告不仅扩大了皮克斯的知名度，也使皮克斯有了更多的经济支持，得以聘请更多艺术家加盟，比如彼特·道科特（Pete Doctor）和安德鲁·斯坦顿（Andrew Stanton）。人员、技术、资金和艺术上的充分储备使皮克斯对全三维动画长篇的创作和发行充满信心。

20世纪70年代末至80年代初开始，一些专门的数字动画工作室陆续成立，比如卢卡斯指导下的工业光魔公司（Industrial Light and Magic，ILM)主要参与影片局部剪辑和特效工作（见图6-46）。太平洋数据公司（Pacific Data Images，PDI）成为当时最成功的独立工作室。这个工作室后来加入了梦工厂，成为后来的三维动画长篇经典《怪物史莱克》系列、《马达加斯加》系列和《功夫熊猫》系列的创作者。

20世纪80年代中后期，皮克斯和蓝天工作室更是开始了对数字动画的进一步探索。这些工作室的很多成员最初来自其他的实验室和研究机构。比如，皮克斯的前身卢卡斯影业数字分部的元老级人物艾德·卡特穆尔就是卢

图6-46

在历史上票房最高的十部影片中，有八部使用了工业光魔公司制作的视效。工业光魔公司获得了多达28项奥斯卡奖，其中14项是最佳视效奖。

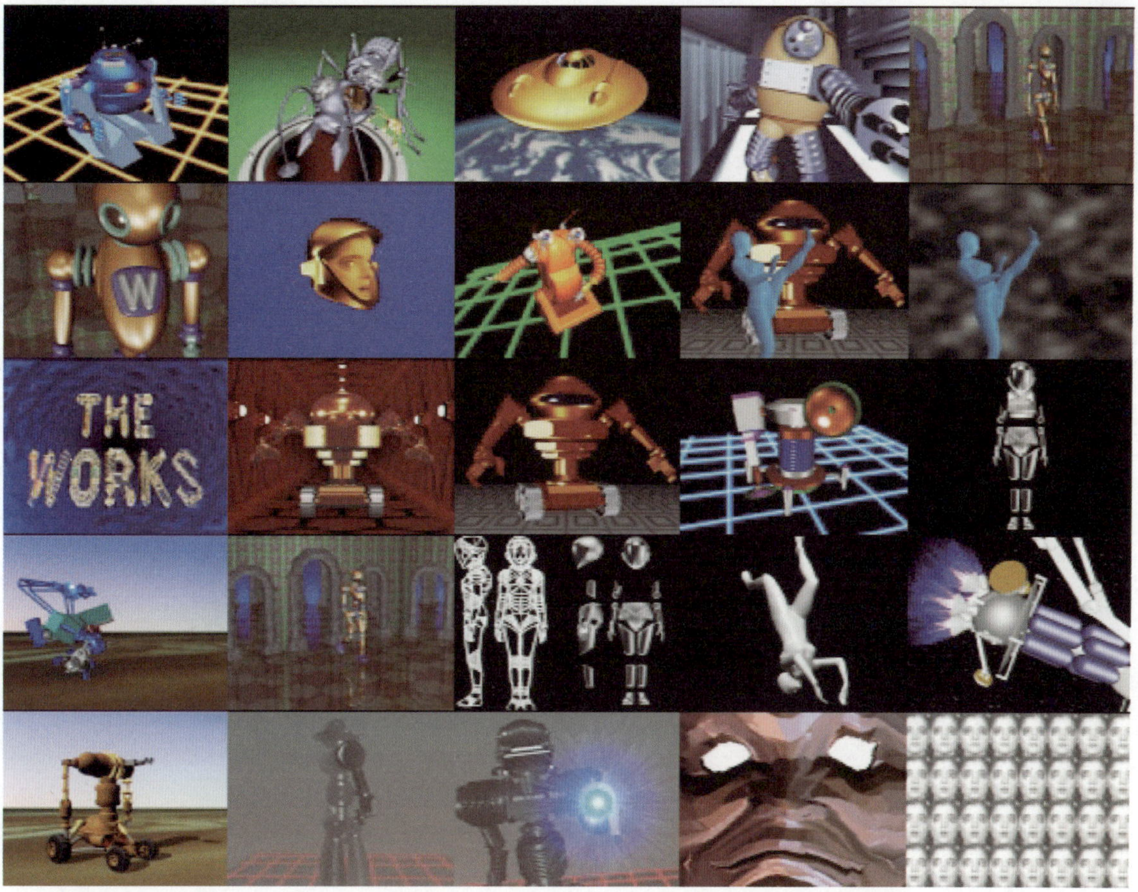

卡斯 1979 年从纽约科技学院（The New York Institute of Technology，NYIT）的计算机图像实验室（Computer Graphics Lab ，CGL)聘请来的（见图6–47）。

图 6–47
较早从事数字动画研发的研究者在纽约科技学院计算机图像实验室创作的三维图像静帧组图。

这些数字动画的早期奠基者具有的科研和学术背景对后来数字动画的发展具有非常重要的影响。一方面，计算机的静态、动态影像及其他方面的科技研发联动起来，给予动画新的面貌；另一方面，这意味着动画人员结构有了较大的调整，动画的发展方向受到了原领域之外的强大推力，正在发生一场革命。数字动画尤其是数字三维动画在从短片到长篇的实验探索中，为了便于团队的分工合作以及对数字三维动画的成本控制和运营管理，逐渐发展出一套流程。

在动画创作之初，无论是传统动画还是数字三维动画，故事剧本都是其灵魂和基础。所不同的是，在把剧本中的文字转变成形象的时候，数字三维动画要在设计阶段就把角色、场景、道具等通过材料建模和数字建模模拟和呈现出来，以便从一开始就用一种立体的视觉关系营造这个故事的环境和角色（见图 6–48）。

另一方面，和数字三维动画相比，传统动画中的角色塑造流程简单得多，主要是通过原画和中间画完成。而数字三维动画中的角色塑造则需要建模、骨骼设定和绑定、动画设定、镜头设定，赋予材质和灯光，这一长串的流程

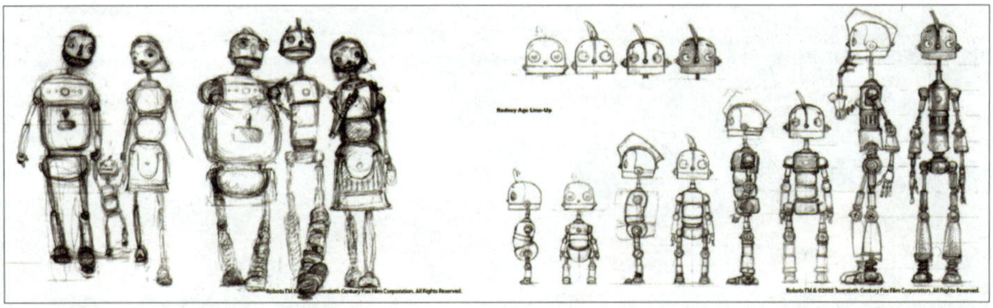

图 6-48

2005 年，蓝天工作室继《冰河世纪》之后推出《机器人历险记》(*Robots*)，讲述了一名天才发明家希望自己创造的各式机器人能让世界更美好的故事。图为不同机器人的角色设计。

图 6-49

前期部门和设计部门协作，把角色、场景和道具转化为三维模型。

基本在前期部门完成（见图 6–49）。在此基础上再进行渲染才能得到三维影像序列帧。这样看来，数字三维动画确实流程更为复杂、投入人员也相对更多，但是它的优点是这些模型、骨骼和材质一旦制作好，就能非常方便地复制和团队分享使用。这也是很多工作室在推出多部短篇之后得以创作长篇和长篇续集的基础。因为他们已经储备了很多模型、骨骼和场景供重复使用，也积累了团队合作的经验。

除了以好莱坞为主的动画工业在数字化时代中的开拓和创作之外，也有很多个人和小团体的动画实验。他们努力借助动画表达自身的思想，发掘动画多元的可能性。独立动画主要是指好莱坞动画工业之外的动画实验和创作。由于凭借的是个体或小团队的力量，动画作品主要以短片形式为主，这些作品如今成为各国际动画节短片奖的有力角逐者。

独立动画的创作往往不同于商业动画，相比商业动画的投资和对票房收益的要求，独立动画的创作周期更自由、成本较低。但独立动画非常看重鲜明的个人风格和动画的艺术表现。

20 世纪 90 年代，由 Flash 动画所引领的矢量风格动画受到了广大动画爱好者的喜欢。其实这种“有限动画”的风格正是独立动画艺术家们所开拓的。此外，独立动画开掘了更为丰富的动画形态和风格，比如剪纸动画、剪影动画、沙动画、实物动画等。这些动画形态在数字环境中又放射出新的光芒。

【知识点】三维动画的前期部门

三维动画的前期部门需要理解二维的故事板，并将这些二维层面的设计和故事节奏转换为三维的设置和序列影像。这使导演、镜头导演和艺术导演能够尽早直观地看到这个作品的大致雏形。前期部门的创作人员需要才能全面、工作高效，他们要负责建模、骨骼设定、骨骼绑定（蒙皮）（见图 6–50）、角色和镜头设置，还要在此基础上设定动画，赋予材质、打灯和添加视觉特效。在前期部门的创作中，导演会帮助他们随时处理各个方面出现的问题。

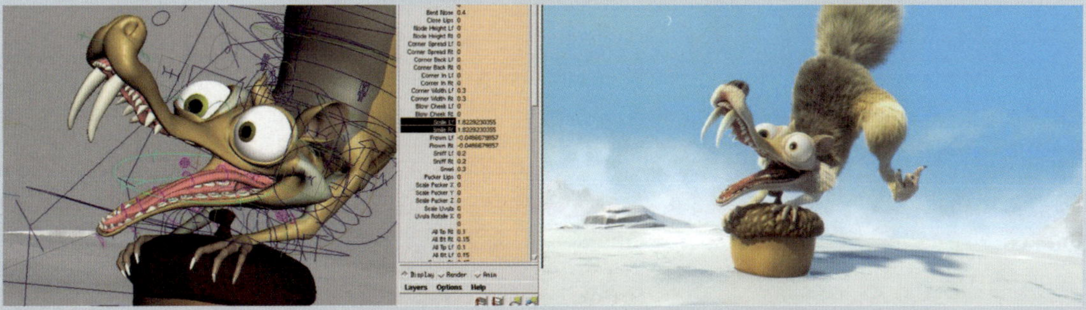

图 6–50

在渲染成三维静帧之前，三维角色需要一系列的设定，包括复杂的骨骼绑定以及赋予毛发等。

【知识点】独立动画

对于独立动画 (Independent Animation) 的一般定义是，好莱坞动画工业之外的卡通短片和动画短片。对于独立动画的认识将丰富和完整对动画的整体认识。迪士尼乃至好莱坞动画工业有其相应的固定模式。由于“动画长篇”和“动画巨片”的制作需要耗费巨资以及大量的时间和人力，限制了动画从形式到题材的实验和创新。同时，好莱坞动画执行“以制片人为中心”的制作理念以便控制成本和强化管理。这种模式往往会挫伤动画艺术创作者的独立性，导致内部人员创作理念的分裂。由此，迪士尼在 20 世纪 40 年代出现了著名的罢工事件。在约翰 · 胡布里（John Hubly）的带领下，一些艺术家离开迪士尼组建了美国联合制作公司（UPA），推行以动画艺术家为中心的创作模式，他们借助“有限动画”的形式，节约动画张数以降低成本并追求独特的动画风格。

UPA 反对好莱坞以制片人占绝对主导地位的生产模式，注重创作者的艺术独立性，确立了“回复动画艺术本质，力求发挥作者个性和创意”的发展宗旨。从此，独立动画在美国和其他国家以不同的形式发展起来。数字技术的发展降低了数字设备的成本，数字动画给予了个人和小团体更多创作独立动画的空间和机会。

【知识点】 SIGGRAPH 国际会议

SIGGRAPH 是 Special Interest Group on GRAPHics and Interactive Techniques 的简称，即计算机图形图像和交互技术特别兴趣小组。该组织成立于 1967 年，一直致力于推广和发展计算机绘图和动画制作的软硬件技术。

从 1974 年开始，SIGGRAPH 每年都会举办一次年会，该年会由 ACM SIGGRAPH（美国计算机协会计算机图形专业组）组织，成为计算机图形学（Computer Graphics，CG）顶级年度会议。从 1981 年开始，每年年会还增加了电脑绘图方面的 CG 展览。绝大部分计算机绘图技术软硬件厂商每年会将最新研究成果拿到 SIGGRAPH 年会上发布，大部分游戏的电脑动画创作者会将他们本年度最杰出的艺术作品集中在 SIGGRAPH 年会上展示。因此，SIGGRAPH 在图形图像技术、计算机软硬件以及 CG 等方面都有着相当的影响力。最近一次的 SIGGRAPH 年会（2012）在洛杉矶举行。过去的 SIGGRAPH 年会曾经在达拉斯、波士顿、西雅图、新奥尔良、圣迭戈和美国的其他地点举办。SIGGRAPH 年会曾于 2011 年在温哥华举行，这是 SIGGRAPH 年会首次在美国以外的城市举行。

SIGGRAPH 还设有计算机动画节（Computer Animation Festival），计算机动画节逐渐成为一年一度最为重要的专门面向数字动画的展映、竞赛和激发创作者的盛会（见图 6-51）。2008 年开始，SIGGRAPH 还开设了 SIGGRAPH 亚洲专场。

图 6-51

SIGGRAPH 的计算机动画节可以看作数字动画之母，因为早期最为重要的数字动画都是在这里向全世界呈现的。

思考题

1. 1983 年,《时代》杂志评选了 1982 年度令世人瞩目的“年度人物”——电脑。你如何看待电脑在 20 世纪 80 年代的普及和在艺术领域中的使用?
2. 艺术家本·莱波斯基于 1952 年创作了《电子抽象》系列，这被评论界视作计算机艺术的起点。你如何理解早期计算机艺术以“电子抽象”的形式呈现?
3. 从早期贝尔实验室的科学家兼具艺术家的实验到 20 世纪 80 年代艺术家、科学家、工程师的合作，计算机艺术家往往具有多元的身份和合作环境，你如何看待计算机艺术创作者的多元身份?
4. 数字生成艺术给予了艺术家和观众更多选择的机会，你如何看待生成艺术提供的开放性?
5. 如今数字动画已成为主流动画形式，结合你感兴趣的数字动画作品分析你对数字动态影像的理解?

第七章

互动艺术

要使艺术作品有更多被实验的可能性，就必须使观众尽可能地参与其中。

——新媒体艺术策展人提摩西·朱克力（Timothy Druckrey）

在数字媒体发展的进程中，艺术家和科学家的实验合作往往能激发出新的作品形态和沟通方式。随着个人电脑的普及和数字技术的提升，计算机等数字技术并非局限于应用软件进行绘画创作，而是影响着数字音乐、数字动画、网络艺术乃至互动艺术等诸方面。

互动性的艺术观念和实践在20世纪80年代末有了重要的突破。1989年，杰夫里·肖（Jeffery Shaw）创作《易读的城市》（The Legible City），通过计算机联动模拟自行车，参与者可以骑自行车漫游曼哈顿、阿姆斯特丹等“虚拟城市”。这是一个由三维技术创作虚拟建筑，并第一个利用计算机把运动和数字三维空间结合起来的作品。《易读的城市》将现实时空中的城市营造为电子建筑，骑自行车者在三维空间中获得虚拟旅行的体验（见图7–1）。

在本章中，我们将要关注新媒体艺术重要的特性之一——互动性。在这里，互动艺术呈现为一种开放式“阅读”的创作。其实，在数字技术飞速发展之前，艺术家们已经有了把受众视作参与者，吸引他们投入作品的创作的想法。当数字技术逐步成熟之后，互动的能力和使用范围都大大提升，作为一种集群，数字互动艺术围绕着参与者设定、建立起来一种新的媒体世界。它关注参与者外在的感知、唤醒其内在的体验，激发参与者全方位的感知。在全方位的互动中，新媒体艺术拓展出新的艺术体验，也激发了更多的主题性参与讨论。难怪在新世纪交互被誉为“第五维度”，它体现了艺术通过媒体的合力所能开发的无限潜能。

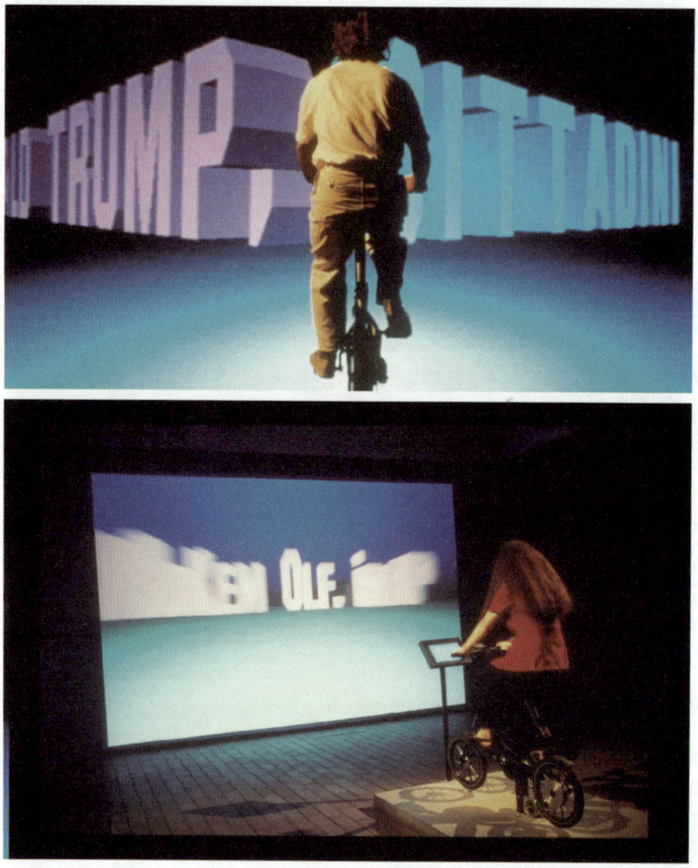

图 7-1

杰夫里·肖创作的《易读的城市》互动艺术作品，通过计算机联动模拟自行车，参与者可以骑自行车漫游曼哈顿、阿姆斯特丹等“虚拟城市”。

第一节　互动艺术概述

莎士比亚曾经说过：“一千个观众眼中就有一千个哈姆雷特。”这句话描述了阅读中的一种现实，即对同一文本的阅读，读者的阅读感受各不相同。可以说，当一部小说完成时，作家对角色的塑造已经完成，但是读者心中的角色塑造却可能随着时间的推移不断丰富和延展。

1969 年有一本名为《法国中尉的女人》的小说问世，由英国著名作家约翰·福尔斯所著。在这本小说中，福尔斯创造性地设计了开放式的结局，把重要的结局选择权交给了读者，这在西方广大读者和评论界中引起了强烈的反响。毋庸置疑，这种主动式的阅读在艺术创作观念上会对其他领域的艺术家产生深刻的影响。而当艺术观念和科学技术条件成熟时，新的艺术作品就如雨后春笋般涌现出来，并对艺术的发展形成深刻的影响。

我们本章所介绍和探讨的正是互动艺术，一种围绕着参与者所建立起来的艺术世界，它关注参与者外在的感知和内在的体验，通过激发参与者全方位的感知而令艺术作品的效果在互动中实现。

在引言部分我们就介绍过，相对于传统艺术作品，互动艺术作品带来的艺术体验是全新的。当观众面对美术馆中的画作时，他们只能被动地甚至是远距离地瞻仰式观看和欣赏（譬如在卢浮宫观看《蒙娜丽莎》），但随着艺术观念的革新和艺术手段的丰富，一些艺术家们希望观众参与他们的作品。这种对于观众参与艺术作品的实验从 20 世纪 20 年代就开始了，比如杜尚的作品《旋转盘》（Rotary Glass Plates），该作品引导观众在不同的距离观看作品，从而产生视觉上的差异（见图 7–2）。

继而，60 年代的激浪运动和偶发艺术中有一些艺术作品也强调观众的参与。比如，美国艺术家阿伦·卡普洛 1959 年的作品《在六个地点的十八个偶发事件》（18 Happenings in 6 Parts）中，艺术家邀请了 75 个人参与他的作品，每个人都成为这些事件的一分子（见图 7–3）。日本艺术家盐见美绘子（Mieko Shiomi）1963 年的系列作品《镜子》（Mirror）中，艺术家要求表演者站在海滩上背对着海，面对着观众拿着一面镜子，镜子中呈现出观众的影像，表演者拿着镜子慢慢向后退，退到海水中，而观众的影像也象征性地沉浸于大海之中（见图 7–4）。

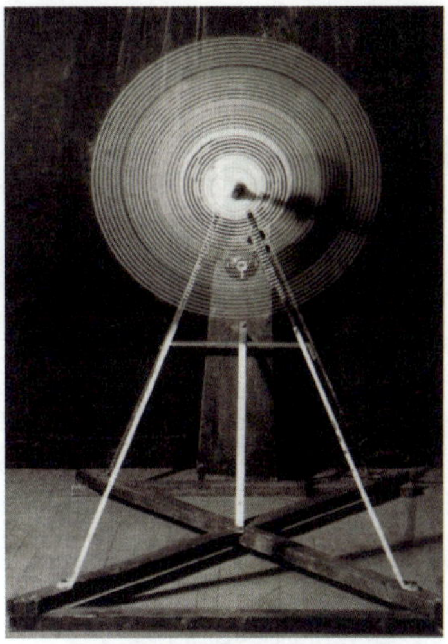

图 7–2
杜尚的作品《旋转盘》，1920 年。

图 7–3
阿伦·卡普洛的作品《在六个地点的十八个偶发事件》及创作草图，1959 年。

图 7-4
盐见美绘子的系列作品《镜子》，1963年。

以上这些作品虽然邀请观众参与，但还是对观众的参与方式有着严格的限定，而在以计算机为平台的数字交互艺术中则呈现出新的观众参与方式，它不完全由艺术家的个人意志决定，有些交互效果甚至溢出艺术家的原有设想。比如，美国艺术家肯·范戈尔德在1993年所创作的交互艺术装置《童年/热战与冷战》（Childhood/Hot and Cold Wars），他把主动权交给观众，让他们自己控制节目的进程和组合方式。范戈尔德把一个地球仪放在有亮光的桌面上，桌上还有一个老挂钟，其实这个挂钟的钟面也是一个投影银幕，观众转动地球仪的动作会影响挂钟上的影像。观众在转动地球仪的过程中可以看到不同的影像，老套的肥皂剧或恐怖电影，它们都来自五六十年代的电视节目。对于范戈尔德来说，他希望观众自己控制节目的播放速度和方向，而将地球（代表空间的符号）和挂钟（代表时间的符号）结合，无疑可以看作对数字时代时空重组的预言。

1995年，美国艺术家比尔·希曼（Bill Seaman）和波兰艺术家塔马斯·沃里克斯基（Tamas Waliczky）合作创作了一个名为《串连的诗》（Passage Set/One Pulls Pivots at the Top of the Tongue）的作品。这个作品通过数字技术手段将一百五十多张影像重叠，让观众通过互动参与获得诗化的感受。这个交互装置通过三个投影机让观众自主选择文字和图片，这些被作为“热区”的文图带领观众进入其他关联的视频和图像，观众通过自己的操纵以创作者的身份完成一种诗情画意的串连（见图7–5）。

由于数字互动艺术基于计算机平台，所以受众的参与互动实际上是通过不同类型的感应器感知受众的身体运动和变化，将这些动作和变化转变成数字数据并通过计算机调动已经设计好的程序，从而实现影像或声音的变化。

在探索数字互动媒体的过程中，涌现出很多有代表性的创作者，包括

图 7-5
比尔·希曼和塔马斯·沃里克斯基的合作作品《串连的诗》，1995 年。

美国的杰夫里·肖、格雷厄姆·温布伦（Grahame Weinbren），德国的贝恩德·林特曼（Bernd Lintermann）、托斯特·布莱什（Torsten Belscher）等。为了鼓励受众的参与，他们的作品往往在探讨艺术性的同时也注重趣味性和游戏性，比如我们介绍过的参与者骑自行车穿越虚拟城市的作品。一些作品通过观众的声音实现戏剧化的影像变化，还有一些作品引导观众做出各种姿态，捕捉自己的影像和虚拟影像的关系。

这些艺术创作旨在加强互动作品的趣味性和参与性，它们将观众的参与置于创作的出发点，鼓励观众自己寻找参与作品的方式，体会他们与作品的关系。这样一来，在理论上，一个作品就有了无数种可能性。因为正如一千个观众眼中就有一千个哈姆雷特，每个人看待作品的差异和不同角度在互动作品中被真实地呈现出来。

第二节　互动艺术探讨社会问题

通过互动作品的艺术实验，艺术家发现，“观众”通过行为的参与转变为“参与者”，因而可将他们真实的想法呈现出来，这种见仁见智的互动方式使艺术家乐于在一些作品中探讨更为多元的社会问题，譬如女权主义、战争主题较为频繁地出现在 20 世纪 90 年代末的互动作品中。这让互动艺术不仅提供开放式的感知和体验，而且使得作品在互动“阅读”中实现深层次的思考。

赫什曼·利森（Hershman Leeson）是第一个将女权主义话题放在互动作品中讨论的女艺术家。从 1978 年到 1983 年她创作了主题作品《洛纳》（Lorna），1992 年又创作了《一个人的房间》（In Room of One’s Own: Slightly behind the Scenes)。在《一个人的房间》中，她探讨了“偷窥”这一现代生活中的话题。她将一个竖直的窥视镜和她的媒体作品相连，媒体作品中所呈现的是一个女性的房间，观众被设定成为偷窥者，他们的窥视激活了房间里的影像，每个人目光游移的顺序不同，停留的焦点也不尽相同，可能是床，也可能是电话和衣服。可以说，这样的互动作品往往成为社会问题焦点的晴雨表，偷窥这一主题也在现代影视作品中以不同的方式被反复探讨。

1997 年的互动艺术作品《世界的皮肤》(World Skin)则以虚拟体验的方式让参与者思考战争与游戏的关系。这个作品的创作者是法国的让－巴普蒂斯特·巴雷尔(Jean-Baptiste Barrière)和莫里斯·贝纳永(Maurice Benayoun)。

在这个作品中，参与者扮演着战地通讯员的角色。他们的武器是一架照相机，行走在充满战争、炮火、伤痛、死亡和被破坏建筑的三维世界中，他们相机所拍到的地方会变成一片白色，像纸一样，留下可怕的阴影并伴随着相应的音效。装置模拟了战争场面，观众通过拍照所形成的破坏虽然只呈现在影像上，但通过这种虚拟的体验揭示了战争的恐怖和巨大伤害性，更重要的是，战争正是由人类亲手发动和参与的。面对这样的作品，参与者在游戏的进程中会对战争有着新的体会和思考(见图 7–6)。

有些创作者则希望通过自己的作品挑战惯例和权威观念。比如计算机艺术家和研究者卡尔·西姆斯(Karl Sims)，他创造出一种以计算机图形技术为基础的交互作品用以探讨达尔文的物种进化理论。在多年研究和创作中，他开发的粒子系统和人造生命动画成为其标志性作品。1993 年他的作品《生成影像》(Genetic Images)在法国巴黎的蓬皮杜艺术中心展出。在作品中，观众可以以他们所选择的方式在这个虚拟世界里创造物种。

卡尔·西姆斯 1995 年的作品《生物进化》(Galapagos)作为东京交互艺术中心的常设展品展出。观众可以在计算机中用达尔文进化论方式超速培育人工生命，这其实是对现实世界进化规律的一种挑战。在《生物进化》中，12 个监视器呈半圆形排列，其中呈现的是三维生物，每个监视器有脚踏板与之相连，当观众踩到其中的一个时，其他监视器呈现为白屏，只有踩中脚踏板的监视器中才有影像。这个被随机选中的物种进化为新的物种，这种在数字空间中由个人意志决定的生物进化体现了新的维度，即交互带来的新维度(见图 7–7)。

图 7–6

让－巴普蒂斯特·巴雷尔和莫里斯·贝纳永的作品《世界的皮肤》，用互动这种参与方式使人们认识到战争的巨大伤害。

图 7-7
卡尔·西姆斯的作品《生物进化》，以互动的方式由观众决定生物的进化方式。

互动艺术的触角也延伸到对互动电影的探索，使很多传统电影中的主题可以得到互动性的讨论。艺术家格雷厄姆·温布伦一直致力于互动电影的研究，他参与的互动电影作品《魔王》(*The Erl King*，1983—1985)、《奏鸣曲》(*Sonata*，1991—1993)、《框架》(*Frames*，1999) 和《隧道》(*Tunnel*，2000)，都使用了一些设备来使观众的行为与电影作品互动。

《奏鸣曲》是一个迷宫般复杂的互动电影试验作品。作品的名字借鉴了托尔斯泰短篇小说《克莱采奏鸣曲》(The Kreutzer Sonata)，原故事讲述了火车上的一个男人向其他人诉说其杀妻的故事。影片中还呈现了圣经《旧约》中犹太寡妇朱迪思杀荷罗孚尼而拯救自己国家人民的故事。这种有着丰富文化、历史意蕴的作品在温布伦的设计下由三组屏幕构成，观众置身于钢制立方架中，其行为可以影响到影片的播放内容。通过在显示器上的红外感应装

【知识点】

互动装置

互动装置这个词源于英文的 Interactive Installation，从字面意思来看主要有两层含义：一是相互作用或能相互作用的设备；二是人机对话的具有直接和连续的双向电子或通信系统的硬件设备。互动装置有时也被称为交互装置。交互与互动要求具有双向信息的传递，这种传递在低层次上是一种信息指令的发出与程式回复，在高层次上是一种具有判断性的信息反馈。

随着计算机技术的发展、编程技术的提高，交互性将有更深层次的发展和更多的意义。而装置要产生互动就要具备一定的媒介，一般包括：信息输入载体，指人向计算机传递信息的触动装置如跟踪球、操纵杆、图形输入板、声音输入设备、红外线感应器、视频输入设备等；信息输出载体如投影、分屏仪、凹面镜、声音输出设备、视频输出设备等。作品在装置的承载下使人能够融入环境中或成为其中一部分。

互动装置以跨学科的综合性为特征，它包括了设计艺术、计算机图形技术、编程语言、传媒硬件材料等各类学科，甚至对生物、音乐、物理等知识都要有所了解，才能进行设计和作品创作。

置，观众能够把电影的影像分层，重新组织人物和故事。这种实验开启了互动电影的世界，也给未来观影提供了新的可能性。

可以说，互动艺术提供了一种见仁见智的开放环境，它常常借助互动装置的形态和技术支持，使创作者能够与参与者共同创造出类似公共讨论的空间。更为多元的社会问题得以在互动情境中呈现并探讨，这也是互动艺术家创作的初衷。

【案例分析】 互动电影《办公室故事》的游戏性

受到互动游戏概念和模式的启发，一些互动电影更为注重对故事的操纵乐趣，比如故事角色可以通过设置特别的操纵器来进行表情和行为的控制，或者通过控制故事的关键性事件来产生不同的结局。迈克尔·卢(Michael Lew)的互动电影就具有这样的游戏特性。

举例说，在迈克尔·卢的互动电影《办公室故事》(*Office Voodoo*)中，他希望观众来决定电影的镜头序列。苏联有一部经典的电影《办公室故事》，围绕着统计局长卡卢金娜和普通职员诺瓦谢利采夫展开了一场“不纯的喜剧”——有心酸有欢笑。而迈克尔·卢的互动电影更为简化，故事只有两个角色——办公室工作者，一男一女，他们面对面坐着，各有一部电话和电脑摆在面前。这种设置是现代办公室的典型。这个互动电影需要两个观众坐在一个有屏幕的小空间内，每个参与者拿着一个玩偶以代表其中一个角色。这种玩偶非常贴近现在办公室白领喜爱的减压娃娃，通过挤压这两个玩偶，参与者可以控制电影镜头的进程（见图 7-8）。

在这里，参与者通过挤压娃娃，一方面控制了游戏进程，一方面也实现了自我减压。在控制游戏进程方面，是通过一种类似于情绪晴雨表的东西来进行的，情绪如同温度从冷到热，通过挤压有着极高的任意性。强烈挤压使参与者代表的办公室角色变得更具有调情意味，而轻柔挤压则使办公室中的男女角色更专注工作。此外，迈克尔·卢还设计了有趣的电话互动环节。参与者可以用自己的手机拨打电影中男女主角面前的电话，参与者拨打电话后，电影中的某部电话的铃声响起，男女主角接听电话会有不同的反应，这给了这一互动观影有如恶作剧般的体验。

和传统影片不同，传统电影剪辑和排序方式是由一个编辑者在一条时间线上完成的，而迈克尔·卢的互动电影的镜头排列是在一个媒体空间中进行的，因此允许观众挖掘这种空间并根据自身的愿望排列观看影片镜头。这个互动电影搜集和表现了日复一日的办公室工作，并借助玩偶控制、拨打电话等互动方式呈现出你需要进行不断的调节才能摆脱现代办公生活中存在的压力。

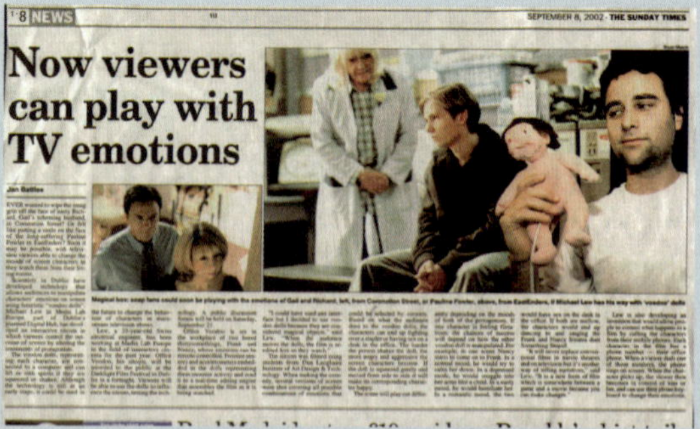
8 NEWS
SEPTEMBER 8, 2002 · THE SUNDAY TIMES

Now viewers can play with TV emotions

图 7-8

迈克尔·卢的互动电影《办公室故事》通过参与者操控玩偶来进行叙事，给予参与者释放压力的游戏体验。

第三节 全方位的互动探索

对于互动艺术的探索往往需要结合全方位的高新技术，比如参与者的数据输入技术、计算机成像技术、感应器数据转换技术、声音分析技术等等。同时也需要结合新的展现工具和样式，比如视频投影、激光影像、机械甚至机器人等。互动媒体通过计算机网络和电子系统展开主体间的互动以及人机互动的探索。

1990 年，埃德蒙德·科可特（Edmond Couchot）和米歇尔·布莱特（Michel Bret）合作的《蒲公英》（I Sow to the Four Winds）通过计算机和观众的呼吸交互使三维图像发生变化。这种借助呼吸的互动完全打开了计算机技术艺术应用的新途径。在这一作品中，屏幕上一棵蒲公英在一束光的虚拟微风吹动下非常缓慢地飘动。当观众朝屏幕呼气吸气时，空气的压力吹散了蒲公英，飘散出蒲公英的种子。观众可以继续吹动，直到没有任何东西可以驱散。然后，一朵全新的花出现在屏幕上，游戏总有不同的内容并且可以重新开始（见图 7–9）。

互动艺术的创作使得一些艺术家形成固定的团体进行长期的主题实验。由戈兰·莱文（Golan Levin）和扎克·利伯曼（Zach Lieberman）在纽约合作组成团体，他们的合作基于奥地利林兹的艺术中心而展开，这对师徒参与各种艺术和商业的创作活动。2003 年，他们基于表演创作的互动装置《声音现场》（Messa di Voce）将表演者的谈话、歌唱、喊声转化为互动的影像。这种艺术实验通过对表演者和参与者声音和动作的感知变化调动光线、声音、影像、视频动画等（见图 7–10）。

互动艺术可以通过对参与者的气息、声音和各种肢体动作的探索得到全面发展。互动艺术也影响了电影、舞蹈等其他艺术领域。除了前面提到的互动电影通过游戏性来探讨社会话题，艺术家也关注互动电影多样的生成性。

可以说，从 20 世纪 80 年代开始，互动电影开始了更为明显的不同层面的探索。一方面即互动游戏和互动电影在几种平台上的结合，这种探索更为注重游戏性的互动体验，比较适合几个人的家庭游戏娱乐和观影。另一方面

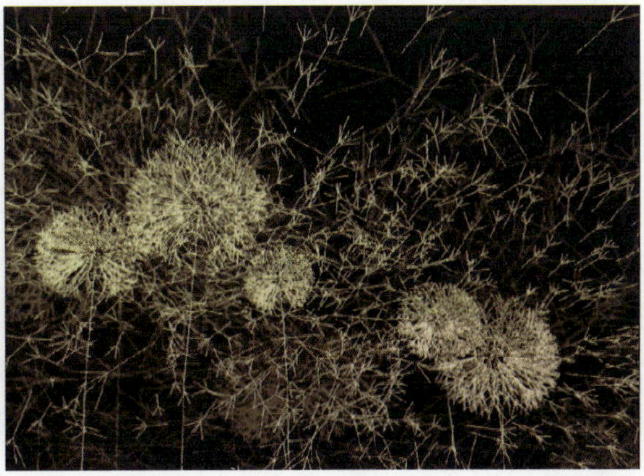

图 7–9

埃德蒙德·科可特和米歇尔·布莱特的作品《蒲公英》，经过观众的吹动，蒲公英在屏幕上漫天飞舞。

图 7-10
戈兰·莱文和扎克·利伯曼的作品《声音现场》，用吹气和肢体动作与屏幕和另外的参与者互动，有趣的形式吸引了不同年龄的参与者。

是在电影院中进行的比较大型的互动电影实验，主要集中在加拿大和美国的新影院中。这些影院要么把冒险游戏拍成真实电影，在电影院里请观众用遥控器选择路线；要么把游戏竞赛直接搬到影院屏幕上，吸引观众进行游戏般的影片竞赛。这种探索比较注重大型银幕效果和多人同时游戏的体验。不过值得注意的是，还有一类更为前卫和先锋的互动电影，这种互动电影有着更为个人化的创新性开拓，往往体现在一些先锋艺术家的个人实验中。

澳大利亚艺术家伊安·霍华德（Ian Howard）的作品《甜蜜的潜行》（Sweet Stalking，2001）中，将拍摄的六十段视频片段随意排列，观众可以随机组合出五个剪辑的片段，构成新的片段。这个作品让观众以一个城市女性的身份和视点，展开她的私生活关系。虽然观众创作出的电影片段很短，但是由于观众可以多次参与这个作品，每一次参与几乎都能获得新的结果。因此，这个作品能衍生出不同的、最终的电影片段，数量极大，约为六亿五千多万种！这种巨大的可能性使观众可以从不同的结果中体会到不同的东西，也可以从几乎无限次参与中完全体会到故事的互动可能性，互动电影如同互动游戏般以角色的多重经验让观众体会新的观看和参与方式。

在某些方面，互动电影似乎走得比互动游戏更远些。在很多场景中，玩家控制角色和选择游戏进程的自由度还是有限的。一些互动电影则在整体制作上探索受众参与的更大可能性，这些作品从开始的题材、剧本、导演和演员的设定和选择就听从观众的意见，通过网络投票等互动方式来实现，这样在前期阶段，互动电影就颠覆了传统电影的制作方式。或许正如温布伦所说的，互动电影的吸引力正在于它对于传统叙述结构批评标准的反击。

互动艺术也影响了舞蹈领域。1999 年，在美国亚利桑那州立大学的舞蹈与技术会议中，几个舞蹈指导借助动态感应技术（motion-sensor technology），呈现了互动的舞蹈作品，通过舞蹈动作联动荧光灯，透射出变化的图案和影像。在这里，舞蹈的互动将舞台的多种媒介调动起来，并关注动作的感应交互所激发的灯光和音乐的变化。由此可见，互动艺术在多领域的实验和交流中呈现出艺术跨界和媒介融合的新趋势。

【知识点】 **红外线感应器**

在互动装置中，很多时候需要观众的参与，这种参与往往需要感应观众的肢体动作。这一般借助摄像头、红外线感应器与电脑设备系统连接，结合事先设定好的程序，将肢体的动作转换成数据以改变影像或声音，从而产生互动的效果。

红外线感应器是根据红外线反射的原理研制的。在光谱中波长自 0.76 微米至 400 微米的一段称为红外线，红外线是不可见光线。所有高于绝对零度（—273.15℃）的物质都可以产生红外线。红外线感应水开关是我们日常接触最多的。通过红外线反射原理，当人体的手或身体的某一部分在红外线区域内时，红外线发射管发出的红外线由于人体手或身体遮挡反射到红外线接收管，通过集成线路内的微电脑处理后进行信号发送以控制水开关。

【知识点】 **互动感应投影系统**

在很多互动装置中都使用了互动感应的投影设备和系统，用以捕捉观众、参与者的肢体动作。其形态和功能多种多样，包括地面互动感应投影系统、桌面互动感应投影系统、壁面互动感应投影系统等等。这些设备主要借助计算机视觉技术和投影显示技术来营造奇幻动感的交互体验。与传统的触摸屏不同，不需要其他介质，用户即可以直接使用双脚或双手与普通投影幕上的虚拟场景进行交互，从而进入虚实融合、亦真亦幻的奇妙世界。

第四节　虚拟现实

虚拟现实（virtual reality，VR）是指使用者在三维空间体验时，虚拟的三维空间会根据使用者的动作进行变化。在这一过程中，使用者往往需要借助用以传输数据的头盔、手套等工具。

我们前面提到过的艺术家杰夫里·肖创作的互动装置《易读的城市》可以看作虚拟现实的重要代表作之一。这个作品从 1990 年开始启动，创作者将三维电脑程序与一个模拟的自行车装置相连，使用者骑在自行车上，面对着大屏幕中的三维影像，随着他的骑行，曼哈顿、阿姆斯特丹或是卡尔斯鲁厄这些城市中的街道、拐角、标牌、建筑等会显现出来而后消失。自行车上的把手和踏板由传感器连接到计算机和大显示屏，图像在方向和速度的遥感下改变，骑自行车者在互动的三维空间中进行着虚拟旅行的互动体验。

其实，早在20世纪70年代，虚拟现实的想法就在一些艺术家和科学家的头脑中萌生。丹·塞迪（Dan Sandin）和汤姆·迪菲特（Tom DeFanti）就合作开发计算机视频工具，他们想要为一个庞大的互动影像空间打下基础。他们在80年代开始试验创作了作品《洞穴》(Cave)。参与者带着立体眼镜进入一个9立方米的三维影像空间中，他们的运动会改变周围的影像，而他们所带的眼镜能够让他们在三维影像中分辨出其他的参与者。

《洞穴》这个作品虽然在数字时代产生，却像是对柏拉图的古老“洞穴之喻”作出回应。在古希腊哲学家柏拉图的《理想国》中提出了一个“洞穴之喻”，有一批人犹如囚徒，世代居住在一个洞穴之中，洞穴有条长长的通道通向外面，人们的脖子和脚被锁住不能环顾，只能面向洞壁。他们身后有一堆火在燃烧，火和囚徒之间有一些人拿着器物走动，火光将器物变动不居的影像投在囚徒前面的洞壁上。囚徒不能回头，不知道影像生成的原因，以为这些影子是“实在”，用不同的名字称呼它们并习惯了这种生活。当某一囚徒偶然挣脱枷锁回头看火时，发现以前所见是影像而非实物；当他继续努力，走出洞口时，眼睛受阳光刺激致使他什么也看不见，只是一片虚无。他不得不回到洞内，但也追悔莫及，他恨自己看清了一切，因为这给他带来了更多的痛苦。

《洞穴》这个作品的艺术构想是由艺术家同时也是科学家的丹·塞迪在1980年提出的。他或许是想借助这样一个虚拟现实的洞穴来展现人们的确是看到了所谓的“幻象”，然而人们能够了解“幻象”的制造和意义，而并非只是“幻象”的俘虏。不过这一体验不是借助文字的说教实现的，而是通过真实呈现在眼前的互动影像让参与者自己去体会。因此，从理念的提出到项目的落实持续了十多年的时间。直到1992年，丹·塞迪在芝加哥的电子实验室才正式公布了关于这个《洞穴》的项目计划和实施方案。此后，《洞穴》的实验项目被放置在许多不同的科学研究实验室里。1996年，《洞穴》终于完整地呈现于芝加哥的电子实验室。

这个作品以每秒钟三十幅影像的速度保持虚拟现实的真实感，参与者所带的眼镜装备有电池和红外线接收器，通过同步制图法的红外线信号传播到计算机，参与者还可以通过三维鼠标来控制选择影像。这个作品完全以参与者的视角为出发点，使参与者感觉他们在一个由自己创造的新时空中（见图7-11）。丹·塞迪还启动了一个名为CAVERN的网络研究项目，支持虚拟现实的设计和教学。

《洞穴》的设计构想也在其他艺术家的作品中得到新的延展。1997年

图 7-11

丹·塞迪和汤姆·迪菲特的作品《洞穴》是数字时代对古老的“洞穴之喻”的积极回应。

ZKM 艺术节开幕时的数字互动媒体作品《封闭的洞穴》(Configuring the Cave)是由杰夫里·肖与安格斯·胡戈(Agnes Hegedues),还有程序设计师贝恩德·林特曼合作完成的。作品启动后观赏者须带上 3 D 眼镜,随着观赏者与木偶互动,环绕四周的七段高画质高音质的动画影片产生变化,从而“身体”“空间”“语言”三者间的维度交织在一起。值得注意的是,这些动画与音乐并非事先录制的,而是特别为这个作品撰写的程序生成的,这个程序(xfrog)在参与者与木偶的互动之下,快速绘制复杂而多变的动画形体并产生音乐,参与者如置身于黑暗的洞穴之中,在神秘的空间中进行新维度的互动体验(见图 7-12)。

因为虚拟现实研发存在高经费和高技术门槛,使得只有少数艺术家有机会接触虚拟现实的创作实验,而医学领域相对充裕的实验资金在实现了艺术

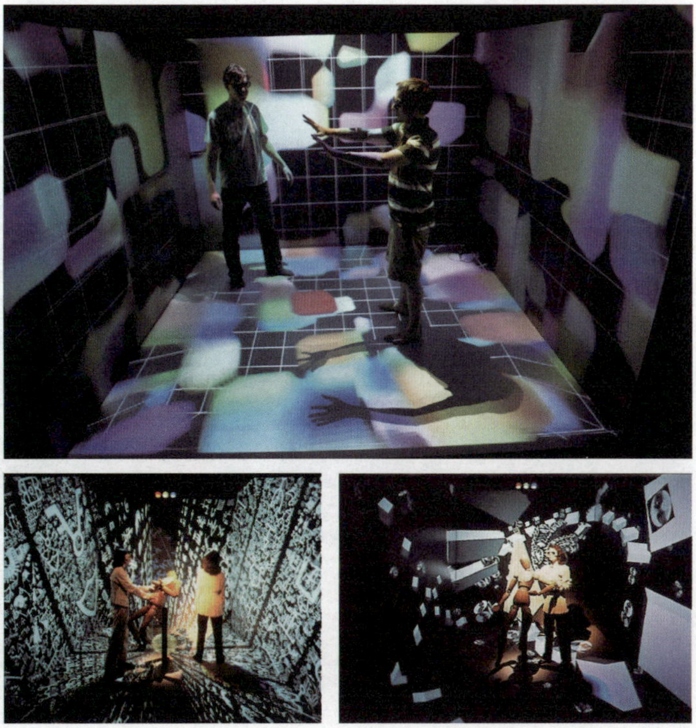

图 7-12

杰夫里·肖与安格斯·胡戈合作的作品《封闭的洞穴》,给予观众神秘空间中的互动体验。

家们构想的同时也推进了本领域的发展。除了在医学领域的应用，大学和试验室也是虚拟现实实验的理想场所。在伊利诺伊大学芝加哥分校的视觉实验室，虚拟现实在医学领域中的应用和发展速度之快令人惊奇，现有的虚拟手术技术已经较为成熟，是得力的实习解剖工具。

此外，航天航空领域也有着虚拟现实的需求，因此，也有艺术家和科学家的合作空间。从 1996 年开始，斯蒂芬・米特伯克－琼沃思（Stefan Mittlböck-Jungwirth）等就创作了《模拟太空舱 1》（Humphrey Ⅰ）。这个装置作品适用于航空航天领域，更注重互动感觉。因为人类受地球引力的作用，无法像鸟儿一样自由飞翔。而在这个互动实验中，参与者可以不受现实空间限制，变成“飞行员”。“飞行员”在这个虚拟的互动空间中可以更真切地感受到飞行，他们可以完全自由地移动整个身体。使用者身着特制的类似于飞行员的服装，吊在因空气作用而运转的绳索上，戴上特制的眼镜会看到有立体感的图像。

自从这个互动项目面世后，它就成为博物馆里最受欢迎的一部分。2003 年《模拟太空舱 2》（Humphrey Ⅱ）推出后，不仅进一步丰富了三维环境的虚拟效果，使“飞行员”可以更直观地航行、移动身体，他们还可以通过在虚拟世界里的目光注视来调整方向，去任何他们想去的地方。该项目更加注重数据头盔和机械系统的配合，计算机控制技术在人造环境方面更加仿真。此外，该项目也拓展了参与者的同步性，即正在进行互动体验的“飞行员”所看到的图像被同时显示在等离子显示器上，这可以让其他参观者通过观影体验这次飞行（见图 7–13）。

这样，这种真实失重的感觉与眼睛所看到的景象结合，不仅使用者感受

图 7–13
《模拟太空舱》系列互动项目让参与者成为“飞行员”，体验虚拟世界中的飞行。

到，而且观众能看到，从而在虚拟世界中实现了人类飞翔的梦想。

早期的虚拟现实是依靠事先拍摄和制作好的大量视频和影像，再通过高强配置的计算机系统针对使用者的运动反应进行数据的调用，但随着技术的发展，像玫瑰艺术博物馆（Rose Art Museum）的迈克尔·拉什（Michael Rush）预言的那样："虚拟现实会成为一种成熟的实时工具，就像我们观看电视或使用电话一样。"而如今的电脑互动游戏的确在很大程度上验证了这一预言。

【知识点】虚拟现实

早在20世纪60年代初，随着CAD技术的发展，人们就开始研究立体声与三维立体显示相结合的计算机系统。80年代，加隆·雷尼尔（Jaron Lanier）提出了"虚拟现实"的概念，目的在于建立一种新的用户界面，使用户置身于计算机所呈现的三维空间资料库环境中，通过眼、手、耳或特殊的空间三维装置在这个环境中"环游"，创造出身临其境的感觉。

概括地说，虚拟现实是人们通过计算机对复杂数据进行可视化操作与互动的一种全新方式，与传统的计算机人－机界面（如键盘、鼠标、图形用户界面以及流行的Windows等）相比，虚拟现实无论在技术上还是思想上都有质的飞跃。传统的人－机界面将用户和计算机视为两个独立的实体，而将界面视为信息交换的媒介，由用户把要求或指令输入计算机，计算机对信息或受控对象作出动作反馈。虚拟现实则将用户和计算机视为一个整体，通过各种直观的工具将信息进行可视化，形成一个逼真的环境，用户直接置身于这种三维信息空间中自由地使用各种信息，并由此控制计算机。虚拟现实技术广泛涉及计算机图形学、人机交互技术、传感技术、人工智能等领域。

分组讨论 林兹互动研究中心的互动作品分析

在笔者执教的中国人民大学艺术学院新媒体艺术专业，学生曾分成小组对林兹互动研究中心的互动作品展开了课题研究。每个小组根据自己对于互动媒体的兴趣点挑选了相应的互动作品和创作者进行分析。下面展示的是其中一个小组课题研究的部分成果：

我们小组选择以交互艺术装置给人的几种感觉作为变化的主线，发现林兹互动研究中心支持的互动项目每年所侧重的感觉研发都不同。有的重视觉，有的重听觉，有的重触觉，有的重味觉，有的重嗅觉，还有的对几种感觉结合产生的不同感受进行对比。

我们所选择分析的代表作品都是观众可以大量参与的互动装置，而且基本都是有娱乐性的，我们希望借此寻找为何作者要以这种方式展示自己的作品，我们以互动媒体研究这些年的变化为主线进行思考。

这些互动作品的创作者国籍不同，

生活年代不同，专业不同，感兴趣的方向也不同，可以看到互动作品的变化发展是随时代的变化而涌动的。创作者去探索观众所关注的和需要的，小到生活中不被注意但却和人们息息相关的事，大到环境问题、战争问题等为大众所关注的世界性问题。

我们也思考了借助虚拟现实可以拓展互动作品表现的领域，比如可模拟恶劣危险的战争环境，让观众置身于此，引发对如今世界现状的思考。还有虚拟现实可广泛应用在航空航天、汽车工业、重大工程、生物信息科学、教育和文化娱乐等领域，适应不同的需要。

代表作品1 《万花筒》（IAMASCOPE）

创作者：西德尼·费尔斯（Sidney Fels）

时间：1998年

媒体方式：感应器、视频输出设备、声音输出设备

当使用者进入这个互动作品时，它的表面是全反射的，参与者的一举一动都会对其所面对的影像产生影响。参与者所穿服装的颜色、身体各部分都会反映在画面中。它就像个万花筒，千变万化。你的一停一顿，会使它发出不同乐器组成的不同声音及音乐（见图7–14）。

自从1816年布鲁斯特（D. Brewster）发明了万花筒，两百多年来，每代人都对它深深地着迷。这个作品的娱乐性较强，创作者将这个每个人都有过的体验巧妙结合进音乐和人的肢体动作，并以一种新的方式呈现，更加新奇有趣，唤起了每个人的童心。

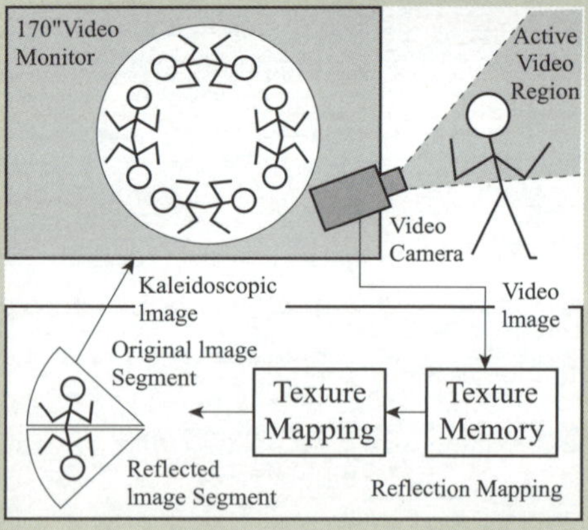

图7–14

《万花筒》在原有万花筒的基础上开发了以肢体动作与图案变化进行互动的游戏体验。从作品设计图可以看出互动装置的整体布局。

代表作品2 《动态影像》（Motion Picture）

创作者：艾米丽·韦尔（Emily Weil）
创作时间：1999 年
媒体方式：视频相机、视频输出设备

这个互动作品中，参与者和银幕的关系就如同木炭条与纸面。用一个视频相机作为输入装置，在电脑中创造一个自然产生的有表现力的页面。当使用者站在视频相机前面时，屏幕上会显示他们的动作轮廓，开始时逐渐变深，然后慢慢变淡。

这个作品可以随意涂抹，呈现非常有趣的速写过程。像速写一样记录着人的动作，用艺术语言记录着生活的片段，这是照片和电影无法实现的。它将人的活动转化为动态图像，记录着空间和时间的改变（见图 7–15）。

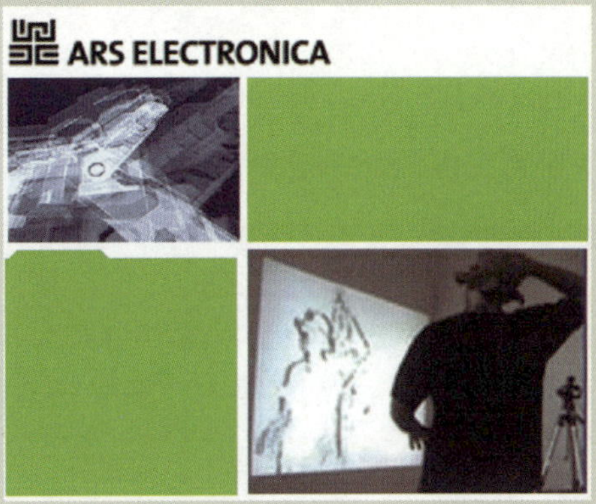

图 7–15

互动的“速写”过程体现了人们喜欢留下自己轮廓的愿望。

代表作品3 《互动的花园》（An Interactive Poetic Garden）

创作者：大卫·斯摩尔（David Small）、汤姆·怀特（Tom White）
创作时间：2000 年
媒体方式：计算机、视频放映机等

一些混乱的字母仿佛飘在水池的水上，如同落叶随水漂流。水流过像小瀑布的地方，字母也顺流而下。在水池的边缘有个触摸板可以控制字母的流动，可以推或者拉字母，停止甚至改变字母的内容，这些控制同时伴随流水的声音。

这个互动作品将流体动力学和字体的设计结合，配合自然的形式加以呈现。熟悉的自然环境吸引了观众，真实的水、鹅卵石、植物等装饰将自然之物与人造之物两种表面看似不相关的事物结合在一起，也是对人与自然关系的表现，引人思考（见图 7–16）。

图 7–16

把真实的水、鹅卵石、植物与投影的字母相结合，带给人们真实与虚拟交叠的体验。

代表作品4 《记忆滑鼠》（Curlybot）

创作者：石井裕（Hiroshi Ishii）、维克特·苏（Victor Su）、可触媒体小组（Tangible Media Group）、菲尔·弗雷（Phil Frei）

创作时间：2001 年

媒体方式：强力反馈技术

触动一下这个貌似滑鼠的表面按钮，在平面上任意移动这个装置，这个滑鼠会记下它所移动的线路，然后再按一下按钮释放，它会再现原始的所有复杂的线路，还可以按原路返回。它能记录下包括每一个终止、加速，甚至使用者手的震颤的动作。

它可以应用于教育领域，成为一个有趣的玩具。它能帮助孩子提高几何学的思维能力。它既是输入又是输出装置，并不通过电脑屏幕传达信息，而是在身体和头脑之间建立一种直接的联系。这个作品也获得了 MIT 的技术支持，它打开了通过玩具化的方式理解几何学和数学概念的新视野（见图 7–17）。

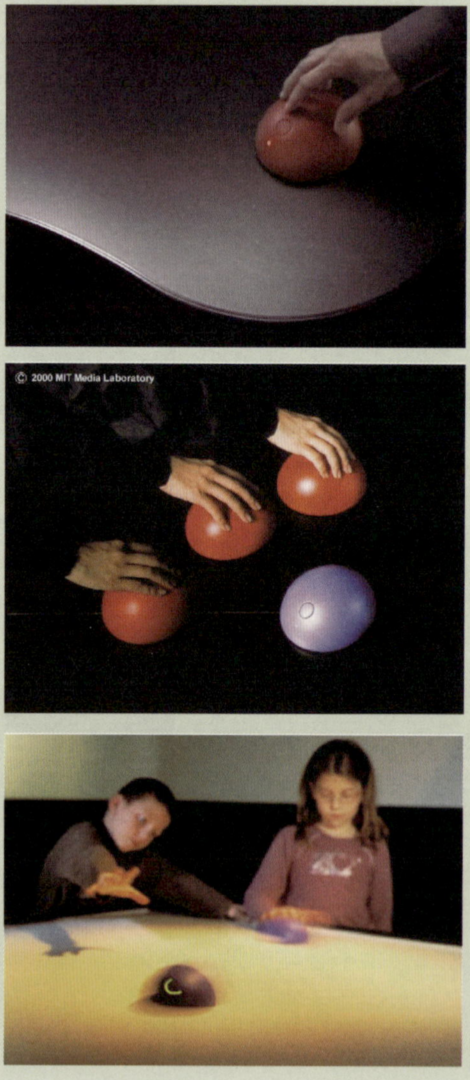

图 7–17

《记忆滑鼠》拓展了人体动力学在寓教于乐中的互动应用。

代表作品5 《工具的生命》（Tool's Life）

作者：minim++：久纳镜子（Kyoko Kunoh）、近森基（Motoshi Chikamori）

创作时间：2002 年

媒体方式：人向计算机传递信息的触动装置、投影

影子作为事物存在的象征，成为这个作品的出发点。灯光模拟出月光的效果，在朦胧的“月光”下，餐桌上摆放着一些工具。参与者轻轻地碰触工具，它们的影子就会变成各种形状。工具自身的形状是不会改变的，但它们的影子却会显露真实的特性（见图 7–18）。

此互动装置主要通过人手对工具的触摸促发影子的虚拟运动，从而赋予它们生命。在东方，影子往往具有特殊意义。东方传统文化中影子的文化意涵与计算机技术相结合，可以让世人换一个角度领会东方传统文化的精神所在。

图 7–18

影子与事物本身的关系是这个互动装置探讨的主题。

代表作品6 《音乐魔方》（Block Jam）

作者：亨利·纽顿–邓恩（Henry Newton-Dunn）等

创作时间：2004 年

媒体方式：红外线反射传感器、声音输出设备

这个互动项目开拓了一个音乐的新领域，让没有经过音乐训练的人也可以体验作曲的乐趣。

该项目由 25 个智能的立方体组成，每一个立方体代表了独特的音乐顺序，使用者以 15 种不同的可能性分配组合这些立方体，并置排列单独的立方体，从而产生音乐。每个立方体包含一组声音，可以被选择输入，它表面有圆形的触摸盘，触动按钮可以选择功能。每个立方体的不同颜色指示不同组的声音，红色的立方体可能包含吉他的声音，绿色的立方体可能包含敲击声等。在排列组合时，立方体不同颜色的功能显示会移动到邻近的一个，再继续选择，组成不同的音乐（见图 7–19）。

这其实是为索尼公司打造的一个概念性音乐播放产品，它创造了一个用户导向的音乐系统，借助数字媒体所展现的优势不仅在于它能够维持音乐的高品质和拥有大存储量，还有激发作曲家和使用者的创造力。

虽然不是每个人都有作曲的才能，但这种互动作品或是产品的出现让所有人都仿佛有了这种能力。它的界面简单，却能创造复杂的音乐体验，对一个音乐上的新手和老手来说都是有吸引力的。

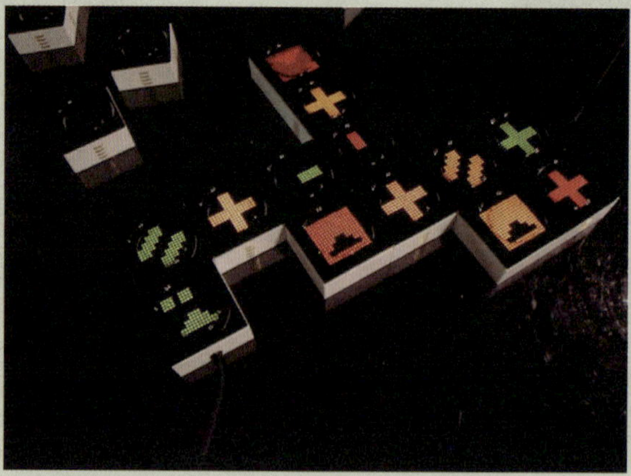

图 7–19

这个互动项目是为概念产品而研发的，它能够在互动体验中让每个人都尝试作曲的乐趣。

代表作品7

《吸食模拟》

作者：桥本佑树（Yuki Hashimoto）等

创作时间：2005 年

媒体方式：微型电子计算机、视频输出设备

在一个电脑屏幕上，挑选一个你喜欢的食物和饮料的图像，把一个模拟吸食的玻璃杯装置放在选好的图像上，对着图像吸就会真的有吸东西的感觉（见图 7–20）。在这个互动装置的第二阶段，会有一些漫画中的人物拿着相关食品，使用者要用这个玻璃杯装置吸这些食物和饮料。这个玻璃杯装置能让使用者有种真的在吸东西的体验，使用者能听到吸东西的声音。这需要互动装置考虑到压力控制、声音振动和食物数据等。

这一互动装置适用于科研领域，注重感觉、听觉的结合。“吸”这个动作和生活息息相关，是件再普通不过的事。这个互动装置再现了这种感觉，加入了声音，引导人们注意生活，即使是再普通的事也有复杂的原理和乐趣所在。体验过虚拟的“吸”之后，还可以亲自品尝真实的食物，达到味觉、触觉、听觉等多重感觉的结合。

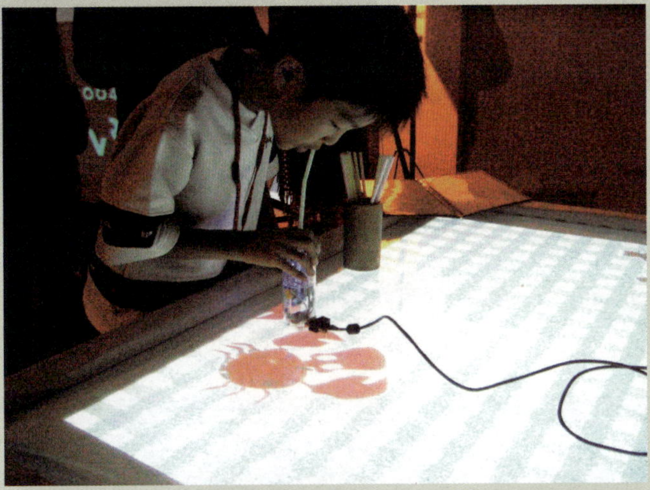

图 7–20

通过虚拟的“吸”，体验真实的压力、听觉、味觉和触觉。

代表作品8 《机器鼓手》（The Sancho Plan）

作者：艾德·库科森（Ed Cookson）

创作时间：2006 年

媒体方式：红外线感应器、声音输出设备、视频输出设备等

使用者用电子鼓控制三维动画。鼓手是像鹳的机器人，由三维技术制作而成，会随着电子鼓的敲击，以自己的方式击打自己的鼓，中间的装置是以交互作用控制音乐和视频的中心，每个画面中的人物击鼓的声音都不同（见图 7-21）。

这是一种对音频视频设备的革新，同时具有娱乐性。该互动项目打破了音乐只能用来听的习惯，将音乐、打击动作、动画以一种活泼的方式结合，是给予观者听觉与视觉满足的现场音乐表演。借助敲打电子鼓实现音乐表演，这一互动项目实现了很多人的儿时梦想。

图 7-21

电子鼓控制三维动画，继而实现现场音乐表演，既富娱乐性也是一种概念产品的开拓。

【知识点】 互动研究平台

互动艺术最鲜明的特质为联结性与互动性。一般来说，互动艺术需要经过五个阶段：联结、融入、互动、转化、出现。互动作品强调与参与者的联结性，引导参与者全身融入作品，而不是仅仅让作品被动地观看。作品与某一位参与者的联结会吸引其他人的兴趣并参与。这样，作品通过参与者的融入产生了变化，会出现全新的影像、关系、思维与经验。

这样的互动作品需要一定的技术支持、实验空间和资金投入。因此，很多互动作品的创新和研究要依托互动研究中心和艺术节这样的平台。最著名的是奥地利电子艺术节，专门从艺术和技术结合的角度支持互动作品研究（见图 7-22）。这是规模最大的国际新媒体艺术节，一年一度在奥地利的林兹举行。

林兹的新媒体艺术实验室是互动研究的权威机构。比如我们前面介绍过的丹·塞迪和汤姆·迪菲特的项目《洞穴》就是在新媒体艺术实验室的邀请和支持下得以长期持续、不断完善的。除了奥地利电子艺术节，德国电子艺术节（DEAF Dutch Electronic Arts Festival）、

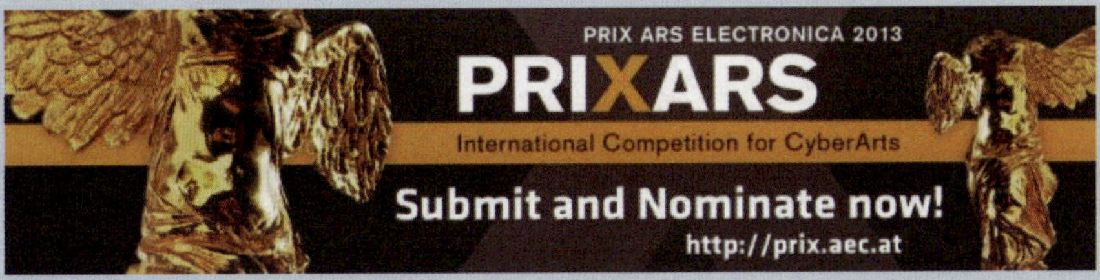

图 7-22
奥地利电子艺术节向创新的互动作品展开怀抱，欢迎你也提交互动艺术的创想！

巴西的国际电子文献展（File Electronic Language International Festival）等也都以各自的方式支持着互动研究项目。

还有我们前面介绍过的数字动画重要的展示平台 SIGGRAPH，也为许多互动艺术家和他们的艺术工作室提供技术支持。这些平台对于我们并非遥不可及，关注这些研究机构和艺术节的动向和发展，一方面可以获悉世界范围内互动研究的重要作品的发布，另一方面可以从现在做好准备，把你的互动艺术构想积累整理，也有机会获得这些艺术机构的支持，在更大的平台上实现你的互动创作梦想！

思考题

1. 1969 年，由英国著名作家约翰·福尔斯所著的小说《法国中尉的女人》问世，该小说提供了开放式的结局，留给读者更多选择的空间。你认为开放式结构的文学作品对互动艺术的发展产生了怎样的影响。
2. 1997 年的互动艺术作品《世界的皮肤》，以虚拟体验的方式让参与者思考战争与游戏的关系。你如何理解互动艺术对于社会议题的讨论？
3. 1993 年，互动艺术作品《生成影像》在法国巴黎的蓬皮杜艺术中心展出。观众可以以他们所选择的方式在这个虚拟世界里创造物种，这种选择也在互动游戏中出现。你如何理解互动艺术与互动游戏的关系？
4. 互动艺术作品《声音现场》使参与者用吹气和肢体动作与其他参与者互动，你如何理解借助触觉、听觉、嗅觉、味觉、视觉等身体感觉进行的互动。请深入了解本章提供的林兹互动研究中心的相关作品，并举例分析。
5. 虚拟现实借助可穿戴设备，提供了新的互动体验。很多人认为虚拟现实代表了新媒体艺术发展的未来方向，你如何理解和预见虚拟现实与艺术创作的结合？

第八章

网络艺术

相互孤立的计算机是远远不够的。直到20世纪80年代初，计算机接入电话线并与之融合为强力的混合系统，计算机的深远影响才真正展开。

——凯文·凯利（Kevin Kelly）①

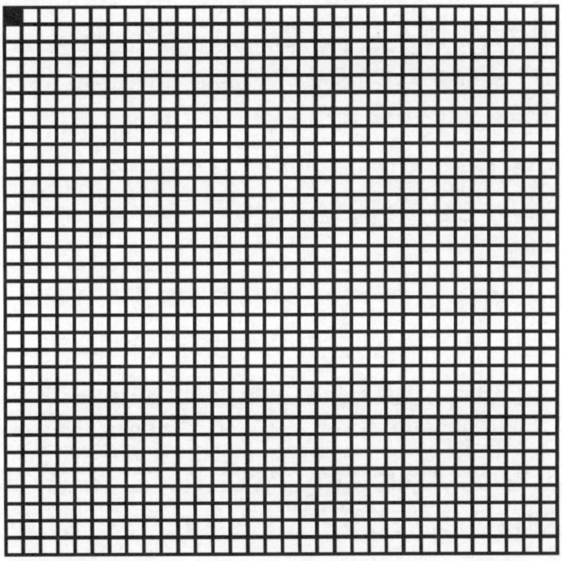

图8-1
约翰·西蒙的网络作品《每一个方块》，1997年。

① 凯文·凯利（1952— ）被读者亲切地称作KK，《连线》（*Wired*）杂志创始主编。在创办《连线》之前，是《全球概览》杂志的编辑和出版人。1984年，KK发起了第一届黑客大会（Hackers Conference）。他的文章还出现在《纽约时报》《经济学人》《时代》《科学》等重量级杂志上。凯文·凯利被看作“网络文化”（Cyberculture）的发言人和观察者，也有人称之为“游侠”（maverick）。他的著名三部曲《失控》《科技想要什么》和《必然》是把握和理解网络文化的参考书。

在图 8-1 上有 1 024 个方块，是由 32 行和 32 列组成的。这些小方块在黑白的组合中变化着，但你也许难以想象，仅第一行的变化方式就有 4.3 亿种。完成这 4.3 亿种变化需要在一台计算机上连续不停运行 1.36 年，而完成第二行的所有变化则需要 58 亿年！这个挑战人类时限的方块组合其实是一个网络作品。它是美国艺术家约翰·西蒙在 1997 年创作的，这个随时可以通过互联网浏览的开放端口在向世人展示时间的流逝和黑白的无穷变化。以约翰·西蒙为代表的艺术家通过他们的网络创作摆脱了博物馆和艺术中心的作品展示的局限，他们似乎在宣称一个基于网络的在线艺术时代已经到来。

网络文化的重要观察者凯文·凯利曾把网络比喻为“世界上最大的复印机”。他指出：“在最根本的层面上，它将我们使用它所产生的一切行为、一切特征、一切想法拷贝成了复制品。”在这里应该注意到，复制并不与创造性完全对立，就在凯利敏锐地感知到计算机接入电话线预示着网络时代来临的时候，一批艺术家也在互联网席卷而来之前就意识到，网络加速了信息的复制和流动，而这些特性可以催生艺术创作和合作的新方式。

第一节　网络艺术概述

正如同凯文·凯利指出的，20 世纪 80 年代计算机开始与电话线相连，使得每个计算机不再是孤立的个体。在艺术领域，计算机也很快从一种绘画、动画或声音的创作工具变成了艺术家合作和展示的新方式。1984 年，网络合作项目《电子咖啡馆》（Electronic Café）就是一个先例。这个项目不仅发掘了网络程序的潜力，并且如同一个预言，十几年后世界各地大大小小的咖啡馆真的通过互联网连接在一起。电子咖啡馆已经成为一种主题咖啡馆的类型。

通过 20 世纪 80 年代一系列连线作品和项目，艺术家们探索网络的合作方式，也开始意识到网络将成为拆除围墙和评审机制的展示平台。不过这种想法的真正成熟和付诸实施还要等到 90 年代。

这是因为，尽管艺术家如同科学家一样敏锐地发现了“连线”的力量，但是能够大规模以网络的观念进行艺术创作，还需要网络工具的普及。尽管互联网早期已出现了基于文本的艺术作品，但直到 90 年代中期，一批图像浏览器如 Mosaic（1993）、Netscape Navigator（1994）和 Internet Explorer（1995）的逐步普及，网络艺术才成为一种全球化的艺术。

网络艺术的最大特征就是不再借助任何实体的材料形式，网络就是最终端的表达媒介，因此也有很多人把网络艺术视为一种软件艺术。但 90 年代之后，网络艺术逐渐剥离了软件艺术被界定和讨论。这是因为，随着网络浏览器的普及，大量的艺术家以这种方式进行创作，网络成为了最有影响力的数字媒体，本章就是针对网络艺术这一庞大而复杂的艺术家群体及其作品进行分析的。

网络艺术（Net Art）也被称为互联网艺术（Internet Art）、连线艺术（Networked Art）或网站艺术（Web Art）。网络艺术包含基于文本的网络艺术、浏览器艺术、图像站点、网络行为艺术、网络视频音频艺术和网络监控艺术等很多类型。本章的重点将梳理这些类型的关系，并着重介绍浏览器艺术，以及借助移动手机和全球定位系统（GPS）等新媒体的网络艺术形态。

网络艺术的特征之一是拥有全球性的受众。通过网络，文本和图像能直达千里之外的浏览者。如果有高带宽支持，表演和行为也能够通过即时视频方式进行互动。

网络艺术的另一个优势就是赋予艺术家们更多的独立性，他们可以不受传统美术馆或画廊评审机制的控制或影响。90 年代，随着网络和网络工具的开发，艺术家们很快为网络的自由性所吸引。

1993 年，在万维网还没有正式发布之前，荷兰的琼・亨斯科克和比利时的德克・佩斯曼前往美国的加利福尼亚州硅谷进行了一次探访。这场旅行刷新了他们头脑中关于影像和声音的认知，因为他们发现在网络提供的平台上，影像和声音乃至动态关系都发生了改变，这种借由二进制代码重新转译的影像方式在网络上会引发行为连接的可能性。但是，他们也注意到，当时的网络构想大部分只是认为网络可供传达新闻和消息。很少有人认为这种新的数字媒介在传递新闻和消息之外，还有另外的可能性——作为艺术媒介的能力。

美国之行结束后，亨斯科克和佩斯曼创立了 Jodi 网站。这个网站就承载了他们把网络视为一种艺术媒介的使命。他们在网络上掀起了一场新的数字艺术革命，那就是一种数字形态的达达主义式拼贴，电子文本和闪烁的图像形成这一艺术革命的开幕式。

达达主义的艺术家将书和杂志上的文字图像进行拼贴，解构原有文字和图像的功能与含义，亨斯科克和佩斯曼则用文本代码和图像的抓频等方式解构网络形态。Jodi 网站改变了很多人对网络的固有观念，人们忽然发现网络不仅是一种发布信息的手段，它如同绘画、摄影、录像艺术一样，也可以成为一种艺术形态。因此，Jodi 网站的意义就在于它在网络发展之初就提示了这样的可能性，艺术家可以借用网络这种新的技术手段进行艺术表达和创作（见图 8–2）。

以亨斯科克和佩斯曼为代表的先锋艺术家，在浏览器尚在实验室研发之时，就意识到这种新的工具不仅会改变信息的传播方式，而且会成为艺术家崭新的创作空间。他们合作开办网站，联系其他艺术家，使他们的网站成为最早一批独立于传统美术馆的网络艺术展览空间。

通过艺术家们的先锋实验，网络艺术的独立精神被凸显出来。网络艺术作品较少通过官方或其他机构审查和控制，这使它们有机会突破传统画廊、博物馆的体制，并迅速传播至全球受众。因此，艺术家和受众的交流更为自由。受众可以在家中就享受与作品的互动体验。

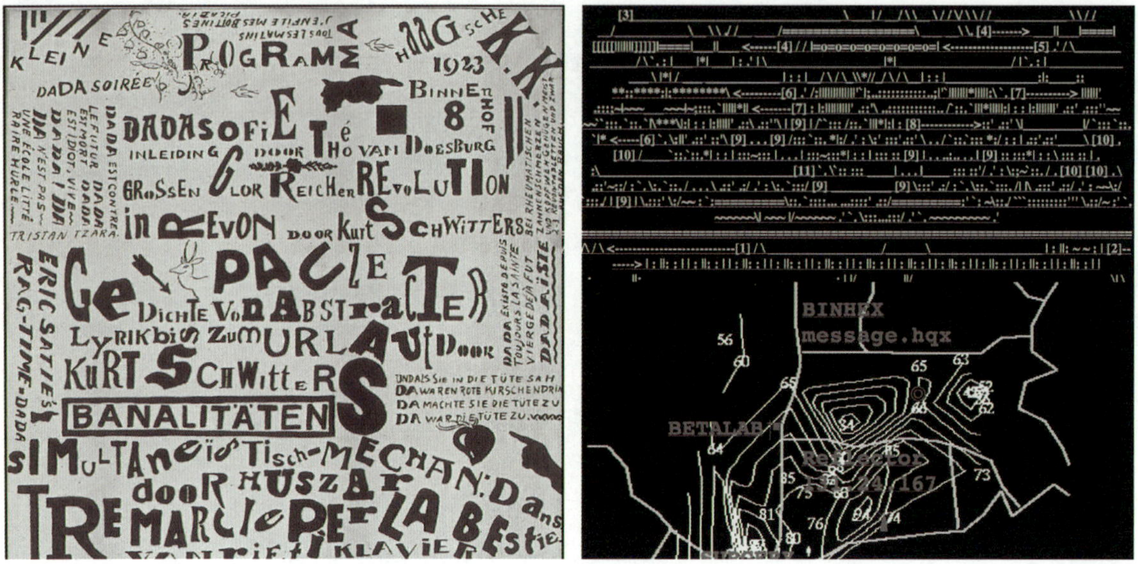

图 8-2

左图为达达主义艺术中的拼贴作品。右图为 Jodi 网站以数字达达主义的方式“搅拌”文字和图形进行在线展示和交流。

网络艺术的出现，也代表了艺术和技术新的创造结合。网络艺术见证并事实上推进了基于数字技术的软硬件发展。比如，由于手机、iPad 等移动设备的出现，鼠标和键盘等外设都可以省去，受众直接用手指触屏就可以更人性化地体验网络艺术作品。

同时，网络艺术也随时对网络的问题和危机做出反应。比如在浏览器普及之后，早期的艺术家个体网站没有受到浏览器的支持，濒临消失。一些艺术家和美术馆提出了收藏和展示早期艺术家网站的想法，不仅使网络艺术作为一种文献找到了归档和展示的出路，也提醒人们浏览器既是方便的工具，也可能成为一种新的权力话语。

值得注意的是，很多网络问题反而成为了艺术家们转换视角进行艺术创

【知识点】

软件艺术

很多数字媒体都有传统艺术的根基，但以软件艺术为代表的数据和电子游戏艺术却只在数字艺术领域中发生。

软件与游戏艺术往往由艺术家自己或合作编写代码，在操纵和运行中实现艺术创作。软件和游戏艺术包括了交互性绘画和音乐软件，算法艺术（Algorithmic Art）和生成艺术，数据转换、网络艺术、游戏艺术等。其中，网络艺术由于有大量艺术家从事并创作了大量作品，因此常常被独立出来进行讨论和分析。

以数据为基础的艺术（Databased Art）不必借助实体形式，也与传统媒体关联性较少，被认为是少数的纯粹的“数字艺术”。

造的契机。尽管黑客、电脑病毒通过网络传播往往被人们批判，但一些艺术家借鉴黑客和病毒等视觉形式创造作品，譬如不断蹦出的电脑视窗、网站链接错误等提示，艺术家们把新的网络视觉经验和互动体验作为数字艺术的新主题和研讨对象。甚至，一些艺术家本身也具有黑客的身份，他们更希望用网络艺术推进社会问题的深层次讨论，难道黑客真的只属于电脑和网络吗？其实现代社会结构是与黑客这样的概念联系在一起的。不管有没有网络，人们都借助某种容器和外衣存储自己的思想和隐私。只不过，在网络时代，网络变成了人人几乎都需要的外衣，而这层外衣与内部的思想甚至已经血肉相连。

因此，这些兼具黑客身份的网络艺术家其实反而在表达不愿意受操控的态度，以及怎样反操控。这样的态度体现的时代先锋性，就如同摇滚乐者之于 60 年代，录像艺术家之于 70 年代。网络艺术作为新媒体艺术的一部分，体现了数字艺术家将自己视为精英知识分子应有的批判精神。

第二节　万维网上的艺术

万维网（www）虽然只是 1989 年才提出的新兴产物，但这个由英国著名计算机科学家蒂姆·伯纳斯－李（Timothy Berners-Lee）发明，最早为了方便实验室研究的交互平台已经深入人们的生活之中，艺术当然也包括其中。

提摩西·朱克力统计，1995 年有 5 000 名艺术家拥有自己的网站，而到了 2000 年这一数字已上升至数十万。的确，随着计算机技术的进一步发展，艺术家的创作领域进一步扩展。还被认为是新兴事物的网络在艺术创作中逐渐成为一种观众参与的平台。而在此过程中，一些艺术家不满足于在网络上进行简单的作品展示，他们希望以一种新的模式完成作品，即通过观众的点击与操作成就作品的完整性。由于网络尤其是万维网是对多人同时开放的，因此这种独特的交互性将艺术与公众结合得更加紧密。

1994 年是网络技术与艺术的一个分水岭。网景（Netscape）公司发布了第一个商业网页浏览器，这意味着网络从电脑专家学者的研究工具变为普通大众的交流平台和工具。“网络”（the Net）、“网站”（the Web）、“数字空间”（cyberspace）、“点”（dot.com）这些学术术语很快普及，成为众所周知的新名词。而在这一过程中，网络迅速地在工业生产、金融、政府机构、地方市场乃至全球经济中发挥重要作用。

对于艺术家来说，网络成为变革艺术观念的武器。网络艺术不仅改变了很多人对于网络的固有观念，也改变了艺术的展示和创作方式。网络也可以成为一种艺术形态，艺术家可以借助网络进行艺术表达和创作。

一、万维网概述

早在20世纪60年代，包括苹果电脑创始人史蒂夫·沃兹尼亚克（Steven Wozniak）在内的许多计算机技术先锋人物率先尝试了用“蓝色匣子”之类的设备来打破用电话的世界。以“蓝色匣子”为代表的数字计算和远程通信让许多人看到了数字计算和远程通信中即将被释放的潜在动力，也是这一时期，美国国防部建立的阿帕网于1969年拉开了数字网络的序幕。

阿帕网最初是美国国防部和四所大学共同开发的。著名计算机科学家蒂姆·伯纳斯－李既是麻省理工学院计算机科学及人工智能实验室创办主席，也是万维网联盟的主席。伯纳斯－李基于实验室的开发工作提出了影响深远的全球超文本项目——万维网（The World Wide Web，WWW）。最初的万维网于1991年正式发布，早期主要为教育、研究机构所使用，成为免费的信息分享方式。1974年，录像艺术之父白南准提出“电子高速公路”一词，预言了未来的数字网络趋势。1979年，纽约大学（New York University）设立了交互电子项目课程（Interactive Telecommunications Programme）和学术项目。

万维网通过超链接方式提供了一种新的信息和影像的结合方式。下面这三幅图片是约翰·西蒙用来表明文学作品、图像作品和网络作品信息组织与传播方式区别的。

在第一幅图中可以看到文学等信息的传递依赖于读者在头脑中整合信息之后的发散与想象（见图8–3），而第二幅图显示出图像吸引眼球的直观属性（见图8–4），而在第三幅图即网络浏览中，艺术家将观点通过网络抛出，其发展的方向是发散、分叉的，它取决于观众的点击和选择（见图8–5）。

因此，网络在成为一种新的阅读方式的同时也成为一种新的艺术讨论和体验空间。我们会看到一些艺术家尝试以网络艺术作品审视网络阅读与传统阅读的区别。

在下面的这个网站中，创作者以新的方式呈现了本雅明《机械复制时代的艺术作品》这本书的一些章节，但屏幕上的文字闪烁如此之快以至于观者根本看不清楚（见图8–6）。然而，这正是创作者哈鲁·卓恩（Harru Zohn）

图8–3

文学作品中的信息传递。

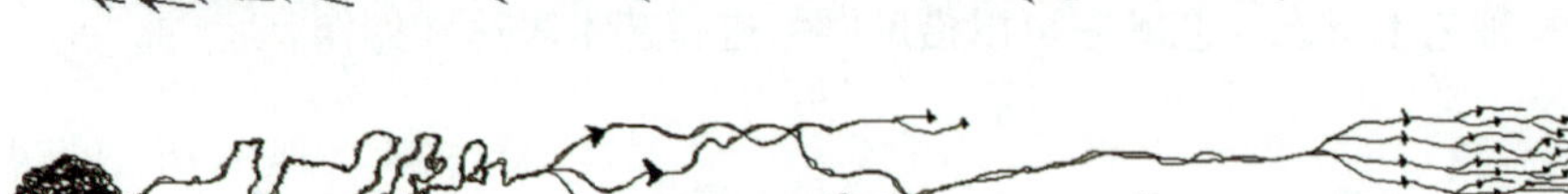

图8–4

图像作品中的信息传递。

图8–5

网络作品中的信息传递。

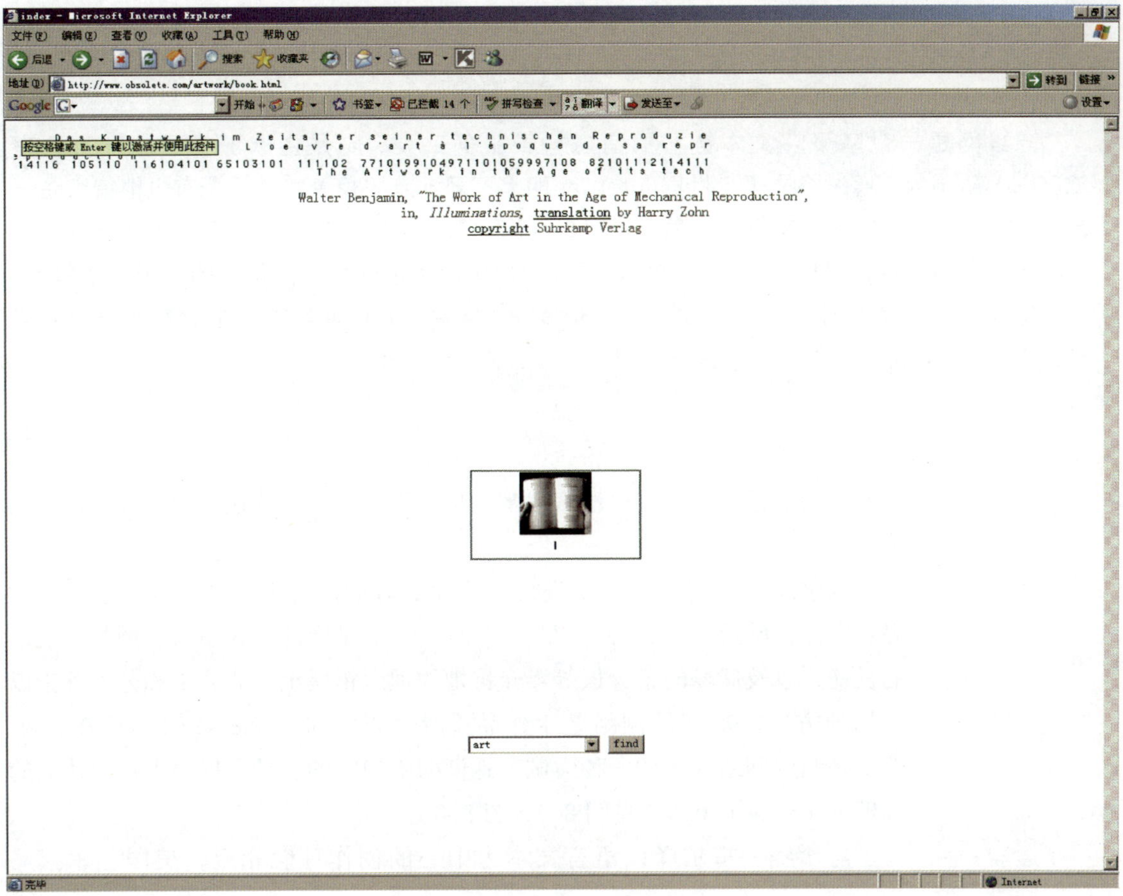

图 8–6

哈鲁·卓恩的作品不仅讨论了网络阅读的新方式，也呈现了网络艺术作品不稳定性的特点。

的用意，他在用这样一种形式传递他对本雅明主张的理解，即“观众无法在复制和转译中理解作品的原意”。我们且不论创作者这样的意图是否能传递到点击网页的人的脑海中，但是一些艺术家的确在努力挖掘网络这一新的平台以激发作品与观众的互动却是不争的事实。

同时，这个作品也体现了网络艺术的特质之一——不稳定性。和实体艺术不同，网络艺术作品尤其是基于万维网的艺术作品需要更新和维护，它们随时会消失或转移，如这个作品就不再存在于 www.obsolete.com/artwork 这个链接上，这也涉及网络艺术的收藏问题。但是艺术家和美术馆在共同探讨解决这个问题的过程中推进了网络艺术多元化的展示。

二、文本与图形的超链接

我们曾讨论过，在网络中艺术家将观点通过网络抛出，其发展的方向是发散、分叉的。而这种从一个文本跳接到另一个文本的关联方式被称为超链接（hyperlink），它成为网络构架的形式基础。

由于每个人的选择不尽相同，因此超链接往往被一些艺术家借以建立其作品的动态结构。珍妮·霍尔泽（Jenny Holzer）即是其中一员，这位不易

【知识点】 万维网

万维网是一个基于超文本链接的信息检索服务工具。它是由欧洲粒子物理实验室（CERN）研制的。通过将位于全世界 Internet 网上不同地点的相关数据信息有机地编织在一起，万维网提供这样一种友好的信息查询接口：用户仅需提出查询要求，而到什么地方查询及如何查询则由万维网自动完成。因此，万维网为用户带来的是世界范围的超级文本服务：只要操纵电脑的鼠标器，用户就可以通过 Internet 从全世界任何地方调来所希望得到的文本、图像（包括活动影像）和声音等信息。

被定型的女艺术家往往以语言代替造型，强调以语言传达的观念即是创作的核心。

霍尔泽希望与所有民众进行广泛性的对话，而不只是局限于艺术的世界。因此，她运用广告牌、海报、T 恤、汽车保险杆上的贴纸、铜牌、公园的长椅，以及球场的记分板等媒介将她的理念拓展至专业人士和艺术评论以外的地方。1998 年的网络艺术作品《请改变信仰》（Please Change Beliefs）即是她利用网络媒体的一种尝试，她借助语句间的互动，提出大众所认为的真理可能充满了矛盾（见图 8-7、图 8-8）。

与珍妮 · 霍尔泽以语言文本为中心的创作理念相反，美国艺术家马

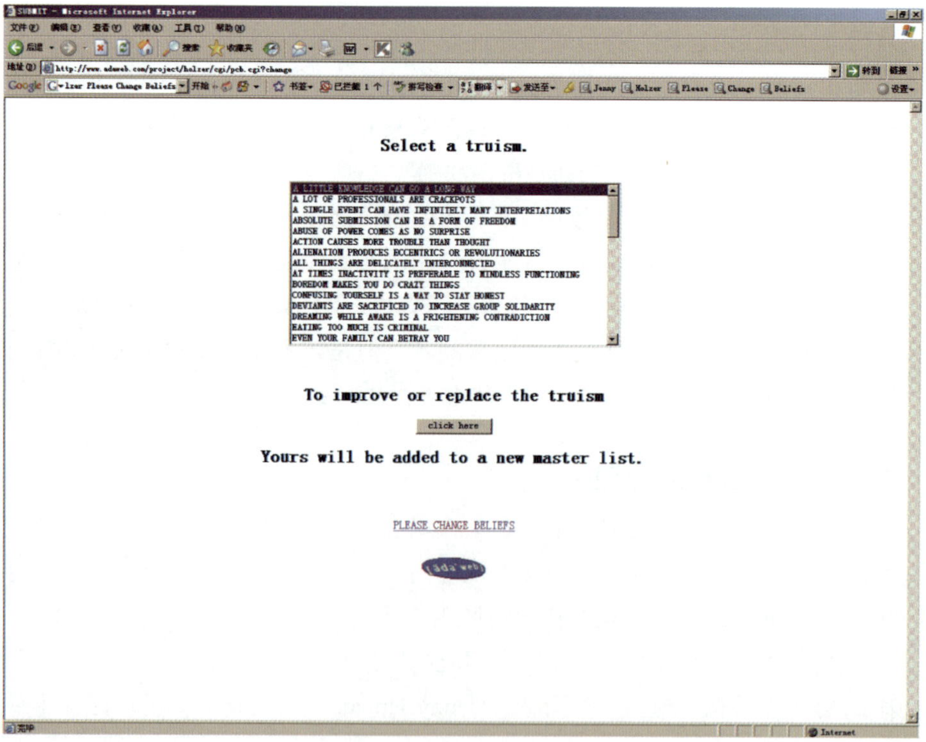

图 8-7

珍妮 · 霍尔泽的网络作品《请改变信仰》，1998 年。在作品的主页上，通过观众的选择来确定不断被更新的信条。

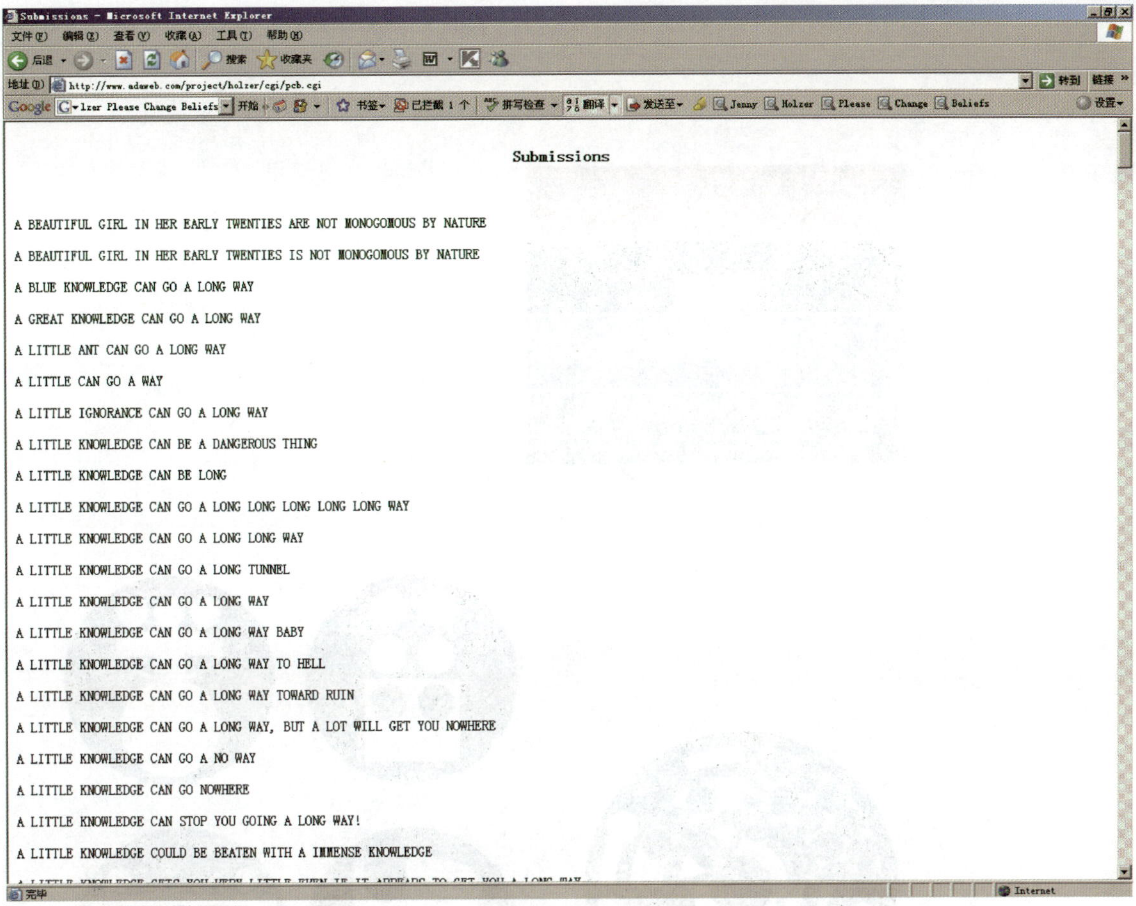

图 8-8

在网络作品《请改变信仰》中，浏览者可以选择多个信条，也可以看到与其所选择信条相关的其他信条。

特·姆利坎（Matt Mullican）的创作则以单纯的色彩和几何图形为中心。在他的个人网站上，他通过五个单纯的色块和方圆等几何图形的组接构成层层深入的关系（见图 8-9、图 8-10、图 8-11）。它们似乎可以概括他对人的头脑乃至整个世界的理解。在马特·姆利坎的主页上，没有文字的指示，但相信观众并不会不知所措，因为在色彩和图形的指示下，每一次点击所带来的趣味性会鼓励观众继续尝试。在网络作品的创作中，艺术家们逐渐有意识地挖掘作品的娱乐性，以此吸引观众做出反馈。

网络艺术也提供了艺术家们展示自己作品乃至创作过程的平台。如同录像艺术家借助录像记录和挖掘艺术创作的过程，一些艺术家通过网络鼓励观众和拜访者的交流互动。美国女艺术家谢丽尔·多尼根（Cheryl Donegan）的《拜访工作室》（Studio Visit，1997）和美国艺术家彼得·哈雷（Peter Halley）所创作的《方块涂鸦》（Exploding Cell，1996）即是这样的作品（见图 8-12 和图 8-13）。

谢丽尔·多尼根将自己的工作室以虚拟的形态在网络上展出，观众可以通过点击摄像机、胶片、电视等热键看到她的绘画情况，操控画面的变化甚至是复制艺术家的指纹等。《方块涂鸦》鼓励观众绘制和改变作品，观众在简单的点击中完成对作品的涂鸦，增强了主动操作的快感。这些创作都注重观众参与的趣味性，将艺术创作简化至儿时的游戏般轻松。

图 8-9
艺术家马特・姆利坎的主页（www.sgg.ch/mullican）。

图 8-10
点击的过程如同细胞分裂的过程，每个页面都以图标的方式展示内容。

图 8-11
点击每一个圆形出现的联动页面。

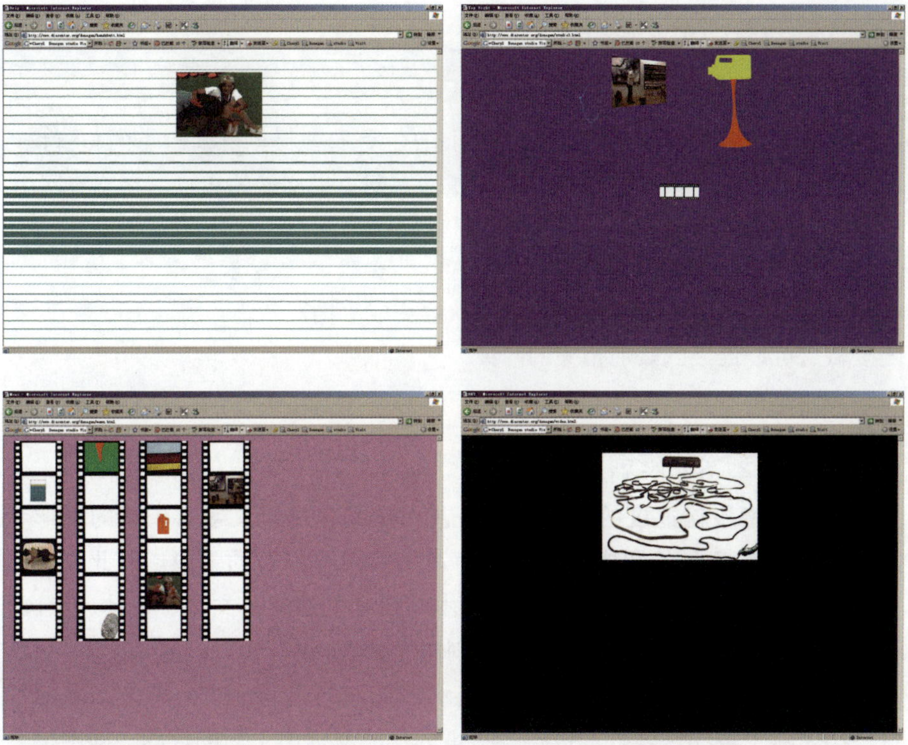

图 8-12

谢丽尔·多尼根以分区域的方式在网上展示创作工作室（www.diacenter.org/donegan），1997 年。

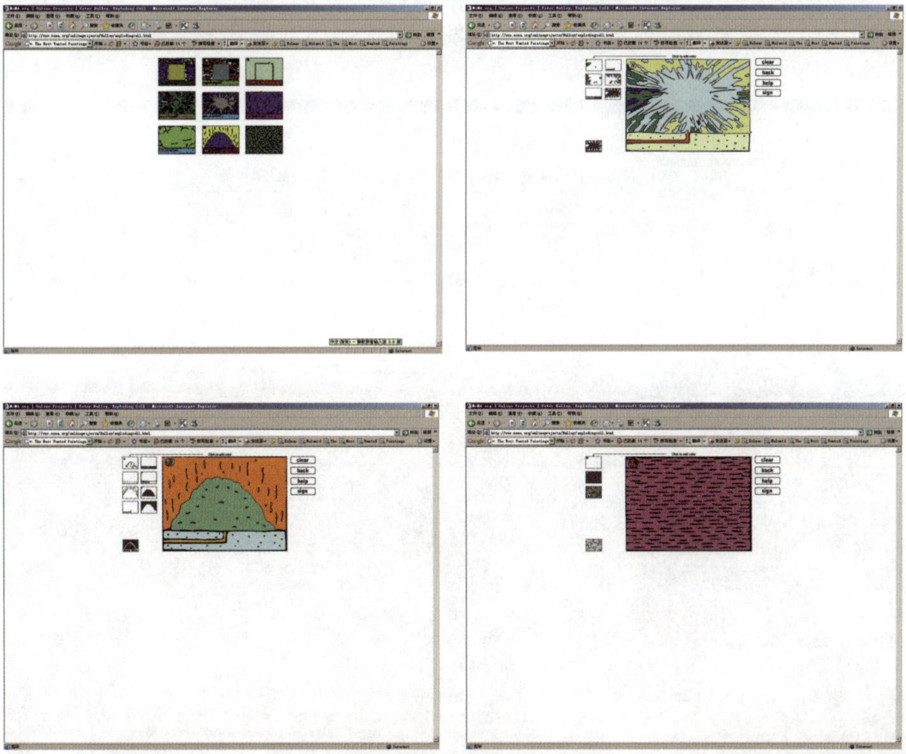

图 8-13

彼得·哈雷的《方块涂鸦》（1996）在纽约现代艺术博物馆中展出。观众可以通过点击按钮添加或改变作品的色彩搭配。

【知识点】超链接

网页中除了有各种文字、图片、动画、视频、音频等，更有连接到其他网页的超链接。超链接是指从文本、图片、图形或图像映射到全球广域网上网页或文件的指针。在万维网中超链接是网页之间和万维网站点之中主要的导航方法，其特征如下：

（1）超链接分成文字和图片超链接两种。

（2）当将鼠标移到超链接节点时，鼠标指针的形状会变成手指形状。

（3）点击超链接节点可以连接到其他相关的网页。

三、万维网艺术的延展

随着网络传输速度的提升，网络艺术作品也从以文字、矢量的图形为主发展到丰富色阶的图像，并结合声音、视频等丰富的手段。因此，艺术家们在网络创作中，越来越模糊了艺术与设计的边界，文本、字体、绘画、图像、图形、版式、声音、视频等在创作中融为一体。

首先呈现出的鲜明现象之一是艺术家把网络作为一个汇聚艺术家的平台。比如除了趣味性之外，彼得·哈雷的作品就提出了新的议题，即网络艺术作品如何被纳入艺术收藏和展览。在大多数画廊和美术馆还没有向网络艺术伸出橄榄枝之前，艺术家们往往自发地组成团体或搭建平台来展示自己的

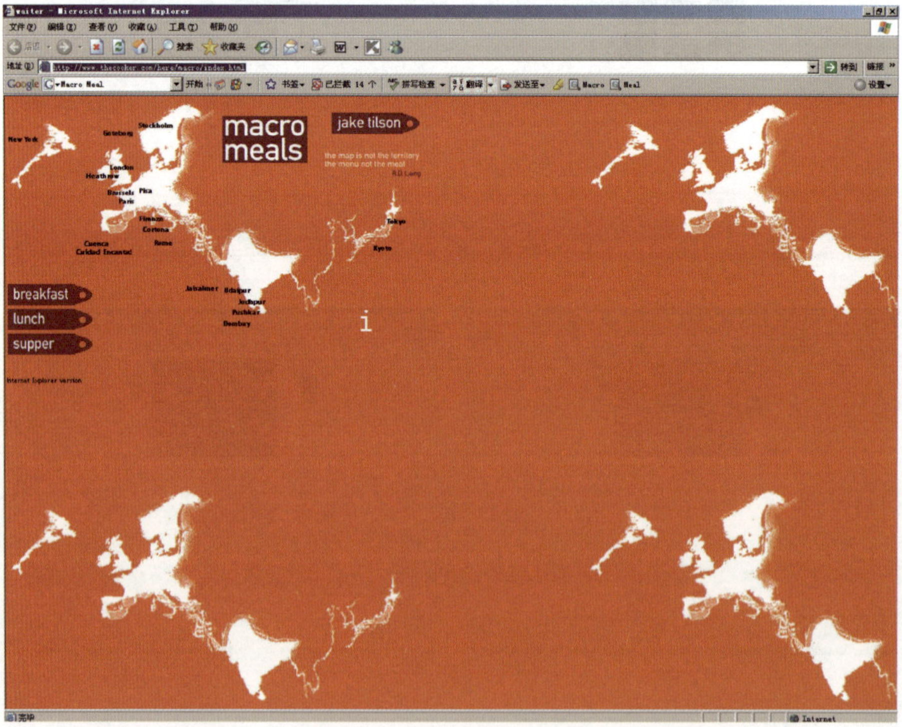

图 8-14

杰克·提尔森的作品《三餐》通过日常主题与全球网络受众进行互动。

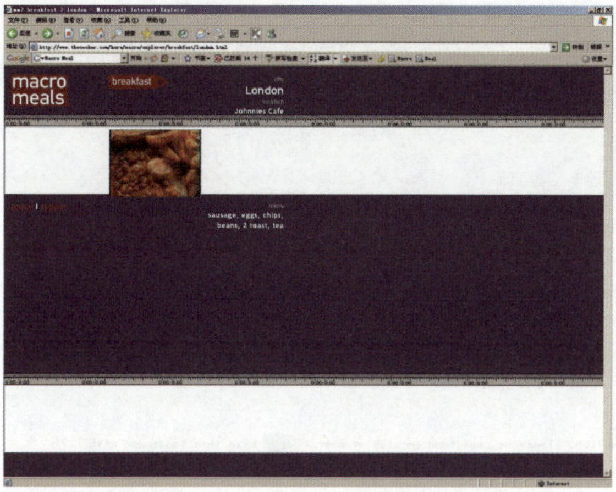

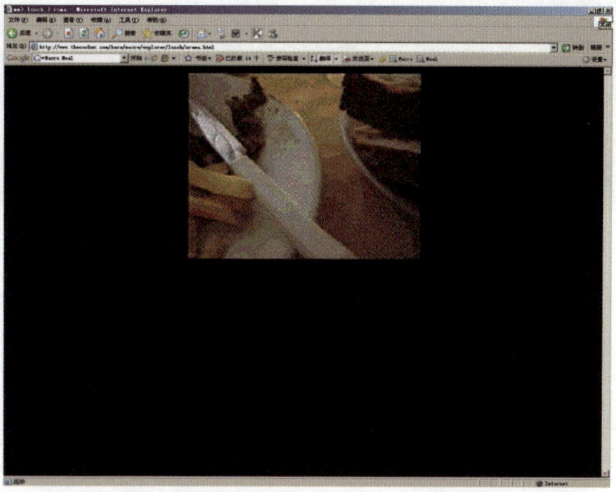

作品，从而提升了网络艺术创作的合作性。

图 8-15
《三餐》中，网络受众可以选择在纽约、伦敦、巴黎等城市虚拟点餐，并上传他们的图片。

英国艺术家杰克·提尔森（Jake Tilson）建立的网站（www.thecooker.com）就是一个范例，这个平台不仅集合了很多网络项目，而且通过关注日常主题与更广泛的全球受众互动。其作品《三餐》（Macro Meal，1994）可以让观众在纽约、伦敦、巴黎等城市的餐馆中虚拟点餐，提尔森还配合了餐馆视频和声音以期使整个点餐过程更富真实感（见图 8-14 和图 8-15）。

同时，万维网艺术也成为连接不同身份艺术家的纽带，文本、图像、音乐分别由作家、录像艺术家和音乐家提供，他们把网络艺术看作一个无穷尽延伸的空间来拓展合作。

比如，网络艺术活动《奇幻的祈祷者》（Fantastic Prayers，1995）就呈现了作家康斯坦斯·迪琼（Constance Dejong）、录像艺术家托尼·奥斯勒（Tony Oursler）和音乐家斯蒂芬·维特罗（Stephen Vitiello）的合力。他们通过网络审视在特定时空下的居住和存在方式。在浏览这个似乎没有尽头的网络空间时，观众可以点击不同的场景中诸多的细节（被设定为热键）进入下一级页面或弹出的视频窗口（见图 8-16）。

这个作品成为互联网艺术的一个比喻，让我们发现貌似平常的表象之下其实有着无穷无尽的维度，同时也提出了这样的问题，我们是否能够真正了解我们所居住的地方，我们对周围世界的认知程度是否也反映了对自身的了解？

《奇幻的祈祷者》在互联网上推出之后，进一步丰富、融入了虚拟现实、视频和艺术活动。由于当时网络的承载和浏览速度有限，创作者总结成了一张光盘（见图 8-17）。光盘中，页面变成了界面，明显的图标按键也变成了隐藏在图像中的热区。这使万维网艺术与线下的互动光盘、艺术事件结合起来，延伸了互联网艺术的触角。

在《奇幻的祈祷者》的互动光盘中，观众可以快速点击进行互动。打开次级界面和视频、虚拟现实物体（VR objects）等链接窗口，作品在网络的基础上可以更流畅地播放和保存（见图 8-18 和图 8-19）。它也提供了网络创作

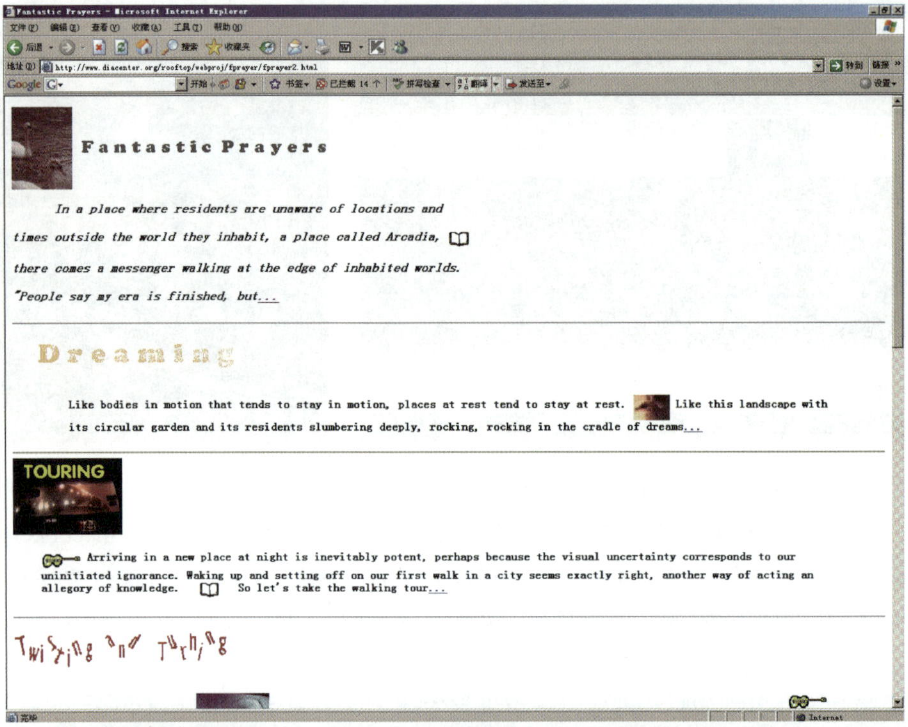

图 8-16

《奇幻的祈祷者》喻指万维网艺术是一个无穷尽延伸的空间。

图 8-17

《奇幻的祈祷者》的光盘版，包括八个虚拟现实物体、两个视频和两个活动。该界面上有四个热区，“失物都去哪儿了”（Where Lost Things Go）即是其中之一。

的一个新思路，即结合各种媒体手段的优势，实现跨媒体的发布。

现场表演也超越了时空的属性呈现在网络上。1997 年奥地利电子艺术节上，作为古希腊史诗《奥德赛》（Odyssey）的升级版——《奥德斯》（Oudeis）由加拿大、澳大利亚、美国、奥地利、德国和阿根廷等国的艺术家演出各自

图 8-18

“游泳池”(Natatorium)界面上的文字和符号都可以作为热区点击，还链接了文本、声音、图片和视频。

图 8-19

“移情”(Empathy)，组成轮状的 14 个小球每一个都能链接到一个视频上。

的版本共同呈现在网络上（见图 8-20）。由马萨·威尔森（Martha Wilson）创立于纽约的演出团体富兰克林熔炉（Franklin Furnace），在十年间尝试了很多的实验演出。1997 年，该团体转型为仅在网络上演出的机构，它不仅集合了很多网络演出视频，还为一些艺术家的创作提供资金资助。

当然，也有一些人更注重以网络作为自己发表作品和传递观念的平台，尤其是年轻人，2004 年的一期免费下载的网络杂志 *NEWWEBPICK* 将中国、日本、韩国、马来西亚、新加坡等国的年轻人联系在一起，他们在网络杂志上展出自己的作品，不仅模拟了传统杂志翻阅的声音和质感，还发挥了网络杂志的优势，以超链接、动态视频和声音乃至一些电脑工具的下载增强了杂志的趣味性和功能性（见图 8-21）。

的确，逐渐增多的网络杂志和网络图书在很大程度上影响了传统的书刊

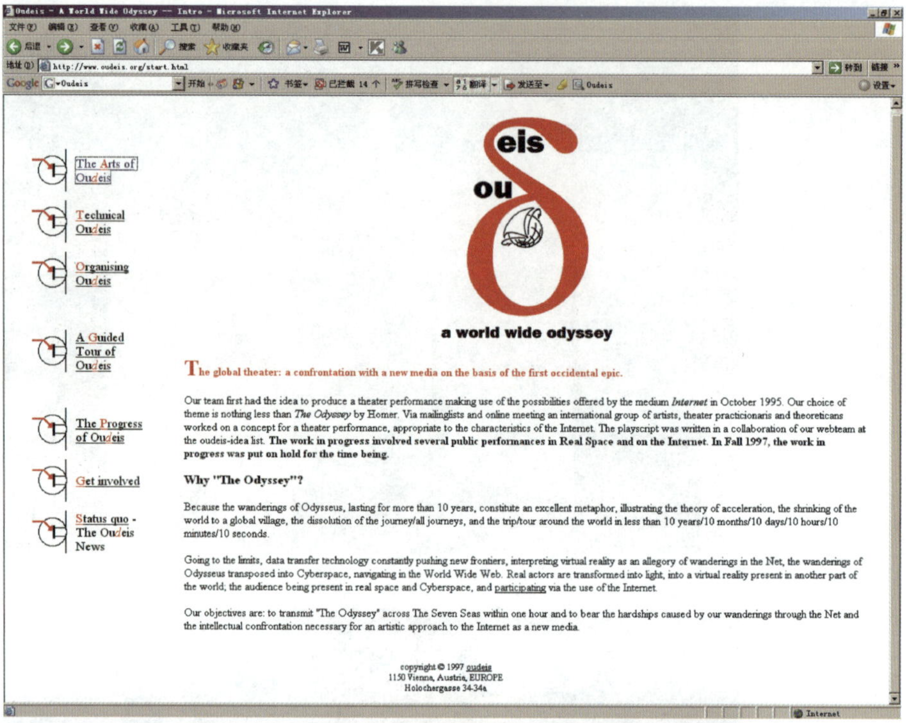

图 8–20

网络表演《奥德斯》以万维网艺术的方式集合了不同国家的表演版本。

图 8–21

NEWWEBPICK 网络杂志，结合了视频、声音和丰富的超链接。

图 8-22

德国艺术家弗兰克·菲策克以互动作品《黑板》强调了网络这种新的阅读方式。在作品中，一个监视器在空白的黑板上移动，并显示出文字，它是对我们点击鼠标在未知网络世界中找寻信息的一种隐喻。

购买和阅读方式，一些阅读模式在交互的体验中重新建构。然而，大量的网络阅读和下载不仅引发了知识产权纠纷，而且被一些评论家质疑。以评论家罗德福·弗里林（Rudolf Frieling）为代表，他将网民称为“孤独的网上冲浪者”，他提出了这样的问题：“我们还是在阅读吗？还是只是在图像的呈现和消失之间捕捉其可能的含义？”同时，他指出：“我们的视线不断扫描周遭的世界以捕捉那些可能隐藏在表象下的信息，这些信息或许可以让我们更好地理解这个混沌的虚拟世界。”

弗里林的理论其实是对网络交互和随机性的一种总结。他认为，在不断的点击中，人们实现了从一个文本跳接到另一个文本，但却似乎忘记了这个点击的起始点是哪里了。弗里林等批评家的忧虑不无道理，对比传统的阅读和欣赏行为，以网络为平台的交互模式尚未成熟。在这一过程中，艺术家的创作或许并非否定传统，正如德国艺术家弗兰克·菲策克（Frank Fietzek）以《黑板》（The Blackboard，1993）强调了网络艺术应在探索新媒体的实验中继承并拓展艺术的理念和表达（见图 8–22）。

第三节　多维度的网络艺术

网络艺术经历了平行式的发展，网络艺术家既受益于浏览器和软件的开发，也同时受到了它们升级推广之后的冲击。从 20 世纪 90 年代中期的 dot.com 时代到 90 年代末期，网景、Explorer 等浏览器的浪潮式变革似乎仅在四到六个月就完成了。由此，很多早期的网络艺术作品因浏览器的新版本和插件升级，以及硬件的升级而被排除在外。它们不再支持早期的网络艺术作品呈现，浏览者很难接触到这些作品了。

一、网络艺术的多维平台

这个问题引发了网络艺术家、艺术评论家和美术机构的关注，网络艺术作品开始成为美术馆的收藏品，在网络世界中一些已消失的艺术作品只能在美术馆中看到。这不仅呈现了网络艺术与艺术机构的互动，也由此拉开了网络艺术多维度发展和展示的序幕。

首先，一些博物馆、非营利机构和艺术家们开始收藏和保留老的电脑和软件，以此来保留早期的网络艺术作品。同时兼具创作身份的评论家自主创建艺术平台，这些平台提供网络文化的相关批评，连接艺术家和展览机构，进行开放式讨论，使网络艺术家、网络艺术作品与艺术机构和观众们的交流更为通畅。

除了前面提到的 Jodi 网站以创造性的方式连接艺术家、挑战对于浏览器的传统观念之外，同时期的活跃者还有基于纽约的 Rhizome.org。这个非常重要的网络平台由马克·泰伯（Mark Tribe）创立，它为网络艺术作品提供了开放的讨论平台，并建立了网络艺术作品档案。Rhizome.org 的 Starry Night 既是艺术家的宣言也是 Rhizome Database 独特的界面。马克·泰伯也把网络艺术作为新媒体艺术的重要组成部分写进了代表作《新媒体艺术》中。

媒体文化学者和艺术家吉尔特·洛芬克（Geert Lovink）和彼特·舒尔茨（Pit Schultz）于 1995 年创立了 Nettime，他们致力于提升网络文化和相关批评水平，艺术家们非常欢迎这样的平台，向它贡献了作品和信息，包括赫斯·邦廷、沃克·考斯科（ Vuk Cosic）、Jodi、奥利亚·利利纳（Olia Lialina）和阿列克谢·舒尔金（Alexei Shulgin）等网络艺术家及机构。

正是基于网络艺术文献、讨论的发展，史蒂夫·戴茨（Steve Deitz）在美国的明尼阿波利斯发布了步行者艺术中心网艺术倡议（The Walker Art Center Net Art Initiative），呼吁社会广泛地支持网络艺术，进行收藏和在线策展展出。由此，很多博物馆也开始关注网络艺术作品的收藏。惠特尼美国艺术博物馆（Whitney Museum of American Art）、古根海姆美术馆和旧金山现代艺术博物馆（San Francisco Museum of Modern Art）也成为网络艺术的重要支持者，并在收藏和研讨网络艺术的过程中激发了对艺术机制的新的理解，比如在下面的课堂讨论中，我们将看到，网络艺术如何促成了数据收集和艺术评判的新方式。

课堂讨论　网络艺术作品与艺术展览

尽管基于网络的艺术尝试早在网络发展之初已经为一些艺术家所尝试，但网络艺术尤其是万维网艺术被正式纳入展览范畴却直到 90 年代中期才实现。在这一时期，纽约古根海姆美术馆、奥地利林兹一年一度的奥地利电子艺术节、德国卡尔斯鲁厄的艺术与媒体中心（The Centre for Art and Media in Karlsruhe）都将网络艺术作品纳入常规展览中。

艺术机构意识到网络艺术创作和其他艺术创作的资金运作方式不同，如果期待艺术家的持续创作就必须不断关注艺术创作的成本和收支情况。除了类似基金资助，一些艺术家个体也开始在网上出售网络艺术作品。比如，我们在前面提到的约翰·西蒙《每一个方块》就以 20 美金的价格在网络上出售。

除了我们提到过的约翰·西蒙、珍妮·霍尔泽等代表人物，劳伦斯·维纳（Lawrence Weiner）、创作团体卡尔马和梅连墨德（Kolmar and Melamid）的网络创作也非常活跃。

劳伦斯·维纳的作品强调以观念和文本表现出“现实”与“梦幻”的关系。卡尔马和梅连墨德合作的《最想要的画》（The Most Wanted Paintings，1997）则通过调查人们喜欢和不喜欢的画作，再根据观众的建议创作画作并在网络上展出（见图 8-23、图 8-24、图 8-25 和图 8-26）。虽然这种调查并非全面，但将网络受众的反馈和艺术评判标准结合起来的尝试的确是对传统艺术展示的一种挑战。

如何在网络时代保持和拓展影响力，是美术馆等艺术机构不得不面对的新课题。因此从 20 世纪 90 年代中期开始，很多美术馆等艺术机构不仅创建了门户网站，比如巴黎市立现代美术馆（The Musee dart Contemporain de Montreal）赞助的网络项目之一www.obsolete.com/artwork、9号美术馆（Gallery 9 on the Walker Art Center）的网站 www.walkerart.org、艺术与科学联合（The Art and Science Collaboration）的网站 www.asci.org 等（这些重要的艺术机构网站上都链接了很多艺术家的个人网站），并且拿出一部分资金资助艺术家的网络项目。美术馆等艺术机构通过这样的方式使艺术作品和艺术家的信息发布更为开放，也丰富了艺术展示的形态。

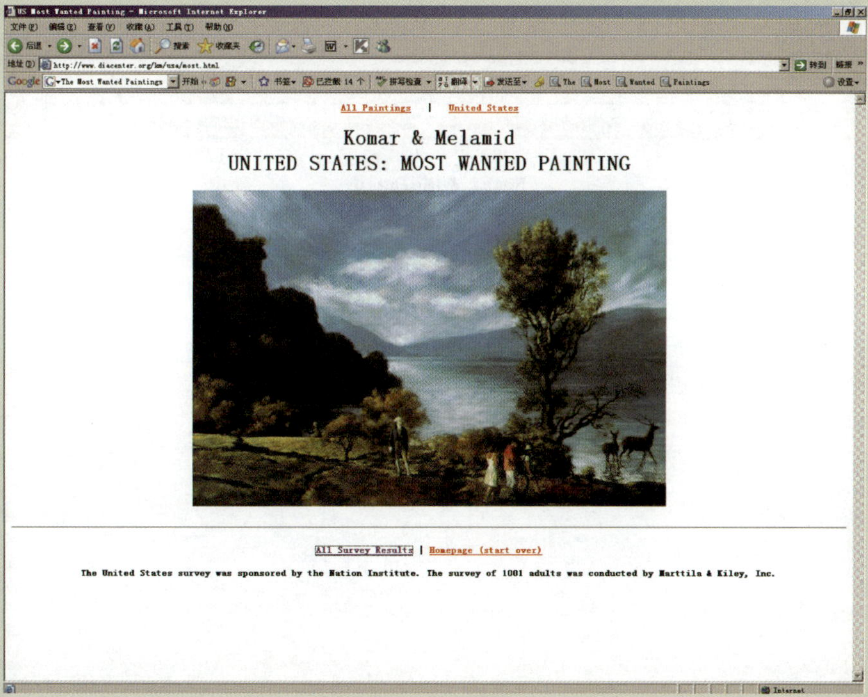

图 8-23

《最想要的画》是艺术家卡尔马和梅连墨德以网络的方式进行展出和评价的艺术尝试。本图为该项目调查出的美国人最喜欢的绘画作品。

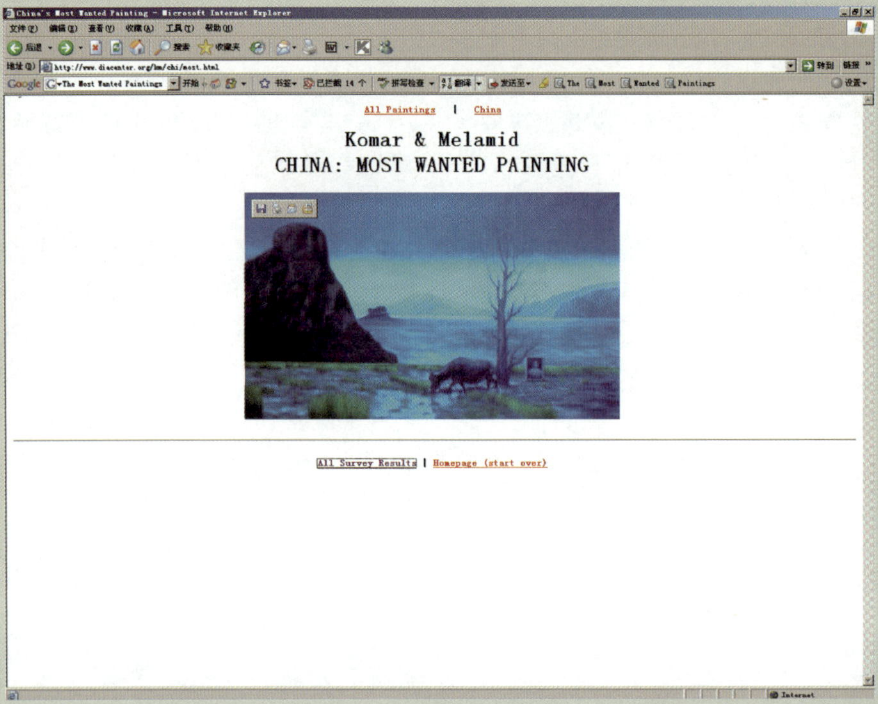

图 8-24

本图为该项目调查出的中国人最喜欢的绘画作品。

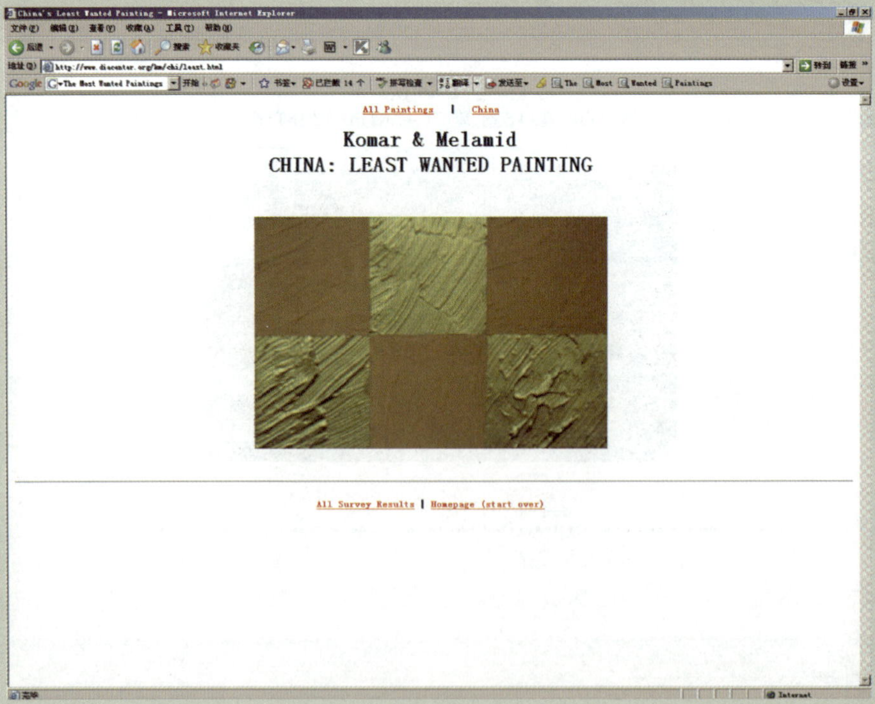

图 8-25

本图为该项目调查出的中国人最不喜欢的绘画作品。

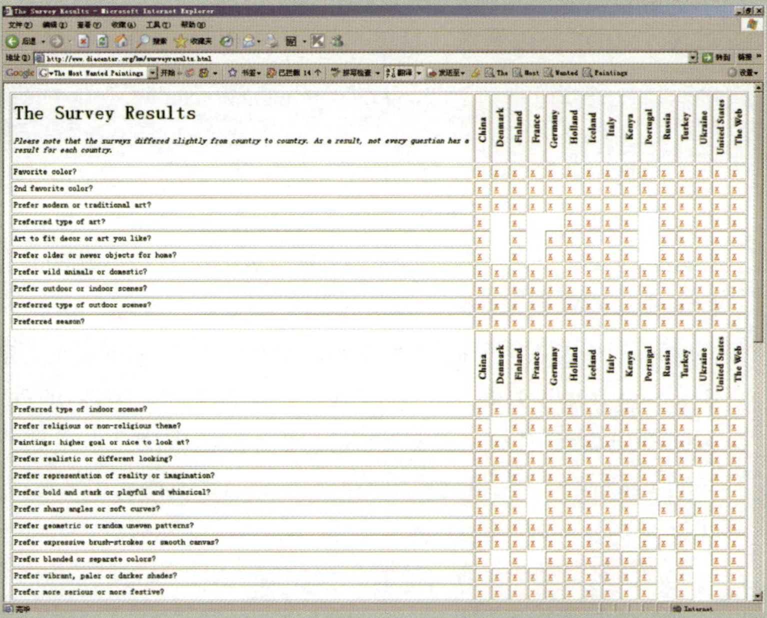

图 8-26

在评选过程中，中国人最喜欢的绘画作品的调查问卷。

二、网络艺术的多向互动

网络艺术的自由性吸引了实践者们，催生了诸多艺术家网站和艺术项目，尤其促进了在线视频装置、远程机器控制技术，以及基于全球定位系统的艺术和无线网络艺术的发展。这些形态大都激发了新的互动，使网络艺术成为互动艺术领域中最为重要的引领者。

激发网络艺术互动能力的首先是视频互动技术的成熟。网络上的视频互动开始于 Cusee Me 和 MBONE。由于视频会议软件（Video Conferencing）的开发和普及，网络平台上的交互和表演可以快速地在线呈现。视频的这种在线发展往往取决于网络带宽。一些机构是开拓网络带宽的先行者，它们协助艺术家，为其创造性项目提供高带宽开发服务，这些机构包括在加拿大蒙特利尔的 La Societe des Arts Technologiques（SAT），以及由丹·弗罗斯塔（Don Foresta）在法国创立的 Access Grid（AG）、Internet 2 和 National Lambola Rail（NLR）等。正是由于一些借助高带宽实现的网络艺术项目在国际大展上推出，人们才意识到在线视频互动的重要性，高带宽才得以更快地在其他领域普及开来。

网络艺术家需要他们的作品直达全球受众，因此他们需要计算机软硬件设施的提升。除了高速带宽之外，艺术家们也需要与计算机配合的输入输出设备和相关技术支持。比如荷兰的 V2 和德国的 ZKM 等机构，还有很多大学和研究中心注重支持艺术家的项目以提升艺术与科学的结合。因此，艺术家们有机会使用高科技水平支持的无线路由器、音视频设备、摄像机、手写板、MIDI 合成器等。从基础的 Html 到更复杂的 Perl、Java 和 PHP，艺术家在与机构的合作中也在协助解决带宽低、浏览器兼容差、程序和文本等问题。

在机构的设备和技术支持下，网络艺术有了更强的多媒体互动能力。比如，艺术家安妮特·维特拉博（Annette Weintraub）和帕特里克·里克蒂（Patrick Lichty）把合成影像、视频、文字作为一种新的在线叙事方式。他们的作品把在城市中行走与在网络中浏览进行互喻，由此发展出了《领域》（Realms，1995）、《步行》（Pedestrian，1997），以及《百老汇取样》（Sampling Broadway，1999）等一系列作品。进入 2000 年，他们的探索更加多维度，包括把电影与现实采访拼贴进行网络化叙事的《十字路口》（Crossroads，2000），以及关注网络上旅游的浪漫想象与现实落差的《海市蜃楼》（Mirage，2001）。

近年来，他们关注文字在网络中的作用，通过肢解同一文本，在网络的多向性中发展故事创作的《一个文本，很多故事》（One Text，Many Stories，2009）（见图 8-27），以及探讨城市中的广告、标牌上的文字已经成为了城市空间的“皮肤”的《滑动的故事》（Slide Stories，2011—2012）（见图 8-28）。他们在网络艺术的创作中，敏感地把握到了滑屏这一阅读和浏览的新动向，因此也在网络作品中呈现城市处于一种滑动的视觉浏览中的样貌。

网络艺术在艺术家与科学家的合作中与远程控制结合。这一领域的先锋探索者是兼具艺术家、作家、发明家和机器人研究专家于一身的肯·戈德堡（Ken Goldberg）。戈德堡曾在 TED 演讲中坦言，正是因为父亲在研究工作中接触到有害物质的过早离世，促使他决心学习机器人专业，并通过机器人项目造福人类。

图 8-27

安妮特·维特拉博的《一个文本，很多故事》呈现了新的网络叙事和创作的特点。

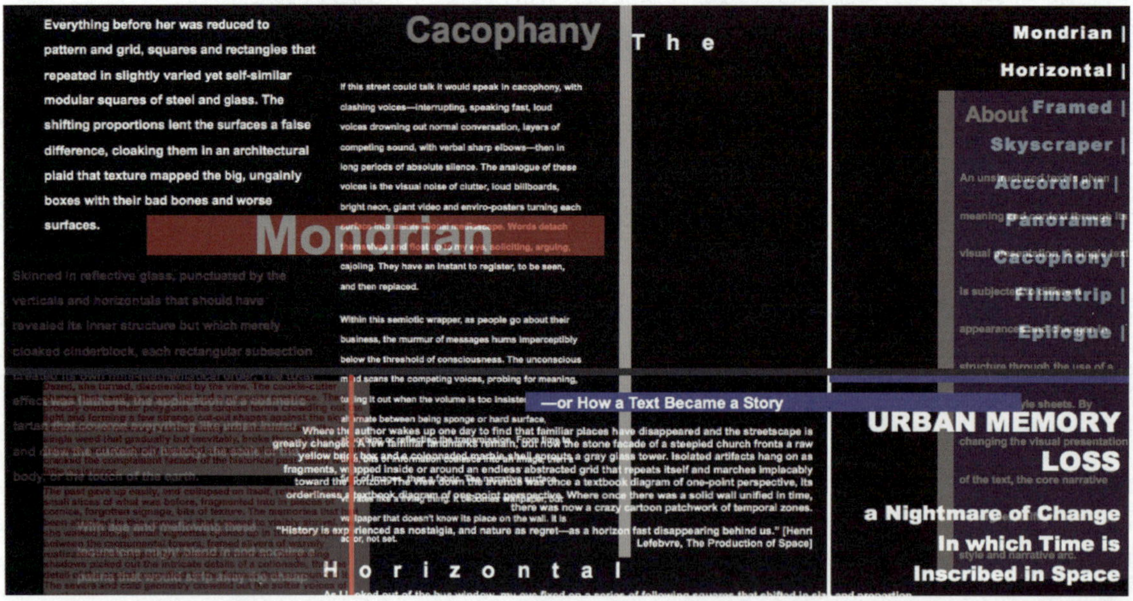

图 8-28
从《百老汇取样》到《滑动的故事》，安妮特·维特拉博把网络浏览与城市行走进行互喻，并呈现了从图像到文字的形式变化。

在取得机器人研究博士学位后，1993 年戈德堡进入南加利福尼亚州大学并建立了机器人实验室，也是在此时他接触到互联网并着手研发机器人与网络的结合。1994 年，第一个机器人网络界面让他享有盛誉。他随后的研究项目《遥控花园》（Telegarden）被视为推广远程控制机器的“播种机”（见图 8-29）。这个开放的平台允许远程访问者通过互联网来移动机器、浏览花园、为花园浇水及在花园中播种。

这个先锋的远程控制作品也被视作艺术装置，受邀于林兹电子艺术中心（Ars Electronica Center）的大厅中展出，并且一展就是九年，因此这个“播种机”成为历史上为最多人次所控制的机器人。在九年的全天候在线展示中作品不断发展，比如上传培育经验、视频分享乃至拓展出三维打印模型的在线下载等。戈德堡也是网络化遥控机器人（telerobotics）领域领先的科研工作者，并研究出一系列合作遥控系统，如“遥控执行者”。

女艺术家阿德里安娜·沃兹莱泽（Adrianne Wortzelze）则进一步拓展了

图 8-29
《遥控花园》是网络远程控制与机器装置结合的先锋作品，这一作品在九年的展示中不断发展，比如拓展出三维打印模型的在线下载。

【知识点】 Internet 2

Internet 2 是一个成立于 1996 年，由美国教育和科研团体组成的先进网络技术联盟，这个组织的主要目的是开发先进的网络应用，并且研究和开发未来的网络创新技术。

Internet 2 有 330 多个正式会员，会员按照不同的性质分成四类，包括高等教育机构、地区教育和科研网、从事教育和科研的非营利组织（附属会员）和企业。

Internet 2 的会员中包括的 200 多所大学，按照卡内基高等教育基金会的分类标准，基本都属于“研究能力非常强”和“研究能力强”的大学。此外会员中还包括 34 个州教育科研网，为各州的大学、研究机构等提供连接到 Internet 2 主干网的服务。其中，20 个州教育科研网作为主干网的连接点（connector）为其他会员提供连接到主干网的服务。

机器人与网络结合的交流主题。她创作的 Eliza Redux 使用了三个机器人作为服务器进行在线的和远程的控制（见图 8-30）。这个作品借用了科学家约瑟夫·维森鲍姆（Joseph Weizenbaum）1966 年的计算机语言程序 ELIZA，该语言程序由 MIT 支持研发，致力于人与机器人基于文本的交流并触及了心理层面。Eliza Redux 作为一种对 20 世纪 60 年代科学成果的致敬和拓展，在纽约科技学院在线展出了两年，并引发了诸多关注和讨论，因为这个作品将机器人与人的交流视同心理医生与患者一般。

三、移动设备和无线网络艺术

早在 1977 年，艺术家基特·盖洛维（Kit Galloway）和谢莉·罗比诺维茨（Sherrie Robinowitz）就开拓出了卫星艺术（Satellite Arts）形态，这一系列的艺术项目不仅旨在建立“没有地理边界限制的沟通”，他们也反对艺术家们只应用终端技术或技术的现成品，提出艺术家可以成为新技术的创新阐释者。他们较为著名的代表作是 1980 年的《空间之洞》(Hole in Space)。他

图 8-30

2008 年至 2009 年，阿德里安娜·沃兹莱泽的 Eliza Redux 以在线远程机器人控制的方式致敬 60 年代的人机交流成果 ELIZA。如果想更好地体验网络艺术，读者可以亲身体验这些作品。

们通过远程的影像传输方式，让一个身在纽约林肯表演艺术中心的观众与洛杉矶的购物者不期而遇。他们认为远程的影像传输如同在现实空间中掘开了神秘之洞，让分别处在美国不同海岸的人可以走在一起。尽管早期远程传输的影像质量不高，但这是艺术与技术结合的发展方向的一种呼唤。

的确，艺术家们在实验网络艺术的过程中，不仅对现存的网络文化和技术提出了新的视角，而且带动了新的话题讨论乃至技术的开发。从机器人远程控制技术、在线视频到卫星艺术，网络艺术的宽度和广度都极大地延展了。并且，网络艺术家们也大胆地使用了无线技术和移动设备。

艺术家们往往以逆向思维使用无线技术，并创造性地使用了手持设备诸如平板电脑和手机。2001 年，美国新媒体艺术家、作曲家和工程师戈兰·莱文的突破性作品 DIALTONES（A Telesymphony）在奥地利电子艺术节呈现。相对于一般表演期间要求关闭手机的要求，这个作品需要观众打开他们的手机，调整到较大音量，因为这个作品就是通过现场观众的手机铃声来组织一场新奇的音乐会（见图 8-31）。

在音乐会之前，观众需要在网络上注册他们的手机号码，他们的手机会自动下载一些音乐铃声，他们的座位也由电脑系统自动分配。由此，在音乐会现场会有 60 个人的手机铃声以座位的分布方式此起彼伏，形成一场手机铃声音乐会，观众的手机就是发出声音的来源，但他们不是真正的操控者，网络注册信息和电脑控制平台掌控了整场演出。如同我们在引言中提到的，新媒体艺术是欢迎触摸的，以手持设备探索新的艺术形式的艺术家们也把关闭手机的警告变为聆听手机的邀请。

艺术家们也敏锐地发掘了新的定位技术全球定位系统（The Global Positioning System，GPS）的潜能。这种通过卫星准确定位的技术激发了一种 GPS 绘画（GPS Drawing）的形式，表面上是绘画，实际这种创作需要结

图 8-31
美国新媒体艺术家戈兰·莱文在奥地利电子艺术节上通过网络注册信息操控，使观众的手机铃声成为音乐会的主角。

合艺术家的行走并在网络上进行分享。

最早提出 GPS 绘画想法的是艺术家休・普赖尔（Hugh Pryor）和杰里米・伍德（Jeremy Wood），他们在英国牛津郡画了 13 米的大鱼，还画了一只巨大的蜘蛛，触角深入英国的不同城市。

杰里米・伍德认为他们是以新的方式绘制和创建地图，他们把整个地球作为一个巨大的画布和艺术现场，因此他们的作品只能通过空中俯视和拍照呈现出来（见图 8–32、图 8–33、图 8–34）。

但是在 2014 年，程序师乔・罗森（Joe Rosen）发布了 GPA 绘图软件，该软件可以在苹果电脑系统中使用，并可以免费下载。由此，众多艺术家加入了 GPS 绘画的阵营，谷歌地图也成为这种 GPS 绘画呈现的重要支持者。GPS 绘画者在网络上建立美术馆，专门展出各种从空中俯视的作品，重要的 GPS 绘画网站包括 http://www.gpsdrawing.com/ 和 http://www.gpsdrawing.com/

图 8–32

2010 年，艺术家杰里米・伍德创作了 Traverse Me，在 17 天里走遍了英国华威大学并绘制了 238 英里的 GPS 地图。

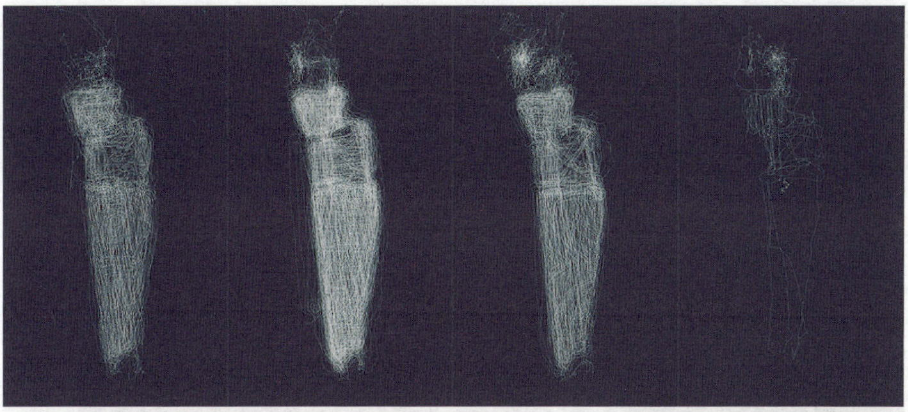

图 8-33
艺术家杰里米·伍德把自己在九年中的行走以 GPS 的方式记录下来，并创作了作品《四季》。

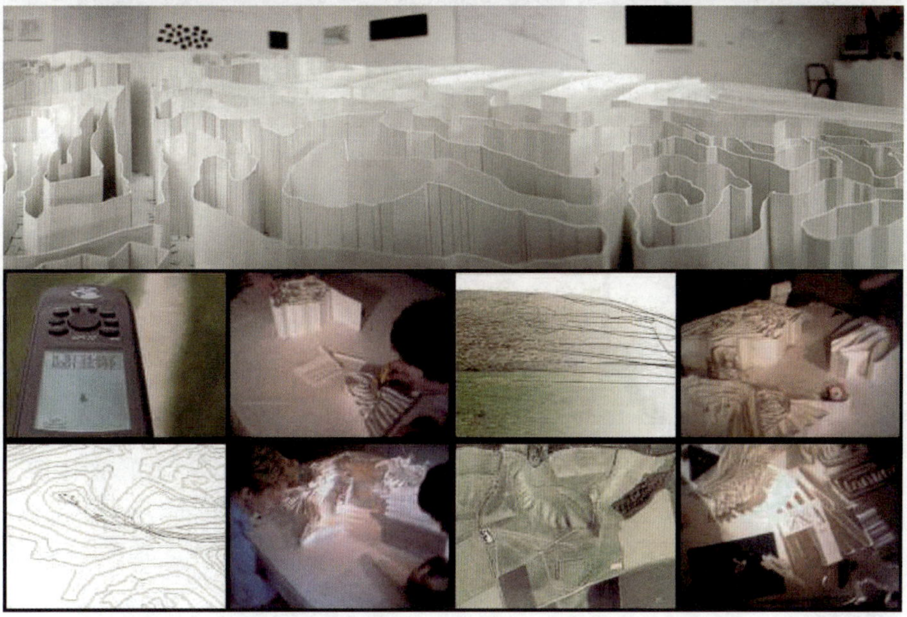

图 8-34
艺术家杰里米·伍德把自己在白马山的 GPS 记录创作为立体模型，并拍摄了九分钟的纪录片展示创作的历程。

gallery.html 等。

此外，还有类似 C5 Landscape Initiative、Amsterdam、Real Time 这样的创作团队，他们应用 GPS 设备和摩托车来完成他们的长期考察计划（见图 8-35）。很多 GPS 绘画作品还结合不同的材料进行立体化建模，也由一些艺术家通过自行车和其他交通工具完成创作，并且推出了借助网络联合多个创作者接力完成作品的方式。GPS 拓展了网络艺术的定义，并呈现了未来的无线网络艺术的发展趋势。

新的媒介批评会带动新的方法和实验。在网络艺术多元发展的同时，也对艺术家和艺术机构提出了新的挑战。关于网络艺术作品能否在博物馆和画廊进行展出或如何保存的讨论也在持续。比如黑客、病毒等话题被作为艺术作品呈现，受到了关注和讨论。当网络艺术生长为一种艺术形式时，它在传统艺术世界中的定位仍是一个开放性的问题。

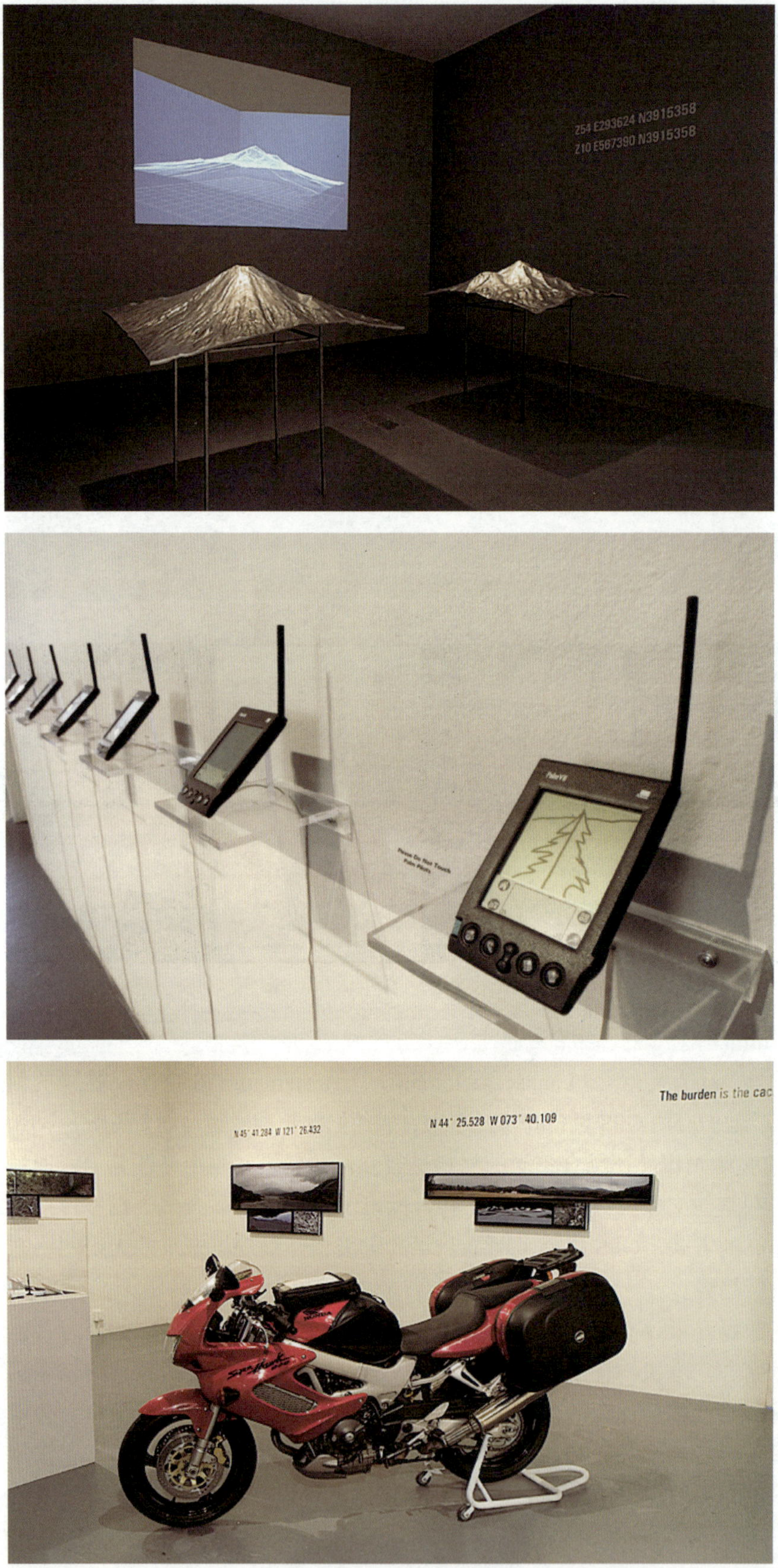

图 8-35

2005 年，C5 Landscape Initiative 团队完成了旧金山考察计划。

课后讨论

网络艺术的争议

Jodi 等创作的数字动态作品为网络成为一种艺术媒介进行了注释。它关注到网络作为一种关系进行链接时就在塑造一个社会般的体系。这个体系有偏差、有漏洞、有病毒。而这些问题都需要还原到对这个体系进行支撑的基点上。表面上，支撑这个体系的是人们对信息的需求，而把网络视为一种艺术媒介就揭开了对信息层面的需求表面下混杂的欲望，并由此以数字化的语言和方式进行描述和批判。

譬如下面所呈现的数字动画，就是把错误、病毒都展示为一种误读，无论是伪造的错误链接还是模仿中病毒时连续跳出的窗口，具有游戏和批判精神的作品让我们有机会对所谓正确和错误、健康和病毒的判断标准进行思考。

针对常规的流动性，佩斯曼他们在一个作品中致力于提供“障碍”和“停止”。这就是把互联网中各种报错图标作为图形元素，专门做了一个 404 报错提示的网站。他们还把一般报错网站的内部编码翻转出来，如同翻口袋般把网络的内部结构翻给大众看。

另一个看似“错误”的网络作品是一个具有“弹性”特质的作品，如同电脑死机或中病毒般，整个屏幕上的窗口不受控制地复制、缩小、跳跃并显示要求下载等信息（见图 8–36）。当然，它们只是视觉上的呈现，并不会像真正的病毒一样更改用户的电脑数据。电脑中的窗口不断弹出，形成了一种不断洗牌甚至无法终止的动态影像。而这样“出错”的影像正如同精神分析对“口误”的解读，是一个易于被忽略的但却具有重要价值的切入口。

很多早期的网络艺术家们兼具黑客的身份。他们借助自己高超的技术能力旨在成为一种让日常规则束手无策的游侠，借助网络进入他人的电脑，这就如同以监视器窥探他人隐私一般。但是当这些人把黑客这种行为转变为一种艺术创作的时候，他们会让我们意识到，难道黑客真的只属于电脑和网络吗？这些兼具黑客身份的网络艺术家其实反而在表达不愿意受操控的态度，以及怎样反操控。这样的时代先锋性就如同波普艺术家之于 20 世纪 60 年代，录像艺术家之于 20 世纪 70 年代。网络作为动态影像的媒介，体现了网络艺术家将自己视为精英知识分子应有的批判精神。

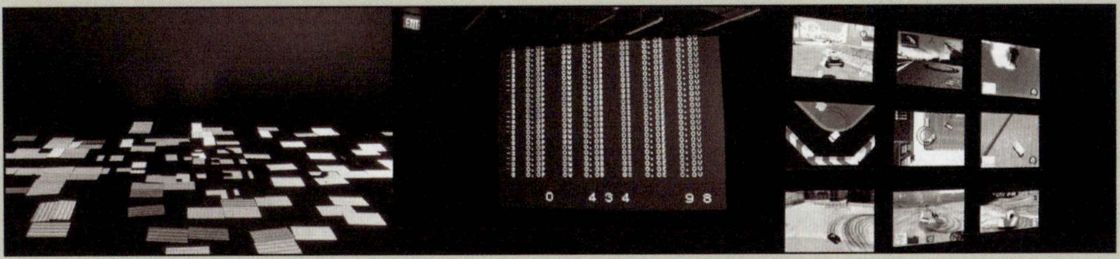

图 8–36

把网络视作一种链接关系，借用“病毒”“弹幕”乃至在线游戏的形式，网络艺术作品传达了批判性。

思考题

1. 凯文·凯利曾把网络比喻为“世界上最大的复印机”。他指出：“在最根本的层面上，它将我们使用它所产生的一切行为、一切特征、一切想法拷贝成了复制品。”你如何理解这个关于网络复制的比喻？
2. 在网络浏览器普及之前，艺术家亨斯科克和佩斯曼创立了 Jodi 网站，把网络作为一种艺术媒介。你如何看待艺术家之于新媒体的敏感和创新性？
3. 1998 年的网络艺术作品《请改变信仰》是用网络给公众提供选择的一种行为艺术，你如何理解网络在发表公众见解的同时，却往往出现意见相左的现象？
4. 网络平台的阅读和订阅发展迅速，你如何理解网络订阅的多元性和新的可能性？
5. GPS 的记录方式提供了新的艺术创作方式，如果可以尝试这样的创作，你希望呈现怎样的视觉轨迹？
6. 学完以上所有章节之后，你关于新媒体艺术的理解是否发生了变化？新媒体艺术究竟“新”在何处？

后 记

对于媒体（media）的关注成为现代艺术的重要议题。因为在观念的激荡和技术的革新中，新媒体（new media）被作为新的艺术材料，艺术理论和实践也拓展了媒体的可能性。不过，新媒体艺术（new media art）的教育却远远滞后。尽管20世纪50年代计算机已经成为“电子抽象”的创作媒介（见第六章计算机艺术），尽管20世纪60年代以白南准为代表的录像艺术运动已风起云涌（见第五章录像艺术），甚至到了20世纪80年代计算机作为新的媒体工具已经在很多行业乃至家庭普及，“新媒体艺术”作为一门学科甚至一门课程还没有达成普遍共识。

值得注意的是，新媒体艺术的教育先锋往往在当时的教育环境中颇受争议。譬如信息美学的创始者马克斯·本斯的艺术理论是科学探索和文化反思的结晶。他的信息美学与其对于德国战后文化的研究密不可分，并因此遭到质疑。然而，他成了计算机艺术先锋乔治·尼斯的导师，并指导乔治在1969年获得了计算机生成图像的博士学位，而这种尖端的研究方向在当时往往被置于哲学专业下，还没有进入艺术学院的视野。不过，先锋的新媒体艺术作品在20世纪70年代开始进入威尼斯双年展等国际大型展览，也在20世纪80年代呈现在如SIGGRAPH等主要关注计算机图形图像技术的年会中，“新媒体艺术”这一必须建立在艺术、科学技术、媒体跨学科视野基础上的新学科从20世纪90年代开始逐渐被建立起来，并在早期以设置成研究生学位进行实验。

随着德国、美国、法国、日本等国率先建立了新媒体艺术的相关学科专业，中国也在20世纪90年代末期尝试将一些原有的设计专业转型，或开设新的“多媒体艺术”“数字媒体”“新媒体艺术”专业。以中央美术学院、北京印刷学院等一些专业型院校为引领者，继而在综合大学的媒体、计算机、文学等学科下也开设了新媒体相关专业，但往往因为所处的学科背景不同，对媒体和新媒体的解释与艺术学科中对新媒体艺术的解读不同。

正如本书开篇提到的，面对“新媒体艺术”这一新兴学科，带给面临专业选择的同学们的往往是困惑。因为这一专业所涉的范围颇广，很难简明扼要地解释。也因为这个专业与快速发展的媒体、技术和艺术环境紧密结合，相关的理论和实践经验都需要快速更新，而教育环境往往有其滞后性，成为这一学科发展的瓶颈。因此，我们在本书中设置了引言，如同我们在专业选择辅导中给予新生的建议那样，告诉同学们这是一个令人激动同时也充满挑战的学科，需要你做好研究的充分准备。

新媒体艺术教育的挑战是全球性的。2004 年春天，150 名艺术家、学者和教育者聚集在位于美国水牛城的纽约州立大学召开会议，探讨如何突破新媒体艺术教育的瓶颈。水牛城大会的成果是具有革命性的。大会认为，新媒体艺术需要多元性和深入性的教育引领，而在现在的社会语境中，新媒体艺术学科往往被设定为职业教育、以大众媒体为导向。这不仅是新媒体艺术单一学科面临的困境，也是现代大学面临的困境。大会提出了令人激动的解决途径——合作。这种合作是以接受大学改革为前提的，也就是说，这次大会提出的合作是一种基于反思大学体制的合作。尤其面对新媒体艺术的教育困境，大会认为必须鼓励和培育跨领域合作和个体间的合作。破除庞大机构的壁垒，回到新媒体艺术发轫之初艺术家团体、小型实验室团体间的创新性合作。

水牛城大会的革新宣言也影响了国内关于新媒体艺术及其教育的讨论。2006 年，北京举办了新媒体艺术教育论坛。2008 年，首届新媒体艺术三年展在中国美术馆展出。也是从那时起，本教材的思路和框架开始孕育，当时中国人民大学艺术学院已经拥有了七届新媒体艺术专业的学生，积累了一定的教学经验，然而可供参考的教材却非常匮乏。

我们希望在跨学科的视野中构建此书，也观照新媒体艺术的原初力量，尽量追溯源头并梳理不同细分领域的艺术家及其经典作品。同时，我们鼓励同学们找到自己感兴趣的方向，以艺术家作为自己的研究和分析对象，获得自己的关于新媒体艺术的观念和理解。所以，我们在书中设置了课堂讨论、课后讨论、知识点、案例分析、延伸阅读等环节，这其实也是我们在日常课程中的实践，由此丰富课堂中同学之间的合作，深化师生之间的对话。新媒体艺术是一门极具挑战的学科，很多时候，同学们的知识更新速度比老师要快。因此，热烈的脑力激荡和艺术实验也提供了师生相互学习的机会。

非常感谢本书策划编辑翟江虹老师的支持与鼓励，如果没有翟老师的勤勉工作与耐心督促，此书可能至今还没有机会与大家见面。本书的章节细分、相关讨论、知识点和阅读环节的工作也获得了翟老师的很多建议。感谢此书的主编童岩老师，作为学科负责人，使新媒体艺术专业在中国人民大学艺术学院建立和发展起来，也要同时感谢中国人民大学艺术学院的所有老师们和同学们的支持鼓励。

本书包括引言、后记和八个主要章节。总体架构和思路由童岩老师与我共同商定。前三章主要由童岩老师编写，希望从总体上提供关于艺术、技术、媒体的关系讨论，媒体艺术和新媒体艺术的相关发展背景。后五章主要由我编写，涉及新媒体艺术的多元形态，包括激光艺术和全息影像、录像艺术、计算机艺术、互动艺术和网络艺术。因为所涉及专业领域广泛，加之本人能力和专业水平有限，疏漏之处恳请读者朋友们批评指正。

再次感谢所有支持本书编写的师友同仁，期待我们以此书作为一种合作的新起点，共同面对新媒体艺术所带来的激动人心的挑战！

郭春宁
2018 年 2 月 6 日
荷兰内梅亨拉德堡德大学访学期间

图书在版编目（CIP）数据

新媒体艺术导论/童岩，郭春宁主编.—北京：中国人民大学出版社，2018.7
21世纪新媒体专业系列教材
ISBN 978-7-300-26001-3

Ⅰ.①新… Ⅱ.①童… ②郭… Ⅲ.①多媒体技术—应用—艺术—高等学校—教材
Ⅳ.①J-39

中国版本图书馆CIP数据核字（2018）第158444号

21世纪新媒体专业系列教材
新媒体艺术导论
主编　童岩　郭春宁
Xinmeiti Yishu Daolun

出版发行	中国人民大学出版社		
社　　址	北京中关村大街31号	**邮政编码**	100080
电　　话	010-62511242（总编室）		010-62511770（质管部）
	010-82501766（邮购部）		010-62514148（门市部）
	010-62511173（发行公司）		010-62515275（盗版举报）
网　　址	http:www.crup.com.cn		
经　　销	新华书店		
印　　刷	北京昌联印刷有限公司		
开　　本	787 mm×1092 mm　1/16	**版　　次**	2018年8月第1版
印　　张	15.25 插页1	**印　　次**	2025年7月第4次印刷
字　　数	292 000	**定　　价**	59.80元

关联课程教材推荐

书号	书名	第一作者	定价	出书时间
978-7-300-21792-5	新媒体概论（第二版）	匡文波	39.80 元	2015-09
978-7-300-24588-1	网络传播概论（第四版）	彭　兰	45.00 元	2017-07
978-7-300-22659-0	网络传播导论（第二版）	钟　瑛	35.00 元	2016-05
978-7-300-23591-2	网络传播法导论	邵国松	38.00 元	2017-01
978-7-300-21417-7	社会化媒体	彭　兰	45.00 元	2015-07
978-7-300-21255-5	数据新闻概论	方　洁	35.00 元	2015-06
978-7-300-21565-5	信息图表编辑	许向东	35.00 元	2015-07
978-7-300-22123-6	网络舆情概论	周蔚华	35.00 元	2016-01

配套教学资源支持

尊敬的老师：

衷心感谢您选择使用人大版教材！

相关的配套教学资源，请到人大社网站（www.crup.com.cn）下载，或是随时与我们联系，我们将向您免费提供。

欢迎您随时反馈教材使用过程中的疑问、修订建议并提供您个人制作的课件。您的课件一经采用，我们将署名并付费。让我们与教材共成长！

联系人信息：

地址：北京海淀区中关村大街31号206室　　龚洪训 收　　邮编：100080

电子邮件：gonghx@crup.com.cn　　电话：010-62515637　　QQ：6130616

如有相关教材的选题计划，也欢迎您与我们联系，我们将竭诚为您服务！

选题联系人：　　电子邮件：　　电话：

翟江虹　　zhaijh@crup.com.cn　　010-62515636

俯仰天地　心系人文

人大社网站　www.crup.com.cn

专业教师QQ群：

259226416

（全国新闻教师群）

欢迎您登录人大社网站浏览，了解图书信息，共享教学资源

期待您加入专业教师QQ群，开展学术讨论，交流教学心得